Freiheit als Liebe bei Marti
Freedom as Love in Martin
8th International Congress for Luther Research
in St. Paul, Minnesota, 1993: Seminar I Referate/Papers

Dennis D. Bielfeldt/Klaus Schwarzwäller
(Editores)

Freiheit als Liebe bei ~ Freedom as Love in
Martin Luther

8th International Congress for Luther Research
in St. Paul, Minnesota, 1993:
Seminar 1
Referate/Papers

PETER LANG

Frankfurt am Main · Berlin · Bern · New York · Paris · Wien

Die Deutsche Bibliothek - CIP-Einheitsaufnahme

International Congress for Luther Research <8, 1993, Saint
Paul, Minn.>:
Referate / 8th International Congress for Luther Research : in
Schwarzwäller (Hrsg.). - Frankfurt am Main ; Berlin ; Bern ;
New York ; Paris ; Wien : Lang.
NE: Bielfeldt, Dennis D. [Hrsg.]

Seminar 1. Freiheit als Liebe bei Martin Luther. - 1995
    ISBN 3-631-47787-2

BR
333.5
.F73
I58
1993

ISBN 3-631-47787-2
© Peter Lang GmbH
Europäischer Verlag der Wissenschaften
Frankfurt am Main 1995
Alle Rechte vorbehalten.

Satz: Unitext, Frankfurt am Main

Printed in Germany 1 2 3 4 6 7

Inhalt

Tuomo Mannermaa

Vorwort

Das Fortsetzungskomitee für den Achten Internationalen Lutherkongreß, der vom 8. - 14. August 1993 in St.Paul/Minnesota USA stattfand, hatte als Leitthema für Plenumsvorträge und Seminarveranstaltungen das Stichwort "Freiheit" gewählt. Als ich gebeten wurde, die Leitung eines der Seminare zu übernehmen, schlug ich die Formulierung "Freiheit als Liebe" für die Seminarthematik vor, die mir weit genug erschien, um die Teilnehmer zur Mitarbeit einzuladen, aber auch hinreichend Orientierung bot, um als Leitfaden zu dienen. Das Thema ließ also Raum für im engeren Sinne theologisch-soteriologische Fragen nach dem Grund, der Bewährung und der Bewahrung der Freiheit als auch für mögliche ethische Konkretionen, wie sich Freiheit als Liebe im Leben gestalten und durchhalten läßt.

Januar 1993 leitete ich den 15 Teilnehmern, die sich für das Seminar angemeldet hatten, eine Reihe von Textvorschlägen zu mit der Bitte, einen davon auszuwählen, im Blick auf das Seminarthema zu behandeln und das Ergebnis in einem Arbeitspapier vorzustellen, das dann rechtzeitig vor Beginn des Kongresses allen Seminarteilnehmern zugesandt werden sollte. Was gelegentlich Bitte und Wunschvorstellung des Seminarleiters bleibt, ging im vorliegenden Fall in Erfüllung. Die einzelnen Arbeitspapiere brauchten, da sie vor Beginn bekannt waren, nicht mehr in extenso vorgetragen zu werden. Es genügte eine kurze Zusammenfassung, so daß ausreichend Raum für Diskussionen blieb, die von allen Teilnehmern als anregend und fruchtbar empfunden wurden.

Die Idee, die Seminarvorträge nach den Anregungen, die die Diskussionen ergeben hatten, zu überarbeiten und zu veröffentlichen, entstand spontan in der letzten Sitzung. Prof. Klaus Schwarzwäller, der Wortführer derer, die eine Veröffentlichung wünschten, mußte zunächst bei einer Reihe von zögernden und noch überlegenden Teilnehmern Überzeugungsarbeit leisten. Wie der vorliegende Band beweist, war er darin auf der ganzen Linie erfolgreich. Daß ihm danach die Bürde zugemutet wurde, einen Verlag zu finden und die Arbeit des Herausgebers zu übernehmen, lag in der Logik der Sache. Herr Schwarzwäller hat die Mühe jedoch ohne Zögern auf sich genommen und das Projekt zu einem guten Ende geführt. Für die amerikanischen Beiträge hat ihm dabei Prof. Dennis D. Bielfeldt kollegial zur Seite gestanden. So ist es mir als Seminarleiter ein ausgesprochenes Anliegen, den beiden Herausgebern und dem Verlag für die Ermöglichung und die Durchführung dieser Veröffentlichung herzlich zu danken. Nicht zuletzt gilt mein Dank aber auch allen Teilnehmern, ohne deren solide Vorbereitung und ohne deren - trotz der in St.Paul herrschenden Hitze - anregend, temperamentvoll, manchmal heißblütig und schlagfertig geführten Diskussionen eine solche Publikation nicht möglich gewesen wäre.

Daß sich bei einem solchen Thema kein genereller Konsens ergab, liegt in der Natur der Sache, aber auch in der heterogenen Zusammensetzung eines solchen Teilnehmerkreises. Ohne jedoch unzulässig zu generalisieren, meine ich, eine Tendenz feststellen zu dürfen. Die Rechtfertigungslehre Luthers wird zunehmend stärker effektiv verstanden, als eine konsequent relationale Lutherdeutung zugestehen möchte. Daß dies dort der Fall ist, wo der Deificatio-Vorstellung und dem Participatio-Gedanken für die Theologie Luthers eine mehr oder weniger gewichtige Bedeutung zugemessen wird, dürfte sich von selbst verstehen. Es war jedoch festzustellen, daß man auch dort, wo man die Deificatio-Vorstellung als imgrunde für Luthers Theologie untypisch ablehnte und dem Participatio-Gedanken nur eine geringe Bedeutung zuzumessen bereit war, ein stärker effektiv gefaßtes Rechtfertigungsverständnis bei Luther angelegt sah, als eine relationale Lutherdeutung wahrhaben möchte.

Tuomo Mannermaa

Freiheit als Liebe

Einführung in das Thema

Meine Ausführungen gründen sich auf eine Auswahl von Texten, insbesondere auf die *Operationes in Psalmos*, und dabei vor allem auf Luthers Auslegung von Ps 1,2-3 (WA 5, 32-39).

I

Um das Thema "Freiheit als Liebe" verständlich zu machen, gehe ich von der Bestimmung Luthers aus, daß Freiheit eine göttliche Eigenschaft ist, die keinem Menschen zukommt. Eine größere Gotteslästerung, als dem Menschen Freiheit zuzuerkennen, ist für Luther nicht denkbar. Er schreibt in *De servo arbitrio*: "*Daraus folgt nun, dass der freie Wille (liberum arbitrium) ein völlig göttlicher Name ist und keinem anderen zustehen kann als allein der göttlichen Majestät. Sie nämlich kann und tut... alles, was sie will, im Himmel und auf Erden. Wenn dieser Titel Menschen beigelegt wird, so geschieht das mit nicht mehr Recht, als wenn ihnen auch die Gottheit selbst zuerkannt würde. Grösser als diese Gotteslästerung kann aber keine sein.*" (WA 18, 636,27-637,1.) Die Freiheit ist also einzig und allein ein göttlicher Name bzw. eine göttliche Eigenschaft. Freiheit dem Menschen zuzuerkennen, wäre gerade die ursündliche Vergottung des Menschen.

Wenn auch die Freiheit eine ausschliesslich göttliche und keineswegs menschliche Eigenschaft ist, so folgt daraus nicht, daß der Mensch überhaupt keine Freiheit hätte. Ich denke hier zunächst an das *regnum terrae*, das heißt an die relative Freiheit des Menschen im Bereich von *politia* und *oeconomia*. Es ist aber auch nicht so, daß die Freiheit Gottes im *regnum gratiae* den Menschen gar nicht betreffen würde. Freiheit als Name Gottes ist und bleibt freilich identisch mit der göttlichen Natur. Der Mensch wird aber gerade im Glauben der Natur bzw. des Namens Gottes teilhaftig. Darum partizipiert der Mensch im Glauben auch - freilich nur anfangsweise - an der Freiheit als dem Namen Gottes.

Zuerst zitiere ich einen Luther-Text, in dem die im Glauben geschehende Partizipation an der göttlichen Natur bzw an den Namen Gottes sehr klar zum Ausdruck kommt. Hier nennt Luther zwar die Freiheit nicht direkt unter den

Namen Gottes, sondern indirekt, indem er die Namen allgemein als "Güter" (gutt) Gottes definiert. Luther schreibt: *Das haben wyr (sagt er) durch die krafft des glawbens, das wyr teylhafftig sind und geselschafft odder gemeynschafft mit der Göttlichen natur haben... Was ist aber Gottes natur? Es ist ewige wahrheyt, gerechtigkeyt, weyssheyt, ewig leben, fryd, freude und lust und was man gutt nennen kan. Wer nu Gottes natur teylhafftig wird, der uberkompt das alles,.."* (WA 14 (1), 19,3-15.)

Der Mensch partizipiert an der Natur Gottes im Glauben durch *das Wort*. Das Wort Gottes enthält die Eigenschaften Gottes, zu denen Luthers Schrift De libertate christiana explizit auch die *Freiheit* zählt: "Cum autem, haec promissa dei, sint verba sancta, vera, iusta, *libera*, pacata et *vniversa bonitate plena*, fit, vt anima, quae firma fide illis adheret, sic *eis vniatur*, immo penitus absorbeatur, vt non modo participet, sed saturetur et inebrietur omni virtute eorum, si enim tactus Christi sanabat, quanto magis hic tenerrimus in spiritu, immo *absorptio verbi, omnia quae verbi sunt, animae communicat*. Hoc igitur modo anima per fidem solam, sine operibus, e verbo dei iustificatur, sanctificatur, verificatur, pacificatur, *liberatur et omni bono repletur*, vereque filia dei efficitur, sicut Iohan.1. dicit. Dedit eis potestatem filios dei fieri, ijs qui credunt in nomine eius." (De liberate christiana StA 2, 272, 12-20. Unterstreichung T.M.)

Die Partizipation an der Natur bzw. an den Namen Gottes - also auch an der Freiheit Gottes - geschieht nur im rechtfertigenden Glauben. Wenn der Mensch durch das kreuzestheologische Geschehen in sich selbst zunichte geworden ist, greift er nach dem Wort des Evangeliums, wird eins mit dem Wort und bekommt so Anteil an Christus bzw. an Gott selbst. Der Mensch kann also an der Freiheit Gottes nur partizipieren, wenn er erkennt und bekennt, daß er selbst die Freiheit nicht hat und daß sie nur Gott zukommt. Der Mensch muß mit anderen Worten zuerst glauben, ehe er an der göttlichen Eigenschaft Freiheit teilhaben kann. Aber wenn er glaubt, hat er die Freiheit wirklich, wenn auch erst anfangsweise. Luther zufolge ist es zwar blasphemisch, einem Menschen vor dem Glauben und der Gnade zu sagen: "Tu, was in dir ist" (facere quod in se est), weil dieser Satz *eo ipso* ein autonomes *liberum arbitrium* voraussetzt. Nach und in dem Glauben kann der Mensch aber aufgefordert werden: "tu, was in dir ist", weil der Mensch eins mit Christus geworden ist und so das *initium libertatis* bei sich hat. Diese Freiheit hat aber eine ganz andere Herkunft, Konstitution und Wirkungsweise als die autonome "Freiheit" des Menschen:

"Dann war ist es, das der mensch mit gnaden beholfen mehr ist dann ein mensch, Ja die gnad gottis macht yn gotformig und vergottet yn, das yn auch die schrift got und gottis sun heist. Also mus der mensch uber fleisch und blut aussgezogen werden und meher dann mensch werden, soll er frum werden.

*Das geschicht nu anfenglich, wann der mensch das erkennet als ym selbs un-
müglich und demütiglich die gnad gottis darzu sucht, an ym selbs gantz ver-
zweifelt. Darnach aller erst folgen die guten werck: wann die gnad also er-
langet ist, dann hastu ein freyen willen, dann thu was in dir ist.*" (WA 2,
247,39-248,8.)

Es ist noch zu betonen, daß die Freiheit, an der der Glaubende partizipiert,
niemals zum Eigentum des Menschen selbst wird. Der Christ kann diese Freiheit niemals souverän ausüben und als seine *eigene* Eigenschaft rühmen. Die
Freiheit bleibt *Gottes* Freiheit, auch wenn sie *in* dem Menschen ist. Der
Mensch "hat" oder besser hat *Anteil* an der Freiheit nur, insofern die Freiheit
Gottes in ihm durch das Wort des Evangeliums und durch das Sakrament gegenwärtig ist.

II

Was bedeutet nun näher, daß der Mensch im Glauben an der Freiheit Gottes -
wenigstens anfangsweise - partizipieren kann? Was ist der Inhalt dieser Freiheit?

Wenn Luther das Problem des *liberum arbitrium* behandelt, geht es um die
Möglichkeit des Menschen, das Gesetz Gottes, d.h. das Doppelgebot der Liebe
zu erfüllen. Es geht um die Freiheit, Gott und den Menschen rein, d.h. ohne
Selbstsucht, zu lieben. Eine solche Liebe ist dem Menschen aus sich selbst
heraus unmöglich. Die reine Liebe ist einzig und allein eine Möglichkeit Gottes, aber im Glauben kann der Mensch Anteil an dieser göttlichen Möglichkeit, an der göttlichen Liebe erhalten.

Diese spontane Liebe, die die Freiheit *ist*, ist also Luther zufolge keine zur
Konstitution des Menschen gehörende *potentia*, auch ist sie kein *habitus* des
Menschen. Der liebende Wille ist auch kein *actus*, der aufgrund einer solchen
potentia oder aufgrund eines solchen *habitus* abgerufen werden könnte. Die
ganze menschliche Natur hat diese Liebe bzw. diesen Willen nicht, sondern er
muß, wie Luther sagt, vom Himmel kommen. ("*'Voluntatem' primum hic neque pro potentia neque pro stertente illo habitu, quem recentiores Theologici
ex Aristotele invexerunt ad subvertandam intelligentiam scripturae. Item neque pro actu, quem ex ea potentia et habitu elici dicunt. Non habet universa
natura humana hanc voluntatem, sed de coelo veniat necesse est.*" WA 5,
33,7-11.)

Die Ursache dafür, daß der Mensch diesen Willen bzw. diese reine Liebe
nicht hat, ist die sündhafte Ausrichtung des menschlichen Willens. Der
menschliche Wille ist Gegner des Gesetzes bzw. der Liebe. Der Wille liebt

seinen Gegenstand nicht umsonst und uneigennützig, sondern aus Furcht vor Strafe oder aus Begehrlichkeit, aus Konkupiszenz. (WA 5, 33,11-17.)

Die neue *voluntas* wiederum, die von Gott kommt, ist "...*das reine Wohlgefallen des Herzens und eine Art Lust im Gesetz, die weder das sucht, was das Gesetz verheisst, noch das, was es bedroht, sondern allein das, dass das Gesetz heilig, gerecht und gut ist.*" (WA 5, 18-20.) Es geht also in diesem neuen Willen nicht *nur* um die Liebe *zum* Gesetz - also um die Forderung der Liebe -, sondern auch - wie Luther sagt - um liebendes Erfreut-Sein *im* Gesetz (*amans delectatio in lege*). Man könnte sagen: Die neue *voluntas*, die von Gott kommt, bedeutet "Erfreut-Sein in dem Liebend-Sein". Gerade *diese voluntas* ist aber nun im Grunde die *libertas christiana*.

Der Zusammenhang von Liebe und Freiheit tritt auf mancherlei Weise in den Texten Luthers zu Tage. Er schreibt z. B. in den Operationes: "*Dieser Wille (also die Liebe) kommt aber aus Glauben an Gott durch Jesus Christus. Sonst ist der Wille, der von der Furcht der Strafen erpresst wird, sklavisch und gewaltsam; der Wille wiederum, der von der Begierde nach Belohnung angelockt wird, ist bezahlt und geheuchelt. Jener Wille aber ist frei, unentgeltlich und fröhlich (liberalis, gratuita, hilaris). Darum wird das Volk Christi hebräisch 'Nedaboth', die Spontanen, Freiwilligen und Freisinnigen (spontanei, voluntarii, liberales) genannt.*" (WA 5, 33,25-29.)

Die Liebe bedeutet Freiheit und Spontaneität letzlich darum, weil Gott selbst die spontane, überquellende Liebe ist. Gott ist nicht nur der Geber der Liebe, sondern die Substanz der Liebe selbst. (*Deum esse charitatem, non solum largitorem, sed etiam substantiam charitatis. Vorlesung über den 1. Johannesbrief (1527). WA 20, 740,15-16*). Wenn der Mensch im Glauben an dieser göttlichen Liebe bzw. an diesem göttlichen Leben partizipiert, wird diese Liebe bzw. dieser neue Wille - wie Luther sagt - "das ganze Leben des Menschen". (*Porro voluntas haec tota vita est hominis. WA 5, 35,13*.) Wenn dieser Wille im Herzen wohnt, ist "kein anderes Organ des Menschen ausserhalb dieses Willens", d.h. die Liebe beherrscht den ganzen Menschen. Luther betont, daß, wohin immer die Liebe sich richtet, dahin sowohl das Herz als auch der Körper nachfolgen. *Quo enim amor fertur, huc sequuntur et cor et corpus.* (WA 5, 35,15.) So ist die im Herzen wohnende göttliche charitas der Ermöglichungsgrund und die Verwirklichung der Freiheit des Menschen.

III

Der im Glauben angenommene neue Wille bzw. die Liebe ist der Grund für die Freiheit sowohl im Verhältnis zu Gott als auch im Verhältnis zu den Menschen.

III A. Es ist wichtig, im Gedächtnis zu behalten, daß die Liebe und damit die Freiheit gewissermaßen auch zum Gottesverhältnis gehören. Es ist nicht so, daß der Glaube nur die Nächstenliebe mit sich bringt. Die mit dem Glauben entstehende Liebe richtet sich auf eine fundamentale Weise auch zu Gott. Man kann sogar behaupten, daß die im Glauben empfangene Liebe zu Gott und die damit entstandene Freiheit im Gottesverhältnis der Grund für die Liebe und die Freiheit im Verhältnis zu den Menschen ist.

Die Liebe zu Gott als Freiheit tritt deutlich in unserem Operationes-Text zutage. Luther behandelt hier das Wesen der Schriftmeditation. In seinen Ausführungen über die Meditation des Wortes Gottes kommt die Rolle der Liebe bzw. der Freiheit im Verhältnis zu Gott besonders klar zum Ausdruck.

Das Wort der Schrift ist das Wort der Agape Gottes für den Menschen. Derjenige, der dem Wort glaubt, bekommt Anteil an dieser Agape-Liebe. Diese Liebe bzw. dieser neue Wille im Herzen des Hörers bewirkt nun, daß der Mensch mit diesem Wort eins wird: *quia per hanc voluntatem iam unum cum verbo dei factus* (WA 5, 35,4-5). Die *unio* zwischen dem Hörer des Wortes und dem Wort entsteht, weil die Liebe den Liebenden und den Geliebten vereinigt: *siquidem amor unit amantem et amatum* (WA 5, 35,5). Es ist nun notwendig, daß der Mensch in dieser *unio* schmeckt, wie "gut, lieblich, rein, heilig, wunderbar das Wort Gottes ist, nämlich das höchste Gut (summum bonum),.." (WA 5, 35,5-7.) Zum Verstehen des Wortes Gottes gehört also als ein inneres Element die durch die Agape-Liebe bewirkte Vereinigung von Seele und Wort bzw. Gott. Die Zustimmung zum Wort scheint also wenigstens zum Teil eine freie, spontane, ungezwungene und fröhliche Bewegung zu sein, die ein charakteristisches Merkmal der Liebe ist: *Quo enim amor fertur, huc sequuntur et cor et corpus.*

Aufgrund des Gesagten kann Luther auch behaupten, daß die notwendige Voraussetzung für das rechte Meditieren der Schrift bzw. das rechte Verständnis des Wortes die von Gott kommende Liebe ist. "Die Heiligen beginnen von innen, von diesem heiligen Willen; dann folgt die Meditation..." (*Pii incipiunt ab intra, a sancta hac voluntate, tum sequitur meditatio... WA 5, 35,*311-32.) Und weiter: "Die Meditation ist nicht ohne Verdammnis, wenn nicht vorher der Wille da wäre; die Liebe selbst wird an sich schon zu meditieren lehren. (*Non est sine damnatione meditatio, nisi prior sit voluntas, amor ipse per se docebit* zu meditieren. WA 5, 35,24-25.) Der Ausdruck Luthers, daß wörtlich *die Liebe selbst durch sich selbst* (amor ipse per se) zu meditieren lehrt, zeigt für seinen Teil, wie wichtig die Spontaneität der Liebe auch im Gottesverhältnis ist.

Spontan und frei auch im Verhältnis zu Gott ist der Mensch also (freilich anfangsweise) nur in der im Glauben empfangenen Liebe. Luther gebraucht oft das Bild von der Liebe zwischen Mann und Frau, um diesen Sachverhalt zu veranschaulichen. Dem Liebenden braucht nicht geboten werden zu lieben. Der Liebende liebt spontan und willig, eben weil er liebt. Wenn Luther z. B.

die Meditation des Wortes Gottes behandelt, schreibt er folgendes: "*Die Art und Natur aller Liebenden ist von ihren Geliebten willig zu zwitschern, singen, dichten, komponieren und spielen und auf gleicher Weise auf dieselbe zu hören. Deshalb ist auch für diesen Liebhaber, den Gerechten (Beato viro) seine Geliebte, das Gesetz Gottes (also die Heilige Schrift) immer im Munde, immer im Herz und (wenn möglich) immer in den Ohren, denn 'Wer von Gott ist, der hört Gottes Worte'.*" (WA 5, 35,37-36,2.) Luther meint also, daß gerade die von Gott kommende Liebe dem Menschen die Freiheit gibt, das Wort Gottes, das selbst das Wort der Liebe ist, zu meditieren und im Herzen zu behalten.

Die im Glauben empfangene Liebe stellt nicht die Priorität des Glaubens vor der Liebe in Abrede. Vom Menschen her betrachtet, ist natürlich der Glaube im Verhältnis zu Gott zeitlich und sachlich vorrangig, und die Liebe geht aus dem Glauben hervor. An sich oder von Gott gesehen, ist die Liebe jedoch zuerst, nämlich die Liebe Gottes zum Menschen. Luther betont, daß der Mensch nicht glauben kann, wenn er nicht zu denken im Stande ist, daß Gott ihn liebt und gütig zu ihm ist. Aufgrund dieser im Glauben empfangenen Liebe Gottes wird allerdings auch der Mensch wirklich liebend gegen Gott. So sind - wie Luther explizit sagt - Glaube und Liebe immer gleichzeitige Größen in der Seele. Er schreibt: "*...solch zuuorsicht vnd glaub/bringt mit sich lieb und hoffnung. Ja wan wirs recht ansehn/szo ist die lieb das erst/odder yhe zu gleich/mit dem glauben. Dan ich mocht gotte nit trawen/wen ich nit gedecht er wolle mir gunstig vnd hold sein. Dadurch ich yhm widder holt/vnd bewegt werd/yhm hertzlich zutrawen und alles guttis zu yhm vorsehen.*" (Von den guten Werken. StA 2, 23,32-24,4).

Der Glaube ist hier gewissermaßen das vertrauend-erkennende Organ, das "denkt", daß Gott "gunstig und liebend" (hold) ist. Solches "Denken" bewirkt dann, daß der Mensch seinerseits liebend (hold) Gott gegenüber wird. Diese Liebe erweckt weiter im Menschen das Bewegt-Sein zu Gott, so daß der Mensch Gott vertrauen und von ihm alles Gute erwarten, d. h. Gott als Gott in Ehren halten kann. Genau dieses im Glauben geschehende liebende Bewegt-Sein zu Gott und das Vertrauen auf ihn ist die Freiheit des Menschen im Verhältnis zu Gott. Hier verwirklicht sich, was Luther über die Liebe als Grund der Freiheit sagt: "Wohin immer die Liebe sich richtet, dahin folgt sowohl das Herz als auch der Körper nach". (*Quo enim amor fertur, huc sequuntur et cor et corpus. WA 5, 35,15.*)

Es wurde schon darauf hingewiesen, daß die im Glauben empfangene Liebe zu Gott gewissermaßen der Grund auch für die Liebe des Christen zu seinem Nächsten ist. Diese Gleichzeitigkeit des Glaubens und der Liebe ist m.E. entscheidend wichtig für das Verständnis der Liebe des Menschen zu Gott. Diese Sachlage kann klar an Hand eines Textes aus der Schrift "Von den guten Werken" gezeigt werden. Hier beschreibt Luther das Verhältnis von Gott und Mensch mit dem Bild der Liebe zwischen Mann und Frau. Es geht freilich nicht um die begehrende oder strebende Liebe, sondern um das Liebesverhältnis, das von Vertrauen getragen wird.

Luthers zentrale Idee in diesem Text ist, daß Mann und Frau nicht belehrt zu werden brauchen, was sie tun sollen, wenn zwischen ihnen ein Vertrauensverhältnis besteht. Die feste Zuversicht auf die Liebe des anderen bewirkt, daß alles, sowohl Kleines als auch Großes, getan werden kann. Man tut alles mit fröhlichem Herzen, weil man weiß, daß es dem anderen gefällt. Wenn aber Zweifel entsteht, ob ein Werk dem anderen gefällt, dann geht die Freiheit verloren, und der Liebende wird, in seinem Versuch zu gefallen, letzlich zum Narren. Von diesem Grundgedanken her wird das rechte Verhältnis des Menschen zu Gott verstanden. Wer in der Zuversicht lebt, daß alles, was im Glauben getan wird, Gott gefällt, weil alles damit in Liebe getan wird, der ist "ein freier Geselle". Ich zitiere den Text und bitte in Erinnerung zu behalten, daß hier von Gott und Mensch immer im Rahmen des Bildes der vertrauenden Liebe zwischen Mann und Frau gesprochen wird. Wenn ich den Text richtig verstehe, sind der zuversichtliche Glaube und die Liebe zu Gott so gleichzeitige Größen, daß sie ganz ineinander übergehen und beinahe untrennbar sind.

"Das mugen wir bey einem groben fleischlichenn exempel sehen? Wen ein man odder weib sich zum andern vorsicht lieb vnd wolgefallens/vnd das selb fest glewbt/wer lernet den selben wie er sich stellen sol/was er thun/lassen/ sagen/schweigen/gedencken sol? die eynige zuuorsicht leret yhn das alles vnd mehr dan not ist. Da ist yhm kein vnterscheidt in wercken. Thut das grosz/ lang/vile/szo gerne/als das klein/kurtz/wenige/vnd widerumb. Dartzu/mit frohlichem/ fridlichem/sicherem hertzen/vnd ist gantz ein frey geselle. Wo aber ein tzweifel da ist/ da sucht sichs/welchs am bestenn sey/ da hebet sich vnterscheidt der werck ausztzumalen/wa mit er mug huld erwerben/vnd gaht dennoch zu mit schwerem hertzen vnd grossem vnlust/vnnd ist gleich gefangen/mehr dan halb vortzweiffelt/vnd wirt offt zum narren drob. Alszo einn Christen mensch/der in diser zuuorsicht gegen got lebt/weisz alle ding/vormag alle dingk/vormisset sich aller ding/was zu thun ist/vnd thuts alles frolich vnd frey/nit vmb vil guter vordinst vnnd werck zusamlen/szondern das yhm eine lust ist/got alszo wolgefallen/vnd leuterlich vmb sunst got dienet/daran benuget/das es got gefellet. Widderumb der mit got nit einsz ist odder tzweyffelt dran/der hebt an/sucht vnd sorget/wie er doch wolle gnugthun/ vnd mit vil wercken got bewegen. Er leufft zu sanct Jacob/Rom/Hierusalem/hier vnd dar/bettet sanct Brigitten gebet/ditz vnd das/fastet den vnd dissen tag/beicht/ hie/beichte da/fragt dissen vnd ihenen/vnd findet doch nit ruge/vnd thut das alles mit grosser beschwerung/vortzweyfflung/ vnnd vnlust seines hertzen /das auch die schrifft solch gute werck nennet auff hebreisch/ Auen amal/auff deutsch/ muhe vnd erbeit/ Dartzu seinsz nit gute werck vnd alle vorloren. Er sein vil drober doll worden/vnd vor angst in alle iamer kummen. Von den steht Sap.v. wir sein muhd worden in dem vnrechten wege/vnd haben schwere sawer wege gewandelt/aber gottis weg/haben wir nit erkennet/vnd die son der gerechtickeit ist vnsz nit auffgangen." (Von den guten Werken. StA 2, 20, 34 - 21, 25.)

Es ist zu bemerken, daß in diesem Text explizit immer nur von der Liebe zu Gott gesprochen wird, wenn von Liebe die Rede ist. Alles Tun oder Lassen wird nur in der Perspektive des Gottesverhältnisses gesehen. Von der Liebe zum Nächsten wird explizit überhaupt nicht gesprochen. Natürlich behandelt der Text durchgehend *de facto*, aber implizit und indirekt auch die zwischenmenschliche Liebe, aber nur im Zusammenhang mit dem Glauben und der Liebe zu Gott. Das Vertrauen, daß alles, was in der im Glauben empfangenen Liebe Gottes und in der im Glauben geschehenden Liebe zu Gott getan wird, Gott gefällt, scheint hier der Freiheitsgrund für alles rechte Tun auch im Verhältnis zum Nächsten zu sein.

III B. Die Liebe ist der Grund für die Freiheit nicht nur im Verhältnis zu Gott, sondern auch im Verhältnis zum Nächsten. Es muß daher jetzt gefragt werden, wie die Liebe als Freiheit in der Nächstenliebe zu verstehen ist.

Es ist bekannt, daß für Luther die Liebe der Grund und das Kriterium aller Gebote des Gesetzes ist. Eigentlich ist das Gebot der Liebe kein einzelnes Gebot, weil es *das* Gebot in allen Geboten ist. Darum hat die Liebe keinen eigenen Namen, weil sie sich immer nur unter den Namen der verschiedenen Einzelgebote realisiert. Luther sagt: "So ist nu dis gepot der Liebe Eyn kurtz gepot und lang gepott, Eyn eynig gebot und viel gebot. Es is keyn gepot und alle gepot, kurtz und eynig ists an yhm selbs und des verstands halben bald gefasst. Aber lang und viel nach der ubunge, denn es begreyfft und meystert alle gepot. Und ist gar keyn gepot, so man die werck ansihet. Denn es hat keyn eygen sonder werck mit namen. Aber es ist alle gepot, darumb, das aller gepot werck seyne werck sind und seyn sollen. Also hebt der liebe gepot auff alle gepot und setzt doch alle gepot auff. Das alles darumb, das wyr wissen und lernen sollen keyn gepot, keyn werck weyter hallten noch achten, denn so fern die liebe das foddert. Weyl nu wyr on werck auff erden nicht seyn sollen noch mugen, mussen auch mancherley gepot seyn, damit die werck verfasset werden. Also doch, das liebe yhre macht behallte und uberherr sey uber solche fasser (Gesetzgeber) und heysse die werck lassen und fassen (gebieten), wo es für sie dienet, und keyn werck bleybe noch gehe, sie wolle denn." (WA 17 II, 95,17-30.)

Der Gedanke, daß die Liebe der Grund und das Kriterium für alle Gebote des Gesetzes ist, ist wesentlich für das Freiheitsverständnis Luthers in bezug auf die Nächstenliebe. Alle Gebote und Tugenden müssen im Dienst der Liebe stehen - oder sie sind keine Gebote oder Tugenden. Der Christ soll sich der goldenen Regel gemäß an die Stelle seines Nächsten setzen und mit Affekt und Verstand suchen, was für diesen am besten ist. Wenn der Mensch so handelt, hat seine Liebe die Art und Weise der Liebe Gottes. Die Bedingung dieser Handlungsweise ist die Teilhabe an Gott und an seiner Liebe als Freiheit. Indem der Mensch das Beste seines Nächsten sucht, ist er frei, auch seinen Verstand zu gebrauchen.

In den *Operationes* gibt es einen Text, in dem Luther diese Freiheit des Christen sogar hymnisch preist. Der Gerechte hat keine Namen, und seine Werke haben keine Namen. Er hat auch keine Zeiten oder Orte. Er ist wie sein himmlischer Vater alles in allem und über alles. Luther kommentiert hier das Wort des ersten Psalmes, nach dem der Gerechte wie ein Baum ist, der, gepflanzt an den Wasserbächen, seine Frucht bringt zu seiner Zeit.

"'Zu seiner Zeit'. O goldenes und liebliches Wort, mit dem die Freiheit der christlichen Gerechtigkeit bekräftigt wird. Die Gottlosen haben festgesetzte Tage, festgesetzte Zeiten, bestimmte Werke, bestimmte Orte, denen sie auf solche Weise anhängen, daß man sie nicht von ihnen reissen könnte, auch wenn der Nächste vor Hunger sterben würde. Dieser Gerechte aber ist frei gegen alle Zeiten, gegen jedes Werk, gegen jeden Ort, gegen alle Personen. Und was sich auch für ein Fall begibt, er dient dir: was immer seine Hand entdeckt, das tut er. Es gibt weder Juden noch Heiden noch Griechen oder Barbaren, überhaupt keine Personen, aber er gibt seine Frucht zu seiner Zeit, wozu immer seine Werke nötig sind, für Gott oder für die Menschen. Darum hat weder seine Frucht einen Namen noch hat er selbst einen Namen noch haben seine Wasserbäche einen Namen. Er dient nicht als eine Person einer Person, auch nicht zu einer Zeit, an einem Ort oder mit einem Werk, sondern er dient allen überall durch alles. Der Gerechte ist wahrlich der Mensch aller Stunden, aller Werke, aller Personen und nach dem Bild seines Vaters alles in allem und über alles. Die Gottlosen schliessen sich in ihre Engen ein, nehmen sich selbst gefangen, und quälen und verdrehen sich selbst in die selbstgewählten Werke, Zeiten und Orte... Diese Bewunderer der eigenen Werke tun nichts anderes, als daß sie die Früchte der anderen zerbeissen, verurteilen, verdammen und sind am freiesten und jederzeit bereit, andere zu tadeln. Sie sind überhaupt solche im Übeltun wie die Gerechten im Guttun." (WA 5, 38,27-39,12.)

Die Freiheit gründet sich in diesem Text auf die im Glauben empfangene göttlichen Liebe. Der Mensch ist frei, weil er weiß, daß, was immer er in der Liebe tut, das gefällt Gott. Der Christ ist namenlos, und seine Werke sind namenlos, weil er in der Liebe alles tut, was Gott und dem Menschen zugute kommt. Wenn Luther sagt, daß der Christ einerseits nach dem Bilde des Vaters alles in allem und über alles ist und daß er andererseits in dieser Freiheit allen Menschen untertan ist und allen dient, geht es um die Teilhabe an Gott, d.h. um die Gleichförmigkeit (conformitas) mit der göttlichen und menschlichen Natur Christi. In der Partizipation an der göttlichen Natur Christi geht es um die Teilhabe an Gott und an der göttlichen Liebe bzw. um die Freiheit. In der Partizipation an der menschlichen Natur Christi nimmt der Christ wie Gott die Not des Nächsten auf sich und wird gleichförmig mit ihm in seiner Sünde, Gebrechlichkeit und Hölle.

So sind wir zu dem Gedankenkreis gekommen, der zentraler Inhalt des Traktates "Von der Freiheit eines Christenmenschen" ist. Luther formuliert die Essenz seiner Schrift folgendermaßen:

"Auss dem allenn folget der beschluss/das eyn Christen mensch lebt nit ynn yhm selb/sondern ynn Christo vnd seynem nehstenn/ynn Christo durch den glauben/ym nehesten /durch die liebe/durch den glauben feret er vber sich yn gott/auss gott feret er widder vnter sich durch die liebe/vnd *bleybt doch ymmer ynn gott vnd gottlicher liebe*/Gleych wie Christus sagt Johan.1. Ihr werdet noch sehen den hymell offen stehn/vnd die Engell auff vnd absteygen vbir den Sun des menschenn." (Von der Freiheit eines Christenmenschen. StA 2, 305, 12 -18. Kurs. von mir)

Freiheit ist so letzlich *conformitas Christo*. Sie ist Tcilhabe an der göttlichen Natur bzw. an der göttlichen Liebe und ihrer Freiheit und Teilhabe an der menschlichen Natur, d.h. Teilhabe am Kreuz, am Leiden und letztlich am Tod, was der Christ frei, nur aus Liebe, auf sich nimmt, um zu dienen.

Dennis Bielfeldt

Freedom, Love, and Righteousness in Luther's Sermo de Duplici Iustitia

Introduction

A fruitful examination of the relationship between freedom and love in Luther's 1519 *sermo de duplici iustitia* demands clarity as to the meaning of both "freedom" and "love," and precise specification of the connection between the "two types of righteousness" discussed: the *iusticia aliena* and *iusticia propria*.

A number of questions arise when considering the relationship between love and freedom in this sermon: (1) What is the *logical* or *metaphysical* relation between the two? (2) Are love and freedom totally authored by divine grace, or is there human complicity? (3) What is the *ontology* of the Christian righteousness which includes both love and freedom?

Luther's response is interesting. He maintains that Christian freedom and Christian love are logically equivalent expressions referring to the paradoxical reality of Christ's righteousness within the believer. This Christian righteousness, ontologically dependent upon Christ's own righteousness, gradually transforms *without human countra-causal agency* the believer's being, bringing it into conformity with Christ.

Text

Although this sermon on verses 5-6 of the classic kenosis text of Ph 2,5-11 was originally thought to derive from 1518, the Weimar dates its probable delivery on Palm Sunday 1519[1]. In his reflection upon Christ Jesus being in the "form of God" while thinking it "not robbery to be equal to God," Luther develops the theme of two kinds of righteousness: alien righteousness (*iusticia aliena*) which is "infused from outside" (*ab extra infusa*) (*WA* 2, 145,9), and proper righteousness (*iusticia propria*) which must "cooperate with that first and alien righteousness" (*cooperemur illi primae et alienae*)[2].

---

1 WA 2, 143.
2 WA 2, 146,36-37. Cf. *Walter von Loewenich*, Duplex Iustitia. Luthers Stellung zu einer Unionsformel des 16. Jahrhunderts. Veröffentlichungen des Institutes für europäi-

Iusticia aliena is that by which "Christ is righteous" and "makes righteous through faith" (*Christus iustus est et iustificans per fidem*) (145,10). This righteousness, which is given "in baptism and each moment of true penance," allows the believer ownership of Christ's living, acting, speaking, suffering, and dying to the same degree as if she had actually experienced them[3]. Just as husband and wife share things in common and constitute "one flesh" (*sunt enim una caro*), so too do Christ and his Church form "one spirit" (*sunt unus spiritus*)[4]. Thus, if we believe in Christ, then Christ and all of his benefits are totally ours[5]. Although we deserve wrath and damnation, Christ has graciously given these benefits to us: "whatever he did, he did for us, and wished for it to be ours" (*quicquid fecit, nobis fecit nostrumque esse voluit*) (146,2-4).

It is not only Christ's actions that we acquire through faith, however, for "*Christ himself* becomes ours" (*immo ipsemet noster fit*) (146,8-10). He constitutes an infused righteousness which is "infinite and absorbs in a moment every sin"[6]. The person who believes in Christ clings to and "is one with Christ," for both have the same righteousness[7]. This *iusticia aliena* of Christ is the "ground, cause, and origin of all of our own actual righteousness" (*fundamentum, causa, origo omnis iusticiae propriae seu actualis*) (146,16-17). It is the righteousness which opposes original sin. Just as the believer is passive to this alien, infused righteousness, she too is passive to the inherited, original sin that alien righteousness counteracts[8]. This righteousness expels

---

sche Geschichte Mainz Bd.68. Wiesbaden 1972, p. 2. Loewenich points out that while use of "*infusa*" by Luther might seem inexact and misleading, the chance of misinterpreting it as a human quality is minimized because of its combination with "*ab extra*" and "*aliena.*"

3 WA 2, 145,14-18: "Haec ergo iusticia datur hominibus in baptismo et omni tempore verae poenitentiae, ita ut homo cum fiducia possit gloriari in Christo et dicere 'meum est quod Christus vixit, egit, dixit, passus est, mortuus est, non secus quam si ego illa vixissem, egissem, dixissem, passus essem et mortuus essem.'"

4 WA 2, 145,18-21: "Sicut sponsus habet omnia, quae sunt sponsae, et sponsa habet omnia, quae sunt sponsi (omnia enim sunt communia utriusque, sunt enim una caro), ita Christus et Ecclesia sunt unus spiritus." Loewenich points out that Luther uses similar "Brautmystik" imagery in a 1519 sermon (WA 9, 419,24ss.) and in his 1520 tract on freedom (WA 7, 12ss.). See l.c., p. 2s.

5 WA 2, 145,28-29: "'Nobis', inquit, quia noster est totus cum omnibus bonis suis, si in illum credimus..."

6 WA 2, 146,12-14: "Haec est iusticia infinita et omnia peccata in momento absorbens, quia impossibile est, quod peccatum in Christo haereat."

7 WA 2, 146,14-16: "At qui credit in Christo, haeret in Christo, estque unum cum Christo, habens eandem iusticiam cum ipso."

8 WA 2, 146,29-32: "Haec igitur iusticia aliena et sine actibus nostris per solam gratiam infusa nobis, trahente intus scilicet patre nos ad Christum, opponitur peccato

the Old Adam only gradually, however, for sin constantly fights it, sin which is completely annihilated only through death[9].

Luther speaks of *iusticia propria* as "that good conduct in doing good" (*illa conversatio bona in operibus bonis*) (146,37-38). This doing good is threefold: 1) The Christian must slay the flesh with its passions and desires; 2) manifest love towards the neighbor; and 3) display humility and fear toward God (147,1-3). This righteousness is a "work and fruit of the prior righteousness, and also follows it" (*opus prioris iusticiae et fructus atque sequela eiusdem*) (147,7-8). Significantly, Luther points out that this fruit of "love, joy, peace, patience, and goodness," is the fruit of the "spiritual person" (*spiritualis hominis*). These works done by human beings "perfect" (*perficit*) the previous alien righteousness, since they are always engaged in destroying the body of sin (147,8-13). The proper righteousness of the Christian "hates itself and loves the neighbor; it does not seek those things which are its own but those things of another, and in this is its complete way of living"[10]. This righteousness imitates the example of Christ and is in conformity with His image, for Christ Himself did not seek his own things, but ours instead. Whereas the *iusticia aliena* negates inherited original sin, the *iusticia propria* counters proper and actual sin (147,19-24). Proper righteousness opposes the actual sins that humans *actively do*; alien righteousness attacks the original condition of sin human beings *passively are*[11].

Luther distinguishes between the "form of God" (*forma dei*) and the essence of God (*substantia dei*). Christ could no more rid Himself of the divine essence than a human being could relinquish the human substance. Christ possessed the form of God by having "wisdom, power, righteousness, goodness,

---

originali, quod alienum similiter est sine nostris actibus per solam generationem nobis cognatum et contractum."

9 WA 2, 146,32-35: "Et ita Christus expellit Adam de die in diem magis et magis, secundum quod crescit illa fides et cognitio Christi. Non enim tota simul infunditur, sed incipit, proficit et perficitur tandem in fine per mortem."

10 WA 2, 147,13-15: "... ideo odit se et diligit proximum, non quaerit quae sua sunt sed quae alterius, et in hoc est tota conversatio eius."

11 In the *Sermo de triplici iustitia*, Luther relates "iusticia natalis, essencialis, originalis, aliena," that is, the "iusticia Christi" (WA 2, 44,32-33) to "peccatum essenciale, natale, originale, alienum" (44,14), and "iusticia actualis" (46,1) flowing from faith to "peccatum actuale" which is the fruit of original sin (45,34). Just as actual sin results from original sin, so too does the *iusticia actualis* flow from faith and the *iusticia essenciali*. In this sermon, Luther also talks of another kind of sin, the *peccatum criminale* of worldly evil, which is countered by *maledicta iusticia* (44,10), a justice appealing to fear of punishment and a desire to protect one's advantage. Loewenich believes this sermon was probably written after the *Sermo de duplici*, since it no longer employs the terms "*infusa*" or "*iustitia cooperans*." See l.c. p. 11s.

and, finally, freedom," but, nevertheless, was not haughty, for neither was He pleased with Himself, nor did He despise others in bondage to evil (147,38-148,5). Robbery of God happens when a person fails to live as Christ, when he "keeps what he has and neither ascribes to God those things which are His, nor serves others through them"[12]. Such robbery occurs when a person wants to be like God in being self-sufficient, self-pleased, self-glorified, and in debt to nobody. Christ gave up the form of God, was made one of us, and accepted the "form of the servant" (*forma servi*) (148,11-15). He gave up his freedom and made Himself a servant to everyone.

In like manner, every Christian should take on the *forma servi* with respect to the neighbor. If any possess wisdom, power, or righteousness, by which they can excel the others and be glorified as in the *forma dei*, they should not keep these things but assign them to God. They should conduct themselves toward their neighbor as if (*quasi*) the weakness, sin, and foolishness of the neighbor were their own (148,36-149,2). Luther understands the assumption of the *forma servi* as love (*charitas*)[13].

If the removal of the *forma dei* and the putting on of the *forma servi* does not happen "freely" (*sponte*), it must be compelled[14]. Simon, sitting in his own righteousness and in the *forma dei*, used to arrogantly judge and despise Mary Magdalene, in whom he saw the *forma servi*. Christ, however, stripped him of that form of righteousness by the power of his words, and dressed him in the form of a sinner (149,16-20). Because Simon did not see his own great sin, Christ ignores the *forma dei* he adopted and the good works he did. Mary, on the other hand, knew her sin and adopted the *forma servi*. Accordingly, Christ ignored the *forma servi* in her, did not remember her demerits, and exalted her into the glory of the *forma dei* (150,1-11).

If we are haughty toward and irritated by the unrighteous, the foolish, and those less powerful than us, then Christ will treat us like He did Simon. When we behave this way towards others "righteousness works against righteousness, wisdom against wisdom, and power against power" (150,12-15). True power, on the contrary, is "not when you make the powerless more powerless by oppression," but when "you make them powerful by exalting and defending them" (150,15-17). Just as Christ came not to judge the world, but, rather, so that the world might be saved through him, so too must the Christian not

---

12 WA 2, 148,9-10: "... qua homo sibi arrogat, immo servat quae habet et non refert pure in deum (cuius haec sunt) nec per ipsa aliis servit..."
13 WA 2, 149,5-6: "Per charitatem servite invicem."
14 WA 2, 149,15-16: "Quod si nos non volumus sponte exuere istas formas dei et induere formas servi, cogemur et inviti exuemur."

merely condemn and punish, but honestly attempt to help the neighbor[15]. Luther summarizes up the life of the Christian, claiming that "this is the gospel and example of Christ."

Therefore, they take off the form of their own justice, and put on the form of the others, praying for persecutors, blessing cursers, being beneficent towards evil-doers, prepared to pay the penalty and make satisfaction for their own enemies, so that they might be saved[16].

Analysis

Although Luther provides no sustained reflection to the concept of "freedom" in this sermon, it is apparent that the Christian life of love lived in taking on the *forma servi* with respect to the neighbor is supposed to be "free." This happens despite the fact that the Christian gives up "freedom" in order to become "free"[17]. The "freedom" belonging to the *forma dei* must be relinquished in order for Christian freedom to arise[18].

In analyzing this, it is useful to distinguish various senses of freedom:

Freedom$_1$: X is free if and only if it is metaphysically and/or physically possible for X to do other than what X does.

Freedom$_2$: X is free if and only if X does not experience X's actions as wholly determined by external compulsion: X *can* do what X *wants* to do.

Freedom$_3$: X is free if and only if X does not experience X's actions as wholly determined by internal compulsion: X *wants* to do what X thinks X *ought* to do.

While *countra-causal* freedom$_1$ denies determinism by allowing that some human actions are *not* wholly necessitated by internal and external antecedent causes[19], and *civil* freedom$_2$ is consistent either with freedom$_1$ or a determin-

---

15 This "help" may take the form of tough public punishment. See WA 2, 152,1-12. This theme of righteous punishment is developed in the *Sermo de triplici iustitia* (WA 2, 43,13ss.)

16 WA 2, 151,33-38: "... ideo formas iusticiae suae exuunt et illorum formas induunt orantes pro persequentibus, benedicentes maledicentibus, benefacientes malefacientibus et pro ipsis inimicis suis poenas luere et satisfacere parati, ut salvi fiant."

17 Luther writes that Christ was "free" (*liber*) before becoming a servant: "...et cum esset liber, ut Apostolus quoque ait, omnium se servum fecit, non aliter agens quam si sua essent omnia ista mala, que nostra erant" (WA 2, 148,16-18).

18 WA 2, 148,2-4: "... sed forma dei est sapientia, virtus, iusticia, bonitas, deinde libertas, ita quod Christus homo fuit liber, potens, sapiens, nulli subiectus nec vicio nec peccato sicut sunt homines cuncti..."

19 This is usually called "libertarianism," and has been advocated by a number of major philosophers, including Aquinas, Scotus, Descartes, and Sartre.

ism claiming that since human internal affective states are products of antecedent causes, all human actions are necessitated by those internal affective states[20]; $freedom_3$ is compatible with both $freedom_1$ or $freedom_2$[21]. According to $freedom_3$, a person is free to the extent that her affections are modified so that they no longer are experienced as "over and against" the self. The split between the "ought" of ideality and the "is" of psychological and behavioral actuality collapses.

While $freedom_3$ is consistent with such uses of language as "Peter is free from his former addiction" or "I am free from the power of sin, death and the devil," it is important to make a further distinction. As has been richly documented, Luther's ontology is relational in that human beings are not autonomous beings externally related to God, but exist *coram deo*; their being is constituted in internal relatedness to God[22]. Accordingly, to say "X is free" in sense (3) is not simply to say that X's affections and intentions are such that X wants to do what X thinks X ought to do, rather, it is to say that X's affections and intentions are such that X wants to do what X believes *God* thinks X ought to do. Because Luther knew well the pervasiveness of sin, he realized that a person who wants to do what he thinks he ought could, nevertheless, be wrong about what he ought to do. Because men and women are in bondage to sin, their moral self-image is distorted and corrupted. Accordingly, one could have $freedom_3$ while still not being "free" to truly love in the way God intends. Therefore, another category of freedom is required:

$Freedom_4$:   X is free if and only if X does not experience X's actions as wholly determined by sinful compulsion: X wants to do what X believes *God wants* X to do.

---

20   The view that human actions are "free" even though they are necessitated by antecedent conditions is called "compatiblism," and has John Stuart Mill as its most famous defender.

21   It is useful to review the standard distinction between "hard" and "soft" determinism. While hard determinism claims that since all events are necessitated by antecedent conditions, freedom is an illusion and moral responsibility is impossible, soft determinism holds that freedom and responsibility are not illusory; the experience of freedom is wholly compatible with an underlying determinism. The soft determinist contends that the only relevant sense of "freedom" is the everyday sense of $freedom_2$. X is free if X is not coerced to do what X does not want to do. Obviously, this "freedom" is consistent with all of X's *wants* being necessitated by antecedent conditions. For a classic argument for the validity of this type of freedom, see *Walter Stace*, Religion and the Modern Mind. New York 1952.

22   Cf. *Gerhard Ebeling*, Luther. An Introduction to his Thought. Trans. by R.A. Watson. Philadelphia 1970, pp. 192ss.

It is this concept of freedom which directly relates to love and faith in this sermon.

When Luther speaks of Christ giving up the "freedom" (*libertas*) of the *forma dei* in order to assume the *forma servi*, he is claiming, in effect, that Christ had freedom$_1$ to give up freedom$_2$[23], for God in Christ opted to be bound to us, and to be externally coerced into suffering and death. Christians, however, who assume the *forma dei* of self-sufficiency and self-determination (freedom$_2$) will be brought to the point of giving up this freedom$_2$, and thereby acquiring freedom$_4$[24]. Moreover, this freedom$_4$ implies freedom$_3$, since, for a Christian, wanting to do what one believes God wants one to do is, by definition, already a wanting to do what one thinks one ought to do.

In this sermon, Luther's discussion of love and freedom directly connect. Love is the adoption of the *forma servi*; it is the reorientation of the self toward the other, both in regards to action and inclination[25]. Nygren and others have written about how this differs from the egocentric love of the classical tradition and the Scholastic theology influenced by that tradition[26]. According to that tradition, love is figured as the natural movement of the human toward

---

23 WA 2, 148,20-21: "Ita cum esset respectu nostri talis, ut deus noster esse et dominus esse posset, tamen ita noluit, sed servus potius fieri voluit noster..." Perhaps Luther follows Augustine here in holding that "*libertas*" does not primarily mean "not determined by external compulsion," but rather connotes "the power to accomplish the good." [For treatment of Augustine on *libertas*, see *Etienne Gilson*, Introduction a l'etude de S. Augustine. Paris ^{3}1949, pp. 185-216.] Since, however, Christ retains for Luther the *substantia dei* even while abandoning the *forma dei*, the surrendering of the *libertas* of the *forma dei* would mean only that Christ did not immediately *show* himself as God. Accordingly, God "freely$_1$" gave up the *appearance* of his "power to accomplish the good" in order to take on the appearance of not having power to accomplish the good, in order (paradoxically) to accomplish the good. (After all, it is of the substance of God to be free [*libertas*], for ultimately God has the power to choose and accomplish whatever God wants.) On this reading, freedom$_1$ is presupposed in Christ's taking on of the *appearance* of having his actions determined by external compulsion; Christ did not *really* give up freedom$_2$, but only *appeared* to.

24 If we refuse to do this "freely" (*sponte*)--that is, with respect to freedom$_2$--we must be compelled. See WA 2, 149,15-16. Human beings, unlike Christ, seem not to have freedom$_1$ to do this, for it is only God's activity in grace that produces such a radical reorientation of affections.

25 WA 2, 147,15-17: "Nam in hoc, quod odit seipsum et non quaerit quae sua sunt, facit sibi crucifixionem carnis, quod autem quaerit quae alterius sunt, operatur charitatem ..."

26 See *Anders Nygren*, Agape and Eros. The History of the Christian Idea of Love. Trans. by Philip S. Watson. London 1939.

that which is experienced as attractive or assumed to be good[27]. For Luther, however, love occurs only in and through the breakdown of the classical individual with her natural drives toward knowledge and goodness. In opposition to this classical concept of love seeking completion or greater fulfillment of the self, Luther's love constitutes an emptying of the self[28].

What then is the precise relationship between $freedom_4$ and this emptying kind of love? The allusion to Simon the leper is instructive. Although Simon did good works, his attitude toward Mary Magdalene results in the fact that "none of his good works are remembered" (150,2). The reason for this is that Simon did not really "love" Mary; because he had not put on the *forma servi*, he had retained an attitude of superiority over her. It follows by contraposition that if he had *not* retained an attitude of superiority, he would have put on the *forma servi* necessary for "loving" Mary.

The disposition to behave humbly and to serve is a necessary condition for the possibility of the other-directed love of the believer. When the believer accomplishes works of righteousness, wisdom, and power without the corresponding affection to humbly serve, then "righteousness works against righteousness, wisdom against wisdom, and power against power"[29]. When we are "aroused and angry" (*inflamur et irritamur*) by those who we are to serve, we have not really put on the *forma servi*, and we neither have $freedom_3$--we do not want to do what we think we ought--nor $freedom_4$--we do not want to do what we believe God wants done.

To Question (1) concerning the logical and metaphysical relationship between Christian love and freedom in the sermon, we respond that the two expressions ("love" and "freedom") are biconditionally related. The reasoning is simple. If X has $freedom_4$, then X loves, for by definition, X wants to do what X believes God wants X to do. (Since X believes God wants everybody "*per charitatem servire invicem*", X wants to, and presumably at least sometimes

---

27 E.g., Aristotle writes that "no one loves if he has not first been delighted by the form of the beloved..." See *Aristotle*, Nicomachean Ethics. 1167a,4-5.

28 Cf. *Simo Peura*, "Die Teilhabe an Christus bei Luther," in: Luther und Theosis. Vergöttlichung als Thema der abendländischen Theologie. Simo Peura & Antti Raunio Eds. Helsinki & Erlangen 1990, pp. 121-161, p. 160: "Die Loslösung von der verderblichen Liebe, unter deren Zwang der Mensch lieber an Gottes Gütern als an Gott festhält, bedeutet, dass der Mensch auf das Nichts reduziert wird. Er hat sich also hinsichtlich der verderbten Liebe von sich selbst und dem Geschöpf "losgelöst" und steht somit ausserhalb des Geschöpflichen. Da es zwischen Geschöpf und Gott kein Drittes gibt, so folgt aus dem Gesagten, dass der Mensch zu Gott kommt und in Gott ist. Dann wird er auch Gottes teilhaftig. Somit bringen die *participatio Dei* und der *redactus in nihilum* den gleichen Sachverhalt zum Ausdruck."

29 WA 2, 150,13-15: "... tunc enim (quae est maxima perversitas) iusticia contra iusticiam, sapientia contra sapientiam, potentia contra potenciam operatur."

will, serve.) Conversely, if X loves, then X is free, for (as we saw in the Simon example) real Christian love includes proper inclination; X really does want to do what X believes God wants X to do.

Thus, "Christian love" and "freedom$_4$" are logically equivalent expressions; a description of the properties specified by "freedom" entail those designated by "love," and a description of those designated by "love" entail those specified by "freedom." Simply put, X's loving is always free, and X's freedom always loves. Although in everyday discourse, "love" does not entail "freedom" and "freedom" does not entail "love," analysis reveals that in the theological language of this sermon, both are logically equivalent and synonymous.

Because the two predicates are logically equivalent (one cannot be instantiated without the other)[30], they must either have the same referent, or none at all. Accordingly, both logically equivalent *intensions* pick out the same class of objects; they have a common *extension*[31]. Because they refer synonymously to the same thing, neither the *reality* of love nor that of freedom possesses metaphysical priority. Their logical equivalency precludes either having metaphysical priority.

To the question of how love and freedom are related to the natural human will, the sermon clearly claims divine grace is a cause in the production of the reality denoted by "love" and "freedom$_4$." The reasoning is straightforward. If Christians have freedom$_4$, then that freedom must be either self-caused (freedom$_1$), or be the effect of something else. Since, however, Luther holds that Christians have no countra-causal agency (freedom$_1$) to act in accordance with God's law[32], freedom$_4$ must be the effect of something else. But if it is caused by something else, it must either be directly caused by something external to the agent, or by something internal to it. Because Luther's notion of the freedom of conscience does not allow for freedom$_4$ to be established wholly through external coercion, it must be the case that Christians possess

---

30 Predicates L (love) and F (freedom) are L-equivalent (logically equivalent) if and only if the equivalence Lx1 ... xn if Fx1 ... xn is a L-truth (logical truth). In other words, L and F are L-equivalent if there is no possible world in which one can be instantiated without the other.

31 Loosely characterized, *extension* is the *referent* of a term, and *intension* the sense or meaning which "picks out" or "determines" that referent. Two descriptions are logically equivalent if and only if they pick out the same set of objects in every possible world. Given the intensions assigned to both "freedom" and "love," it is inconceivable that one is instantiated without the other.

32 Luther makes this point repeatedly in his early disputations, e.g., WA 1, 221,23-24: "Conceditur, quod voluntas non est libera ad tendendum in quodlibet secundum rationem boni sibi ostensum."

freedom$_2$ even when they are *caused* to have freedom$_4$[33]. Thus, freedom before God, and freedom from sin, death, and the devil, is an effect of something *internal* to the agent. This is not a denial of freedom$_3$, however, for it is not the case that this internal determination is *experienced* as internal compulsion. Rather, it is a divinely-wrought determination restoring freedom *from* compulsion; it is an event worked by the Holy Spirit through the externality of God's Word[34].

But while the Holy Spirit causes love and freedom, is it true that it is the *only* cause? Might there remain some human freedom$_1$ to resist or cooperate with Word and Spirit? In order to answer this, it is important to reflect upon this question: What is the ontological status of the Christian righteousness which includes both love and freedom?

According to Luther, original sin determines that human beings cannot do other than what they ought not to do, and that they are therefore *passive* to, and have no freedom$_1$ from sinning[35]. The infused *iusticia aliena* opposes this, and makes possible the expelling of Adam "more and more day by day" (146,30-33). The critical question arises: Is this *iusticia aliena* merely *imputed* to human beings on account of Christ (as has been supposed in some Luther scholarship), or is this righteousness "really in" the believer? Is it an external righteousness reckoned by God to belong to the believer (although ontologically not present), or is it somehow ontologically constitutive of the being of the believer's being?

Luther claims that the *iusticia aliena* is "infused from the outside" (*ab extra infusa*), and that "He Himself becomes ours" (*ipsemet noster fit*). Furthermore, he says that the *iusticia propria* "completes" (*perficit*) this *iusticia aliena*, for "it works so that Adam might be done away with and the body of sin destroyed" (147,12-13). If we take the *iusticia aliena* as imputed, however, the "completion" that the *iusticia propria* brings becomes problematic, for the latter would then clearly speak of a different reality than that proclaimed by alien righteousness. If it is assumed that humans have already been imputed an *iusticia aliena* such that they are already righteous *coram deo*, the *iusticia propria* could then only speak about righteousness *coram hominibus*. But how

---

33 X can only want to do what X thinks God wants him to do if he has some faith in God, for without such faith, X would not desire to keep God's law. But, for Luther, faith is always individual; it cannot be coerced or prevented by any external group. Since faith is the presupposition to freedom, and since faith cannot be coerced, it follows that freedom$_4$ cannot be externally compelled.

34 For a classic discussion see *Regin Prenter*, Spiritus Creator. Luther's Concept of the Holy Spirit. Trans. by John M. Jensen. Philadelphia 1953.

35 Because humans possess no countra-causal agency not to sin, Luther can declare in *de servo arbitrio* that "*liberum arbitrium*" can only be applied to God. Cf. WA 18, 615.

exactly could a change in situation *coram hominibus* "complete" a state of affairs already obtaining *coram deo*?

The passage does make sense, however, if we change the thing which needs to be "completed." If we suppose that the *iusticia aliena* actually infuses something in the believer[36], then the "completing" would clearly and unproblematically refer to the progressive transformation of the believer's empirical being *coram hominibus*. On this interpretation, the *iusticia aliena* does not make the believer perfect *coram hominibus*, but merely begins the process of that "making perfect"[37]. All through life the believer must "complete" the incipient righteousness already infused within; she must slay the flesh, love the neighbor, and display fear and humility toward God[38].

While Luther allows that the grace-full infusion of the *iusticia aliena* instills freedom and love[39], he nonetheless maintains that the *iusticia propria* must "complete" that righteousness by "cooperating" with it (146,36-37). But does this mean that humans by their natural agency can do free works of love? Notice that if the two types of righteousness were wholly different in kind (if the first were an imputed righteousness *coram deo* and the second an empirical righteousness *coram hominibus*), the will's "cooperation" would tend toward synergism, to the view that the human will is an efficient cause in conversion[40].

One way to avoid such synergism is to allow that Luther here assumed that the *iusticia aliena* and the *iusticia propria* are merely different *descriptions* of the same reality. He did say, after all, that the *iusticia aliena* is not infused (*infunditur*) all at once, "*sed incipit, proficit et perficitur tandem in fine per mortem*" (146,34-35). But if this righteousness is not infused all at once, it

---

36 Remember what Luther writes at WA 2, 146,8-10: "Igitur per fidem in Christum fit iusticia Christi nostra iusticia et omnia quae sunt ipsius, immo ipsemet noster fit." Why believe that "*iusticia Christi*" refers to imputed righteousness here?

37 The distinction between the "total" and "partial" aspect in justification is useful here. This progressive making righteous *coram hominibus* is an example of the "partial aspect." See *Lennart Pinomaa*, Die Heiligen bei Luther. Schriften der Luther-Agricola-Gesellschaft A 16. Saarijärvi 1977, p. 146ss.

38 Imputation, of course, actually "completes" *coram deo* the transformation already begun by Christ's presence in the believer in faith. (Cf. WA 40 I, 364,8-9.) Because infused righteousness is first in the believer, she is then imputed as "totally" righteous *coram deo*. (Cf. *Pinomaa*, l.c., pp. 146ss. for more on the "total aspect.") While a state of affairs obtaining *coram deo* can "complete" one *coram hominibus*, the opposite is impossible.

39 It presents Christ's own righteousness, a rightousness which includes freedom and love. See WA 2, 145,16-18.

40 The Synergists assumed that the Holy Spirit, the Word of God, and the human will together influenced human conversion.

cannot be the imputed gifts of Christ for us, for these imputed gifts do not admit of degrees. Moreover, if it is not these imputed gifts, it must be the very presence of Christ Himself!

On this interpretation, the "cooperation" of the human will refers to the changed human willingness to love of a will already "transformed" by that *iusticia aliena ab extra infusa*[41]. If we permit "*iusticia aliena*" to refer to righteousness from the standpoint of its external origination and "*iusticia propria*" to righteousness from the standpoint of its present location, then the process of the human will's "cooperation" is easily understood as *ab extra infusa* as well[42].

I believe that Luther does reject human countra-causal agency in the process of righteousness-making. He explicitly says that the righteousness opposing original sin occurs wholly without our works (146,29-30), and further assumes that the human works of actual sin are products of an underlying original sin. Certainly the human works of proper righteousness must be products of an

---

41 Cf. *Konkordienformel* Epitome II, Negativa X: "Postquam enim spiritus sanctus hoc ipsum iam operatus est atque effecit hominisque voluntatem sola sua divina virtute et operatione immutavit atque renovavit, tunc revera hominis nova illa voluntas instrumentum est et organon Dei spiritus sancti, ut ea non modo gratiam apprehendat, verum etiam in operibus sequentibus spiritui sancto cooperetur" (*BSLK*, Göttingen [11]1992, pp. 780-81). Loewenich believes that Luther's use of *cooperatio* here does not exclude a synergistic misunderstanding: "Der Kontext schliesst jedenfalls eine synergistische Deutung dieser cooperatio nich deutlich aus, auch wenn die zweite Gerechtigkeit als 'opus prioris iusticiae et fructus atque sequela iusdem' bezeichnet wird." See l.c., p. 3.

42 See *Simo Peura*, Mehr als Mensch? Die Vergöttlichung als Thema der Theologie Martin Luthers von 1513 bis 1519. Helsinki 1990, pp. 210-213 & 244-247 for a good discussion of this. It might appear that there is tension between the progressive nature of the "making righteous" of the *iusticia aliena* and the claim by Luther that this righteouness is already "infinite." How is it that this infused righteousness can be "infinite" and "absorbing every sin *in a moment*" when it only *gradually* expells the Old Adam of sin? If Christ's presence in the believer is actually Christ's righteousness, then that divine righteousness lacks nothing; it is infinite. So how can the divine righteousness of Christ in the believer leave sin external to it, for if righteousness is bounded by sin, then that righteousness cannot be "infinite." The solution to this requires a distinction be made between the divine righteousness *per se* and that righteousness *in hominem ipsum*. While Christ's righteousness swallows every sin such that no sin remains, it is, nevertheless, constantly at war with sin in the Christian. In other words, considered from the perspective of the righteousness of Christ itself, there is no sin; considered from the perspective of the human being in which that righteousness is present, sin remains. For the sinner in this life, infused righteousness effects only a partial transformation. Again, the total and partial aspects must be distinguished.

underlying "unworked" alien righteousness as well (147,7-8). Just as humanity had no freedom$_1$ with respect to actual sin, it has no freedom$_1$ with respect to actual righteousness.

In response to Question (2) regarding the degree of human complicity in producing love and freedom, we can conclude that the latter are totally worked by God in the believer; there is no contra-causal human agency involved. Because the *iusticia aliena* presents within us "wisdom, righteousness, sanctification, and redemption"[43], the love which is part of the redeemed, righteous, sanctified life is itself authored by the divine. Indeed, Tuomo Mannermaa claims that Christ is not merely the object of faith, but is the "subject of good works"[44]. As the subject of good works effecting the expulsion of the Old Adam, humans are freed from bondage to their egocentricity and the drive towards maximizing their own being. "*Iusticia aliena*" and "*iusticia propria*" are two different descriptions of the same event of Christ's presence in the believer[45].

While the reality of Christ's presence constitutes the common extension of both types of righteousness, the fact that both expressions are employed has semantic consequences. When Luther uses "*iusticia aliena*" he cannot speak the langauge of "cooperation," for the semantics of "alien righteousness" precludes the notion of human agency. (Because a righteousness outside us is not in our power, the human will is not at issue.) With "*iusticia propria*" he can (and must) employ "*cooperemur*," however, for the semantics of "one's own righteousness" naturally includes the notion of the will's activity[46]. (A righteousness which is ours can only be described from the standpoint of our will.)

---

43 WA 2, 145,11-12: "Qui factus est nobis a deo sapientia et iusticia et sanctificatio et redemptio."

44 *Tuomo Mannermaa*, Der im Glaube Gegenwärtige Christus. Rechtfertigung und Vergottung. Zum ökumenischen Dialog. Arbeiten zur Geschichte und Theologie des Luthertums Bd.8. Hannover 1989, p. 56: "Der Logik im Gedankengang Luthers is kurz folgende: Im Glauben wird der Mensch real mit Christus vereinigt. Christus selbst wiederum bewirkt im Menschen alles Gute... Christus is das wahre Subjekt der guten Werke im Gläubigen..." (56) "... Wegen der Vereinigung von Christus und dem Christen ist das Handeln des Christen das eigene Handeln Christi" (57).

45 Cf. *Antti Raunio*, "Sein und Leben Jesu Christi im Glauben bei Luther," in: Luther und Ontologie. Das Sein Christi im Glauben als strukturierendes Prinzip der Theologie Luthers. Anja Ghiselli, Kari Kopperi, & Rainer Vinke, Eds. Helsinki & Erlangen 1993, pp. 113-141, p. 117s.

46 The will's "cooperation" presupposes that the being of the person is already transformed. Thus there is no question of synergism; God's judgment is not determined by *iusticia propria*. See *Regin Prenter*, "Luthers Synergismus," in: Vierhundertfünfzig Jahre lutherische Reformation 1517-1967. Festschrift für Franz Lau zum 60. Geburtstag. Göttingen 1967, pp. 265-281, p. 267.

Furthermore, Luther can correctly maintain that *iusticia propria* is a "work of prior righteousness" and "follows" *iusticia aliena*, without at the same time positing the two as separate realities. The reason is that the *description* of the reality of Christ's presence as *iusticia aliena* logically entails its description as *iusticia propria*. (Anybody having Christ's righteousness will have righteousness.) Obviously, this *de dicto* entailment does not itself entail a *de re* entailment; it does not entail a distinct reality of *iusticia aliena* that either metaphysically grounds or temporally precedes a distinct *iusticia propria*[47].

But what exactly is the answer to Question (3) about the ontology of the righteousness manifesting itself both as love and freedom? On the basis of the previous discussion, one might assume that the believer's life is already totally "divinized" by the presence of the divine life within. This is not so, however, for Luther plainly claims that the *iusticia propria*--the reality extensionally equivalent to, and logically entailed by the *iusticia aliena*--issues in the fruits of "love, joy, peace, patience, and goodness," and furthermore, that "these fruits are human works"[48]. The presence of Christ's loving of the neighbor in the believer's assumption of the *forma servi* is simultaneously the believer's own loving of the neighbor. This, however, is possible only if there is an *ontic unity of subjects*, a unity in which the very *same acts* are correctly described as performed either by the Christian or by Christ who acts in and through the Christian[49]. Recalling Luther's terminology, this unity constitutes a marriage in which both subjects share; it is a marriage that is ultimately made in heaven[50].

The claim that there is an ontic unity of subjects makes understandable Luther's sharp rejection of the Thomistic category of the *gratia creata*. If mere *human* affections and dispositions were reoriented and rectified by divine agency, they would remain wholly accidental "modifications" of the human substance. There would then be no room for the actual presence of Christ's

---

47 It seems that "*iusticia propria*" does not entail "*iusticia aliena*," even though, in this actual world, there is no true proper righteousness that is not the infused righteousness of God. The reason the entailment does not hold is that one can well *imagine* a world without sin, a world where one is properly righteous, yet unaided by God.

48 WA 2, 147,7-11: "Haec iusticia est opus prioris iusticiae et fructus atque sequela eiusdem sicut ad Gala. v: Fructus autem spiritus (id est spiritualis hominis, qui fit per fidem in Christo) charitas, gaudium, pax, patientia, bonitas &c. Spiritus enim vocatur homo spiritualis illo loco, quod patet, quia illi fructus sunt opera hominum."

49 Cf. WA 2, 146,14-15: "At qui credit in Christo, haeret in Christo, *estque unum cum Christo...*"

50 See WA 2, 147,26-29: "Igitur per iusticiam priorem oritur vox sponsi qui dicit ad animan 'tuus ego', per posteriorem vero vox sponsae quae dicit 'tua ego': tunc factum est firmum, perfectum atque consummatum matrimonium..."

gratia increata righteousness in the believer at all. However, in claiming that the divine itself is present in the believer as *iusticia aliena*, Luther rejects any claim of unambiguous *human ownership* of the divinely-wrought theological virtue of love.

The assertion that there is an ontic unity between Christ and the believer in the *Gerechtmachung* ("making just") which logically precedes the *Gerechterklärung* ("pronouncing just") naturally leads to consideration of *theosis*. For centuries, the East has used the category of deification to talk about the presence of the *gratia increata* in human beings. Humans are divinized if and only if they actually become what God is. For Gregory Palamas, humans participate in the uncreated divine *energei* (not *ousia*) of deity; they undergo an actual process of merging with God which does not annihilate human nature[51].

It is tempting to straightforwardly identify the ontic unity of the divine and human subjects suggested by Luther with the Orthodox teaching of *theosis*. Crucial for clarity in this discussion is the precise meaning of Luther's statements about the presence of the divine properties in the believer as the presence of God Himself. Do these constitute an *ontological* assertion of the *same kind* as Orthodoxy's *theosis*? The fact that Orthodoxy carefully developed the distinction between *energeia* and *ousia* while Luther (sometimes) identified God with His properties suggests that Luther may be speaking in a somewhat different way than Orthodoxy[52]. While the *energeia/ousia* distinction tries to clarify the metaphysics of participation *in se*, Luther's identification of the divine essence and properties seems chiefly concerned with God's availability *pro me*[53]. Luther's admission that he "speaks in the way of the Hebrews" when talking of participation in God is perhaps relevant here[54].

---

51 According to the Orthodox understanding humans remain creatures while becoming god by grace just as Christ remained God while becoming human by incarnation. St. Maximus the Confessor stated it this way: "... God's incarnation makes of man a god in the same measure as God Himself became man. For it is clear that He who became man without sin can also deify nature, without transforming it into deity, raising it to Himself in the measure that He humbled Himself for man's sake." See *St. Maximus*, "Contemplative and Active Texts," in: Early Fathers of the Philokalia. E. Kadloubolvshy & G.E. Palmer Eds. London 1954, p. 368.

52 The property/essence identity thesis is developed by many of the Finnish commentators. Peura points to WA 3, 189, 13-14, "In hiis laudatur Deus, ut quando veritatem, sapientiam, bonitatem loquimur, quia hec omnia est deus," and to WA 3, 303,20-21, "Nomen domini non dat sanctis bonum aliud quam est ipsummet: sed ipsummet est bonum eorum." See *Peura*, Mehr als Mensch, pp. 51ss.; cf. *Mannermaa*, Der In Glaube gegenwärtige Christus, pp. 99-100.

53 If the divine essence were identical with the divine properties, then God *could* not have other properties than God does indeed have. This would be a curious position for

33

We can, however, firmly establish that the reality of Christ's righteousness is the *ontological* "ground, cause, and origin" of the theanthropic presence of Christ in the believer; it is *ontologically* prior because it is the condition for the possibility of any human righteousness whatsoever. For Luther the preexistent Christ is Himself anterior to His appearance in the world. While "alien righteousness" *logically entails* "proper righteousness" (they have the same extension in this sinful world), the reality of Christ's righteousness *ontologically grounds* the reality specified both by "alien righteousness" and "proper righteousness." Although the reality of Christ's righteousness could have existed without its *de re* manifestation in the hearts of men and women, its actualization in human existence could not have existed without Christ's preexistent divine righteousness.

Conclusion

Christian love is logically equivalent to freedom$_4$, and it implies freedom$_3$. (Freedom$_3$ does not imply Christian love, however, for one could have the experience of wanting to do what one ought to do while still having a distorted perception of what one ought to do.) Such love consists in the presencing of Christ's ontologically prior righteousness in the believer, a righteousness which is infused from the outside through the agency of divine grace. While the human will has no freedom$_1$ with respect to the grace, after the infusion of the *iusticia aliena* the will naturally cooperates with it. The Christian thus assumes the life of the *forma servi* in freedom$_2$, freedom$_3$, and freedom$_4$. This life of free and spontaneous love by the believer is simultaneously the life of Christ in the believer. It is this ontic unity of subjects which is called faith; *in ipse fide Christus adest.*

Luther to defend given his training in Occamism, and his acknowledgment elsewhere of the absolute freedom and sovereignty of God.

54 See *Mannermaa*, l.c., pp. 100s. WA 17 I, 438,14-18: "... und wir so erfullet werden 'mit allerley Gottes Fulle', das is auff Ebräische weyse soviel geredt: das wir erfullet werden auff alle weise, damit er voll macht und voll Gotes werden uberschuttet mit allen gaben und gnade und erfullet mit seynem geyst, der uns mutig mache und mit seynem liecht erleucht und seyn leben ynn uns lebe, seyne selickeit uns selig mache, seyne liebe yn uns die liebe erwercke."

Hubertus Blaumeiser

Martin Luther zum Thema Freiheit

Ein Beitrag anhand der "Operationes in Psalmos" (1519-1521)

Die Tatsache, daß Martin Luther innerhalb weniger Jahre zwei bedeutende Programmschriften abfaßte, von denen die eine der Freiheit des Christen huldigt (*De libertate christiana*, 1520), während die andere in letzter Entschlossenheit der Unfreiheit des menschlichen Willens das Wort redet (*De servo arbitrio*, 1525), macht deutlich, in welch spannungsvollem Feld wir uns bewegen, wenn wir nach dem Freiheitsverständnis des Reformators fragen. Bereits in den Titeln dieser beiden Schriften deutet sich allerdings an, daß Luthers Stellungnahme zum Thema Freiheit in ihrer Vielschichtigkeit keineswegs so widersprüchlich ist, wie dies auf den ersten Blick scheinen könnte, sondern sich um zwei Pole bewegt, die sich auch in einer doppelten Begrifflichkeit niederschlagen: Luthers Kritik an der menschlichen Entscheidungsfreiheit (*liberum arbitrium*) geht Hand in Hand mit der Einsicht in das Geschenk christlicher Freiheit (*libertas*).

In diesem Beitrag gehe ich dieser doppelten Stellungnahme des Reformators anhand der *Operationes in Psalmos* nach[1]. Dabei lege ich nicht nur jene Schlüsseltexte zugrunde, die im Mittelpunkt der einzelnen Abschnitte stehen, sondern greife gleichzeitig auf die Ergebnisse einer umfassenden Analyse von Luthers Zweiter Psalmenvorlesung zurück[2].

An die Darstellung von Luthers Kritik am überkommenen Freiheitsbegriff und den Aufweis seines eigenen Freiheitsbegriffs knüpfe ich in einem dritten Schritt - stets auf der Grundlage der *Operationes* - eine Rückfrage nach dem Entscheidungscharakter, der sich für katholische Tradition unaufgebbar mit dem Begriff von "Freiheit" verbindet. Fällt diese Dimension bei Luther wirklich so restlos aus, wie dies oft scheint? Und wenn nicht: Inwiefern kann auch

---

1 Wie *Wilhelm Maurer* aufgewiesen hat, steht dieser zweite Psalmenkommentar Luthers nicht nur zeitlich, sondern auch inhaltlich in engem Zusammenhang mit Luthers Freiheitsschrift von 1520. Cf. Von der Freiheit eines Christenmenschen. Zwei Untersuchungen zu Luthers Reformationsschriften 1520/21. Göttingen 1949, pp. 8-79.

2 Cf. meine an der Universität Gregoriana, Rom, vorgelegte Dissertation "Martin Luthers Kreuzestheologie. Eine Untersuchung anhand der Operationes in Psalmos", die demnächst in der Reihe der Konfessionskundlichen und kontroverstheologischen Studien des Johann-Adam-Möhler-Instituts Paderborn (Verlag Bonifatius) veröffentlicht werden wird.

bei Luther von Freiheit im Sinn von Entscheidungsfreiheit die Rede sein? Und schließlich: In welcher Hinsicht und unter welchen Voraussetzungen wäre solche Freiheit Liebe[3]?

1. Die menschliche Unfreiheit: Luthers Kritik am liberum arbitrium

Bezog sich die Scholastik, wenngleich mit einer gewissen Vorsicht[4], in ihrer Lehre vom menschlichen Handeln und vom Neuwerden des Menschen (der "Rechtfertigung") auf die in der aristotelischen Philosophie begründete Vorstellung von der Wahlfreiheit (*liberum arbitrium*) und die damit zusammenhängende Vorstellung von der Selbstvervollkommnung des Menschen im Zusammenspiel von Ratio und Willen, so schlägt Martin Luther bereits in den frühen Jahren der Reformation andere Wege ein und leugnet in aller Entschiedenheit die menschliche Willensfreiheit. Beweggrund dafür ist seine an der Schrift inspirierte und spezifisch theologische Sicht des Menschen, aber auch der charakteristische, seelsorgliche Zuschnitt seiner Theologie.

Wie so oft, ist Luthers Stellungnahme auch in diesem Punkt vielschichtig. In einer gewissen Systematisierung lassen sich in den *Operationes* drei Ebenen der Kritik am *liberum arbitrium* ausmachen.

1.1. Geschöpflichkeit und grundlegende Passivität des Menschen

Grund für Luthers Vorbehalte gegenüber einer positiven Einschätzung der menschlichen Wahlfreiheit ist zunächst einmal die menschliche Geschöpflichkeit und die daraus folgende, grundlegende "Passivität" des Menschseins, die Luther in strikter Weise auch auf die Neuschöpfung des Menschen in der Rechtfertigung angewandt wissen will. Eine Stelle aus der Auslegung zu Psalm 18(19),2 führt uns dies mit allem Nachdruck vor Augen:

---

3 Was ich hier vorlege, erhebt bewußt keinen Anspruch darauf, auch der extremen Herausforderung von *De servo arbitrio* gerecht werden zu können. Dennoch bleibt zu fragen, inwiefern unsere Beobachtungen anhand der *Operationes* womöglich auch zu dieser letzten Zuspitzung von Luthers Kritik an der Wahlfreiheit Zugänge erschließen könnten.

4 Cf. *Johannes Altenstaig* in seinem auf Luthers Zeit zurückgehenden "Lexicon Theologicum": "Quanta cautela, quantusque rigor regendi liberum arbitrium necessarius est homini in statu naturae lapsae, si nulla existente intrinseca rebellione ceciderunt primus homo & Angelus in statu naturae integrae" (ibd., p. 520). Zur Position des *Thomas von Aquin* cf. die einschlägigen Hinweise in den N. zu Punkt 3.

"Wo wird da also der freie Wille (*liberum arbitrium*) bleiben, wo das Tun, was einem möglich ist (*facere quod in se*)? Zu werden wird uns hier gelehrt, und nicht zu schaffen, und nicht wir wirken, sondern Gott wirkt uns, Geschöpfe sind wir und nicht Schöpfer (*facturae non factores*). Damit aber bricht alle Theologie der Hochmütigen von Grund auf zusammen."[5]

Aus dem Kontext können wir tieferen Einblick gewinnen[6]. Thema der Stelle ist die Wendung "Werke der Hände Gottes" (*opera manuum dei*). Luther legt sie nicht auf das Schöpfungsgeschehen, sondern auf die Neuschöpfung des Menschen in der Rechtfertigung aus und stellt mit letzter Entschiedenheit klar, daß diese nicht die Struktur des Wirkens, sondern des Gewirktwerdens hat. So wie der Mensch nichts zu seiner Erschaffung tut, so tut er auch nichts zu seiner Rechtfertigung:

"Wahrlich, in nichts unterscheiden sich das Geschehen der Schöpfung und das Geschehen der Neuschöpfung; denn beide wirken aus dem Nichts"[7].

Für Luther hat die Rechtfertigung keinerlei Vorgabe. Der Mensch kann sich nicht - wie *Gabriel Biel* meinte - von seiner Seite auf sie vorbereiten, indem er unter Einsatz seiner Wahlfreiheit sein Bestes tut (*facere quod in se*). Und erst recht vermag er es nicht, sie auf dem Weg der Selbstvervollkommnung zu erwerben, so wie man der aristotelischen Philosophie zufolge durch häufig wiederholtes Tun einen Tugendhabitus erwirbt:

"Nicht die Werke machen [uns] vor Gott gefällig, sondern wer bei Gott Gefallen gefunden hat, wirkt [gute] Werke."[8]

Bei aller Einsicht in das, was zu tun ist, und bei allem Einsatz von seiner Seite bringt es der Mensch in seiner vermeintlichen Freiheit zur Selbstvervollkommnung nicht weiter, als daß er jene Gerechtigkeit vorheuchelt, die ihm in Wirklichkeit allein Gott durch sein wirkmächtiges Wort schenken kann:

"Moses verwandelt durch das Gesetz zwar die Werke, nicht aber diejenigen, die sie wirken; darum macht er [die Menschen] zu Heuchlern und rechtfertigt zum Schein. Das Evangelium hingegen macht lebendig und wirkt in den Menschen die Wahrheit."[9]

---

5 "Ubi ergo manebit liberum arbitrium, ubi facere quod in se? cum hic fieri nos doceamur, non facere, et non nos operemur sed deus nos operetur, facturae non factores simus, funditus scilicet ruit omnis Theologia superborum." (WA 5, 544,19-22)

6 Cf. WA 5, 543,35-544,24.

7 "Revera nihil differat creatio et recreatio, cum utraque ex nihilo operetur." (WA 5, 544,9-10)

8 "Non opera gratum faciunt apud deum, sed gratus facit opera." (WA 5, 544,3)

Halten wir fest: An der Tatsache, daß der Mensch sein Inneres nicht aus eigener Kraft umwenden kann, sondern - wie es im Kontext unserer Stelle unter Anlehnung an Jak 1,18 weiter heißt - durch das "Wort der Wahrheit" von Gott je neu gezeugt werden muß[10], zerbricht die Vorstellung von der Selbstvervollkommnung durch den Einsatz von Ratio und Willen, die hinter der Rede vom *liberum arbitrium* und von der Notwendigkeit des *facere quod in se* steht[11]. In Absetzung von der Grundtendenz aristotelischer Anthropologie räumt Luther die verfängliche und von ihm als Pelagianismus gebrandmarkte Illusion aus, "als sei der Mensch sich selbst eine letztlich der zweckvollen handwerklichen Herstellung eines Gegenstands vergleichbare Aufgabe"[12]. Wo es um die letzte Tiefendimension unseres Lebens und um unser Heilwerden geht, da herrscht nicht jene "Wirk- und Entscheidungsstruktur", die unser innerweltliches Handeln prägt, sondern "Leidensstruktur"[13].

Zwei Aussagen, die den Höhepunkt des bekannten Exkurses zu Psalm 5,12 über die Hoffnung und die Leiden (*De spe et passionibus*) einrahmen, verdeutlichen und vertiefen diese Klarstellung:

"Daraus scheint zu folgen, daß die anderen Tugenden womöglich auf dem Weg des Tuns vollendet werden können, der Glaube aber, die Hoffnung und die Liebe auf keinem anderen Weg als dem des Leidens; auf dem Weg des inneren Erleidens des Wirkens Gottes."

"Es ist also ein Irrtum, zu meinen, im guten Werk werde der freie Wille tätig, wenn wir vom inneren Werk sprechen. Das zu wollen, was wir schon Glauben, Hoffen und Lieben genannt haben, ist nämlich ein Bewegtwerden, ein Hingerissenwerden, eine Führung durch das Wort Gottes und eine gewisse ständige Läuterung und Erneuerung des Geistes und des Empfindens von Tag zu Tag zur Anerkenntnis Gottes. Auch wenn jenes Leiden nicht immer gleich stark ist, so ist es doch stets Leiden. 'Siehe', heißt es in Jer 18,6, 'wie der Ton in der Hand des Töpfers, so seid ihr, Haus Israel, in meiner Hand'. Ich bitte dich, was für eine Aktivität hat der Ton, wenn der Töpfer ihm Form gibt? Ist da nicht reines Erleiden zu se-

---

9   "Moses quidem per legem opera mutat, non operantes, ideo hypocritas facit et in speciem iustificat. Euangelium autem vivificat et veritatem facit in hominibus." (WA 5, 544,3-5) Selbstbearbeitung führt darum nach Luther letztlich zur sinnlosen Selbstgewaltigung: cf. insbes. AWA 2, 574,7-9 = WA 5, 328,24-27.

10 Cf. WA 5, 543,38-39.

11 Cf. *Karl-Heinz zur Mühlen*, Luthers Kritik am scholastischen Aristotelismus in der 25. These der "Heidelberger Disputation" von 1518, in: LuJ 48, 1981, pp. 54-79, pp. 60-64; *ders.*, Reformatorische Vernunftkritik und neuzeitliches Denken. Dargestellt am Werk M. Luthers und Fr. Gogartens. Beiträge zur historischen Theologie 59. Tübingen 1980, pp. 11-167.

12 *Edgar Thaidigsmann*, Identitätsverlangen und Widerspruch. Kreuzestheologie bei Luther, Hegel und Barth. Gesellschaft und Theologie. Fundamentaltheologische Studien 8. München - Mainz 1983, p. 30.

13 Cf. *Wilfried Joest*, Ontologie der Person bei Luther. Göttingen 1967, p. 122.

hen? Und doch gelangt er dadurch von seiner Unförmigkeit in eine Form, die der Idee des Verfertigers gleicht. So werden wir durch die Hoffnung, die aus der Einwirkung der Anfechtung erwächst, dem göttlichen Bild gleichgestaltet und - wie es bei Paulus heißt - nach dem Bild dessen geschaffen, der uns gemacht hat."[14]

Die an Luthers Auslegung zu Psalm 18(19),2 gewonnene Einsicht nimmt damit genauere Umrisse an. Statt auf den freien Selbsteinsatz und die Selbstbearbeitung des Menschen durch von ihm hervorgebrachte Akte (*actus eliciti*) legt Luthers Anthropologie den Akzent in aller Klarheit auf eine Bearbeitung des Menschen durch Gott, durch sein Wort, durch die Leiden von Kreuz, Tod und Hölle, in der für das Tätigwerden menschlicher Freiheit keinerlei Raum zu sein scheint[15].

1.2. Knechtschaft des Willens unter der Sünde

Unterstrich Luther in den bis hierher betrachteten Texten vor allem die schöpfungsmäßige Grenze der Wahlfreiheit und brachte er damit in letzter Entschiedenheit Grundüberzeugungen christlichen Glaubens zum Tragen, die im letzten auch die Scholastik teilte, so macht sich seine Kritik auf einer zweiten Ebene in einer Radikalität, wie sie die Scholastik so nicht kannte, an der

---

14 "Ex quibus hoc sequi videtur, quod ceterae virtutes forte poterunt agendo perfici, fides vero, spes et caritas nonnisi patiendo; patiendo, inquam, intus operationem divinam." "Error est itaque liberum arbitrium habere activitatem in bono opere, quando de interno opere loquimur. Velle enim illud, quod credere, sperare, diligere iam diximus, est motus, raptus, ductus verbi dei et quaedam continua purgatio et renovatio mentis et sensus de die in diem in agnitionem dei. Licet non semper aeque intensa sit illa passio, tamen semper est passio. 'Ecce' (inquit Ier 18⟨,6⟩) 'sicut lutum in manu figuli, ita vos, domus Israel, in manu mea'. Quid, obsecro, activitatis habet lutum, quando figulus formam ei affingit? Nonne mera passio ibi cernitur? Qua tamen proficit de sua deformitate in formam similem artificis ideae. Ita per spem tribulatione operante nascentem divine imagini conformamur et creamur ad imaginem (iuxta Paulum ⟨Col 3,10; Eph 4,23s⟩) eius, qui fecit nos." (AWA 2, 317,7-9 = WA 5, 176,1-3 und AWA 2, 320,15-25 = WA 5, 177,11-21) Cf. auch AWA 2, 317,17-318,2 = WA 5, 176,12-14: "In his divinis virtutibus, in quibus non est nisi passio, raptus, motus, quo movetur, formatur, purgatur, impraegnatur anima verbo dei."
15 Cf. AWA 2, 318,20-319,3 = WA 5, 176,29-33, wo sich Luther nicht nur von der scholastischen Verdienstlehre, sondern auch von den mystischen Theologen absetzt, die mit ihrer Sicht seiner Akzentsetzung schon näher kommen: "Hunc ductum theologi mystici vocant 'in tenebras ire', 'ascendere super ens et non ens'. Verum nescio, an seipsos intelligant, si id actibus elicitis tribuunt et non potius crucis, mortis, infernique passiones significari credunt. CRUX sola est nostra theologia."

Knechtschaft des Menschen unter der Sünde fest. Bereits in der 13. These der Heidelberger Disputation hatte Luther ohne Umschweife erklärt:

"Nach dem Sündenfall ist die Rede vom freien Willen eine bloße Worthülse."

Und in der dazugehörigen Probatio hatte er klargestellt:

"Denn der freie Wille ist Gefangener und Knecht der Sünde, nicht so, daß es ihn nicht gäbe, sondern so daß er zu nichts anderem frei ist als zur Sünde."[16]

In den *Operationes* kommt dieser Aspekt zunächst einmal in einem Text zu Psalm 13(14),2 zur Sprache:

"Wo ist da nun der freie Wille? Wo die moralischen Tugenden? Wo die Klugheit und die angewandten Wissenschaften, die die Menschen leiten in ihren Handlungen? Gebrechen (*vitia*) der Natur sind sie, oder besser: Gaben Gottes, die durch die Gebrechen der Natur - nämlich durch die Blindheit des Geistes, der keine Einsicht hat, und die Verkehrtheit des Affektes, der nicht nach dem strebt, was Gottes ist - verdorben, verabscheuenswert und verworfen sind."[17]

Ist das Erkennen (hier: die *mens*) des Menschen aufgrund des Sündenfalls blind und sein Wollen (hier: der *affectus*) abwegig[18], so sind der freie Wille

---

16 "Liberum arbitrium post peccatum res est de solo titulo (...). (...) quia est captivum et servum peccato, non quod sit nihil, sed quod non sit liberum, nisi ad malum." (WA 1, 359,33-35) Cf. erklärend auch die These 14: WA 1, 360,5-12. Was wir als die erste Ebene von Luthers Kritik an der Willensfreiheit bezeichneten, findet sich hingegen in der 15. These: WA 1, 360,14-23.

17 "Ubi nunc est liberum arbitrium? ubi virtutes morales? ubi prudentia et scientiae practicae directrices hominum in agibilibus? Vitia scilicet sunt naturae seu potius dona dei, per vitia naturae, idest caecitatem mentis nihil intelligentis et pravitatem affectus non quaerentis quae dei sunt, inquinata, abominata et reprobata." (WA 5, 412,31-35)

18 Cf. bereits die 34. These der Disputation gegen die scholastische Theologie (4. Sept. 1517): "Breviter, Nec rectum dictamen habet natura nec bonam voluntatem." (WA 1, 225,37) Zum rechten Verständnis sei kurz das charakteristische Zusammenspiel von Erkennen und Wollen in Erinnerung gerufen, das hinter der von Luther kritisierten Vorstellung von der Selbstvervollkommnung des Menschen steht. Der Ratio fällt dieser Sicht zufolge die Aufgabe zu, Gottes ewiges Gesetz zu erkennen, es auf die konkrete Situation anzuwenden und das so entstehende ethische Urteil der praktischen Vernunft (*dictamen rectae rationis*) dem Willen zu übermitteln. Dieser hat es dann in die Tat umzusetzen. Cf. im einzelnen: *Zur Mühlen*, Luthers Kritik am scholastischen Aristotelismus, pp. 60-64; *ders.*, Reformatorische Vernunftkritik, pp. 11-167; *Joest*, Ontologie der Person, pp. 148-163. Auf der Ebene der *Operationes* cf. insbes. die unten 1.3 zitierte Stelle zu Psalm 9b(10),2 in AWA 2, 572,26-573,17 = WA 5, 327,40-328,17.

bzw. die Wahlfreiheit (*liberum arbitrium*) als deren wirksames Zusammenspiel und infolgedessen auch die moralischen Tugenden an der Wurzel getroffen. Will der Mensch dennoch auf sie bauen, so kann dies nach Luther nur dem Satan zuarbeiten[19].

Luthers besonderes Augenmerk gilt in diesem Zusammenhang der Verkehrtheit des menschlichen Wollens, das - wie der Kontext der Stelle weiter ausführt - stets zur Selbstsuche, statt zur Liebe neigt:

"Alle sind nämlich auf den eigenen Vorteil bedacht (*quaerunt quae sua sunt*), sagt der Apostel, außer der Liebe, die nicht den eigenen Vorteil sucht (*quaerit non quae sua sunt*). Und dieses Gebrechen des menschlichen Herzens ist derart subtil, daß es der Mensch nicht erkennen kann."[20]

Ein aufschlußreicher Abschnitt zu Psalm 1,3 bringt zum Ausdruck, wie das menschliche Wollen damit im Widerspruch zu seiner schöpfungsmäßigen Berufung steht:

"Kein Geschöpf lebt für sich selbst und dient sich selbst (außer dem Menschen und dem Teufel). Die Sonne leuchtet nicht für sich, nicht für sich fließt das Wasser etc. So beachtet jedes Geschöpf das Gesetz der Liebe, und sein ganzer Bestand (*substantia*) ist im Gesetz des Herrn. Auch die Glieder des menschlichen Leibes dienen nicht sich selbst. Allein der Affekt der Seele (*affectus animi*) ist sündig (*impius*). Denn dieser gibt nicht nur niemandem das Seine, dient niemandem und will niemandem Gutes, sondern raubt allen alles, indem er in allem, ja in Gott selbst das Seine sucht."[21]

Weil der natürliche Wille - spätestens seit dem Sündenfall - stets den eigenen Vorteil sucht, vermag er es nicht, das schöpfungsmäßige Gesetz der Liebe und des absichtslosen Dienens zu befolgen, das der Inbegriff aller Gesetze Gottes ist[22]. Eben darin besteht seine Knechtschaft und Unfreiheit, der Luther

---

19 Cf. WA 5, 494,5-9 (zu Psalm 17(18),4): "O stulti et temerarii nos liberi arbitrii et actuum elicitorum iactatores, qui satanam dormire credimus (...) ac sine pugna securi solis actionibus bonis salvi fieri praesumimus."

20 "Omnes enim quaerunt quae sua sunt, ait Apostolus excepta sola charitate, quae quaerit non quae sua sunt. Et hoc vitium cordis humani subtilius est, quam ut cognosci ab homine possit." (WA 5, 411,39-412,1)

21 "Nulla creatura sibi vivit aut servit (praeter hominem et diabolum). Sol non sibi lucet, aqua non sibi fluit etc. Ita omnis creatura servat legem caritatis, et tota substantia sua est in lege domini; sed et humani corporis membra non sibiipsis serviunt. Solus affectus animi impius est. Hic enim non solum sua nemini dat, nemini servit, nemini benevult, sed omnium omnia sibi rapit, in omnibus, in deo ipso quaerens, quae sua sunt." (AWA 2, 48,15-21 = WA 5, 38,14-20)

22 Cf. auch AWA 2, 48,13-14 = WA 5, 38,11-13.

bereits in der Auslegung zu Psalm 1,2 ("*in lege domini voluntas eius*") eingehende Überlegungen gewidmet hatte:

"Die ganze menschliche Natur hat diesen Willen [der mit dem Gesetz des Herrn übereinstimmt] nicht, sondern es ist nötig, daß er vom Himmel kommt. Da nämlich die menschliche Natur nach dem Bösen strebt und ihm zugeneigt ist, (...) folgt, daß der Wille der Menschen dem Gesetz entgegensteht, das Gesetz haßt, vor dem Gesetz flieht. Und auch wenn er, aus Furcht vor Strafe oder weil er das verheißene Gut begehrt, so tut, als ob er das Gesetz liebe, bleibt in seinem Inneren doch stets der Haß des Gesetzes, und er vermag es nicht, das Gesetz absichtslos zu lieben; denn er liebt es nicht, weil das Gesetz gut ist, sondern weil es seinem Vorteil dient."[23]

Fassen wir diese Unfreiheit noch schärfer ins Auge: Zwischen der auf Selbstvervollkommnung zielenden Struktur des *liberum arbitrium* und dem, was das Gesetz verlangt, besteht nach Luther ein unüberwindlicher Widerspruch. Denn der Inbegriff jeglicher Gesetzesforderung - ja die schöpfungsmäßige Berufung des Menschen - besteht gerade darin, nicht sich selbst und darum auch nicht die eigene Vollkommenheit zu suchen, sondern Gott und den Menschen völlig absichtslos zu dienen. Eben dazu sind der Mensch und der ihm eigene Willen nicht fähig. In dem Augenblick, in dem sich der Mensch aus eigenem Entschluß und vermittels seines Eigen-willens zu solch vollkommen selbstlosem Leben aufschwingen möchte, ist er unweigerlich schon wieder auf der Suche nach sich selbst. Erst wo er von Gott und seinem Wort sich selbst entrissen wird, vermag sich das zu ändern.

Wird die Berufung des Menschen im Licht der Offenbarung als reine, absichtslose Liebe gedeutet, so ist der auf Selbstvervollkommnung zielende Wille des Menschen also ganz anders einzuschätzen, als ihn die philosophische Ethik beurteilt:

---

23 "Non habet universa natura humana hanc voluntatem, sed de caelo veniat necesse est. Cum enim humana natura sit intenta et prona ad malum, ut divina dicit auctoritas Gen 8⟨,21c⟩, lex vero domini sit bona, sancta, iusta ⟨Rom 7,12⟩, sequitur, quod voluntas hominum sit adversaria legi, odiat legem, fugiat legem. Quodsi quandoque timore poenae aut concupiscentia promissi simulet se diligere legem, manet tamen intus semper odium legis, nec potest eam gratuito diligere; non enim diligit, quia bona est lex, sed quia sibi commoda." (AWA 2, 40,6-13 = WA 5, 33,10-17) Ähnliche Gedankengänge finden sich in der Auslegung zu Psalm 9b(10),5: "Atque hoc ipsum inquinat eorum omnia opera bona, quod inquieto, rebelli, invito tristique cordi ea faciunt, aut, si libenter ea faciunt, iam subtiliori pollutione foedantur, dum affectu commodi ea faciunt; ac per hoc vere omni tempore pollutis viis incedunt sive minis adacti sive commodis allecti, cum numquam dei amore et affectu iustitiae ea faciunt." (AWA 2, 581,30-34 = WA 5, 333,36-334,1)

"Der Theologie zufolge ist er zu kreuzigen," - heißt es zu Psalm 1,2 weiter - "der Philosophie zufolge ist er hingegen als Tugend anzusehen."[24]

1.3. Der seelsorgliche Aspekt: Selbstüberhebung, Skrupulosität, Verzweiflung

Auf einer dritten Ebene, die hier nur angedeutet sei, gilt Luthers Kritik den seelsorglichen Konsequenzen, die aus einer falschen Einschätzung der menschlichen Willensfreiheit herrühren.

Zunächst einmal führt eine optimistische Sicht der menschlichen Willensfreiheit und überhaupt der natürlichen Vermögen den Menschen in eine Haltung der stolzen Selbstüberschätzung und des Selbstgenügens (*praesumptio* bzw. *superbia*), die in genauem Gegensatz zu jener radikalen Gottbezogenheit steht, welche das Wesen von Glauben, Hoffnung und Liebe ausmacht[25]. Eben darum aber stürzt sie den Menschen in dem Maß, wie er dem Gesetz begegnet, in die Skrupulosität und Ängstlichkeit[26] und schließlich, wo er sich - wie in der Situation der Anfechtung - seiner Unfähigkeit zu wirklich absichtsloser Liebe bewußt wird, in die bodenlose Hoffnungslosigkeit und Verzweiflung (*desperatio*)[27]. In drastischer Ausdrucksweise bezeichnet Luther darum all je-

---

24 "Iuxta theologiam crucifigenda est, iuxta philosophiam pro virtute habenda." (AWA 2, 41,14-15 = WA 5, 34,1-2)

25 Cf. Luthers scharfe Kritik in der Auslegung zu Psalm 9b(10),2: "Et nimis apte id nominis Hebraei [scil. consilia, scelera] exprimit furorem illum, qui est fons omnium malorum, quem hodie video dici 'bonam intentionem' et 'formatum dictamen rectae rationis'.
In hoc enim mirum est, quam confidant, quam audeant, quam praesumant, quam sibi placeant, quam irrecuperabiliter capiantur et excaecentur, imprimis pontifices et religiosi, inter hos autem maxime doctiores et sanctiores, quasi necesse sit, quam primum dixerint: 'Formavi mihi et habeo bonam intentionem pro gloria dei et salute animarum', nihil reliquum apud se esse sinistrae intentionis et mali sequentis eam operis. Ubi et hanc impietatem adiciunt, quod 'ex naturalibus viribus' et 'lumine intellectus' (ut dicunt) eam fingunt seu formant divinam gratiam nonnisi post formatam aut certe numquam requirentes (...). Quibus si dixeris esse hanc intentionem pessimam, si spiritu sancto magistro non producatur, esseque de naturalibus viribus desperandum, quod homo mendax nonnisi mentiri possit, atque in timore et humilitate - intentione ista posita - manum dei implorandam solam, clamabunt te haeresim sapere, qui arbitrium liberum neges et tam pias intentiones damnaris." (AWA 2, 572,26-573,17 = WA 5, 327,40-328,17) Cf. außerdem als besonders wichtigen Beleg den Exkurs *De spe et passionibus* (AWA 2, 284,1-321,5 = WA 5, 158,4-177,27).

26 Cf. AWA 2, 304,16-17 = WA 5, 167,10-11; AWA 2, 590,9-13 = WA 5, 337,32-36 und AWA 2, 643,18-20 = WA 5, 365,2-4.

27 Zum Zusammenhang von *praesumptio* und *desperatio* cf. AWA 2, 304,7-15 = WA 5, 167,1-9 und AWA 2, 363,4-5 = WA 5, 201,17-18.

ne, die - in Ignoranz ihrer Unfreiheit - auf die Werke ihres Willens bauen, als "Märtyrer des Teufels"[28] und vergleicht sie mit der blutflüssigen Frau des Evangeliums, die ihr ganzes Vermögen erfolglos an die Ärzte verschwendet hatte[29].

Blicken wir zurück. Hinter Luthers Kritik an der Willensfreiheit des Menschen und der damit eng verknüpften, auf *Aristoteles* zurückgehenden Vorstellung von der Selbstvervollkommnung des Menschen im Zusammenspiel von Ratio und Willen stehen eine Reihe anthropologischer Grundüberzeugungen, die auch moderne Vorstellungen von einer weitgehenden Autonomie und Freiheit des Menschen als Vermögen zur Selbstbestimmung in Frage stellen:

1. *Sündigkeit und radikale Erlösungsbedürftigkeit.* Sich selbst überlassen, befindet sich der Mensch nicht etwa in einer Situation der Neutralität, aus der er sich in die eine oder andere Richtung in Bewegung setzen kann, sondern lebt immer schon im unüberwindlichen Bann sündiger Selbstbezogenheit.

2. *"Passivität" und Geschöpflichkeit.* Als Geschöpf steht der Mensch weder sich selbst noch Gott derart "gegenüber", daß er die Gestaltung seines Lebens und seiner Gottbeziehung in letzter Instanz selbst in die Hand nehmen könnte. Wo es um ihn selbst und um sein Sein vor Gott geht, da ist der Mensch nicht Täter, sondern Werk. Von einer freien Wahl aus objektiver Distanz heraus kann hier nicht die Rede sein[30].

3. *Exzentrik.* Neigt die Vorstellung von der Wahlfreiheit dazu, den Menschen in sich selbst zu zentrieren und ihn als ein Wesen zu sehen, das unter Einsatz der ihm zur Verfügung stehenden Vermögen sich selbst verwirklicht, so will Luther in Anknüpfung an grundlegende Aussagen der Schrift den Ursprung des Menschen und seiner Vollendung radikal nach "außen" verlegt sehen: Nicht der Mensch selbst, sondern allein Gott schafft, erlöst und "verwirklicht" den Menschen. An die Stelle des Selbsteinsatzes, in dem sich der Mensch in vermeintlicher Autonomie und Freiheit seinen Weg bahnt, tritt die biblische Ursituation des Neugezeugtwerdens und des Geführtwerdens durch Gott[31].

All das darf uns jedoch nicht den Blick dafür verstellen, daß es auch nach Luther im Leben des Menschen ein Wollen und Sicheinsetzen gibt. Seine

---

28 Cf. AWA 2, 240,21-22 = WA 5, 136,15-16; WA 5, 417,21 und 593,16.
29 Cf. AWA 2, 282,11-15 = WA 5, 157,16-20; AWA 2, 643,20-22 = WA 5, 365,5-6 und WA 5, 417,9-23.
30 Cf. dazu eingehender *Joest*, Ontologie der Person, pp. 228-232 und 233-274.
31 Zum Geführtwerden des Menschen durch Gott cf. neben der bereits zitierten Stelle aus *De spe et passionibus* folgenden schönen Text zu Psalm 4,3: "Sine ductu et consilio nostro vivimus, ac velut per desertum et invium Christum in columna ignis ⟨Ex 13,21s; Num 14,14⟩ sequimur." (AWA 2, 178,23-25 = WA 5, 107,10-11) Cf. außerdem AWA 2, 61,13-16 = WA 5, 45,30-33.

Leugnung der menschlichen Willensfreiheit bezieht sich - wie der weiter oben zitierte Text aus *De spe et passionibus* bezeugt - auf das "innere Werk", d.h. auf das Zustandekommen von Glauben, Hoffnung und Liebe und somit jener neuen, "gottförmigen" Intentionalität, aus der heraus der Mensch allein Gutes tun, d.h. absichtslos lieben kann. Daß sich der Mensch, wenn man seine Werke von ihrer empirischen "Außenseite" her betrachtet, unter Einsatz seines Erkenntnis- und Strebevermögens zu diesem und jenem entschließt, soll damit nicht in Abrede gestellt werden[32]. Doch so sehr der Mensch im Alltag Dinge in Angriff nehmen und so sehr er sich durch den Einsatz seiner Vermögen auch in diesem oder jenem Punkt ändern kann, eines vermag er nie und nimmer: sich aus seiner sündigen Selbstverfangenheit zu befreien und zu jenem neuen Leben von Glauben, Hoffen und Lieben aufzuschwingen, in der sein Tun nicht nur äußerlich, sondern auch "innerlich" gut wird. In dieser letzten Dimension, in der es um das *Sein* des Menschen bzw. seine Erneuerung in der Rechtfertigung geht, ist der Mensch nach Luther, solange er auf sich selbst gestellt ist, unfrei und ausschließlich auf Gottes Tun angewiesen.

2. Luthers neuer Freiheitsbegriff: Freiheit aus dem Glauben zur Liebe

Luthers ureigener Freiheitsbegriff hat dem Zeugnis der *Operationes* zufolge seine Mitte im gekreuzigten Christus. In der Begegnung mit dem Gekreuzigten scheint in der Tat nicht nur unsere Unfreiheit - und das heißt für Luther: unsere Unfähigkeit zu echter Liebe - auf, sondern wird der Mensch aus der

---

32 Cf. AWA 2, 320,25-26 = WA 5, 177,21-22: "Voluntas vero incarnata seu in opus externum effusa recte potest dici cooperari et activitatem habere." Der Text, der die Aktivität des menschlichen Willens kurz darauf mit der Aktivität eines Schwertes in der Hand des Kämpfenden vergleicht, bedürfte eingehenderer Überlegungen, als sie hier möglich sind. Auf jeden Fall stellt *Giovanni Miegge* - wenigstens was die *Operationes* betrifft - zu Recht klar: "Auf der psychologischen Ebene hat Luther die Freiheit des menschlichen Willens nie geleugnet; da der Mensch in seinen freien Willensakten aber nie über sich selbst und seine Selbstliebe hinauskommen kann, vermag die Freiheit des Wollens kein Ausweg aus dem Rahmen der 'concupiscentia' zu sein, in dem es selbst gefangen ist" (Lutero giovane. Nuova edizione riveduta. Prefazione di Valdo Vinay. Milano 1977, p. 130). Cf. ähnlich *August Hasler*, Luther in der katholischen Dogmatik, München 1968. Mit *Harry J. McSorley* muß freilich auch Luthers Argumentation in *De servo arbitrio* ins Auge gefaßt werden, in der er die durchaus biblische Auffassung von der Knechtschaft des Menschen unter der Sünde mit der unbiblischen Vorstellung eines Necessitarismus verbindet (cf. Luthers Lehre vom unfreien Willen nach seiner Hauptschrift De Servo Arbitrio im Lichte der biblischen und kirchlichen Tradition. Beiträge zur Ökumenischen Theologie 1. München 1967, insbes. pp. 280-286).

Knechtschaft seiner sündigen Selbstbezogenheit zum Leben in Glauben, Hoffnung und Liebe befreit:

"Christus war wirklich gerecht und blieb es auch (...)" - schreibt Luther in der Auslegung des berühmten Schreis der Gottverlassenheit in Psalm 21(22),2 -. "(...) denn wie hätte er uns sonst von unseren Sünden befreien können? Aber in dem Zeitraum, in dem er litt, nahm er alles Unsere derart auf sich, als ob es wirklich sein Eigenes wäre, und litt auch für das, was wir für unsere Sünden hätten erleiden müssen und was die Verdammten schon erleiden."[33]

Konsequenz dieser radikalen Solidarität Christi mit uns Sündern, aufgrund derer er - wie es bei Paulus heißt - um unseretwillen zur "Sünde" und zum "Fluch" wurde[34], ist dem Zeugnis der *Operationes* zufolge nicht nur eine dem Menschen äußerlich bleibende Befreiung von den Sündenstrafen, sondern ein echtes Neuwerden des Menschen. Zwischen Christus und den Gläubigen besteht in der Tat eine bräutliche "Gütergemeinschaft"[35], die Luther mit einem auf die Kirchenväter zurückgehenden Bild als "wunderbaren Tausch" bezeichnet:

"Und dies ist jenes reiche Geheimnis der göttlichen Begnadung der Sünder: daß durch einen wunderbaren Tausch unsere Sünden nicht mehr unsere, sondern Christi sind und die Gerechtigkeit Christi nicht seine, sondern unsere. Er hat sich nämlich ihrer entblößt (*exinanivit*), um uns mit ihr zu bekleiden und zu erfüllen, und hat sich mit unseren [Sünden] angefüllt, um uns von denselben zu befreien (*exinaniret*)."[36]

Halten wir fest: In der Begegnung mit Christus empfangen die Gläubigen - wie sich anhand einschlägiger *Operationes*stellen zum Thema Rechtfertigung als Vergöttlichung eingehend belegen ließe[37] - ein neues Sein, das sie nicht

---

33 "Christus revera iustus fuit et permansit(...). (...) alioquin quo modo nos a peccatis liberare potuisset? Sed hoc temporis, quo passus est, ita suscepit nostra omnia, ac si revera fuissent sua propria, passus etiam pro eis, quae pro peccatis nos pati oportuisset, et quae damnati iam patiuntur."(WA 5, 603,4-10)
34 Cf. 2 Kor 5,21 und Gal 3,13, zitiert in WA 5, 603,24-25 und 604,9-11.
35 Cf. WA 5, 608,16-18: "Hic enim sponsus et sponsa fiunt una caro, quod sacramentum nunquam satis dici, praedicari, audiri, cogitari intelligique potest."
36 "Atque hoc est mysterium illud opulentum gratiae divinae in peccatores, quod admirabili commertio peccata nostra iam non nostra, sed Christi sunt, et iustitia Christi non Christi, sed nostra est. Exinanivit enim se illa, ut nos ea indueret et impleret, et replevit se nostris, ut exinaniret nos eisdem." (WA 5, 608,6-9)
37 Cf. i.a. AWA 2, 259,12-14 = WA 5, 144,20-22 (zu Psalm 5,9): "Ut eadem iustitia deus et nos iusti simus, sicut eodem verbo deus facit et nos sumus, quod ipse est, ut in ipso simus et suum esse nostrum esse sit"; AWA 2, 450,14-17 = WA 5, 252,23-26 (zu Psalm 8,2): "Ut eodem nomine glorificetur deus et nos, eadem iustitia iustificetur deus et nos, eadem sapientia sapiens sit deus et nos. Et hoc est, quod Petrus 2Pt 1⟨,4⟩

aus sich selber haben, sondern das ganz und gar Anteil an seinem Sein und seinen göttlichen Eigenschaften ist. Eben daraus erwächst die ihnen eigene Freiheit, die es nun eingehender zu betrachten gilt.

2.1. Befreiung aus dem Zwang zur Selbserlösung

Was uns in Christus zuteil wird, ist zunächst einmal Befreiung aus dem Zwang, sich in letzter Instanz selbst setzen und schaffen zu müssen, und darum ist es Befreiung sowohl aus der stolzen Selbstüberschätzung (*praesumptio/superbia*) als auch aus der Skrupolosität und aus der früher oder später auf sie folgenden Verzweiflung (*desperatio*). Nicht was wir selbst aus uns machen, sind wir, sondern das, was Gott aus uns macht - das ist die befreiende Botschaft von der Rechtfertigung aus dem Glauben, durch die all unser Tun relativiert und entlastet, gerade so aber zum selbstlosen Dienst an Gott und den Nächsten freigesetzt wird.

"Den Werkgerechten (*impiis*)" - schreibt Luther zu Psalm 1,3a in einem enthusiastischen Lobpreis der "Freiheit christlicher Gerechtigkeit" (*libertas iustitiae christianae*) - "sind Tage und Zeiten festgesetzt, bestimmte Werke, bestimmte Orte, an denen sie derart hängen, daß man sie von ihnen, selbst wenn ein Nächster des Hungers sterben würde, nicht losreißen kann. Selig hingegen ist dieser Mann, der frei ist zu jeder Zeit, zu jedem Werk, jedem Ort und jeder Person gegenüber. Wie auch immer sich die Gelegenheit darbieten mag, er wird dir dienen; (...) er 'gibt seine Frucht zu seiner Zeit', sooft Gott und die Menschen seiner Werke bedürfen. (...) Und er ist wahrhaft ein Mann aller Stunden, aller Werke, aller Personen und nach dem Bild seines Vaters alles in allem und über allem. Die Werkgerechten (*impii*) hingegen (...) sind Gefangene ihrer selbst und quälen sich mit Werken, Zeiten und Orten, die sie selbst erwählt haben und außerhalb derer sie nichts Rechtes zu tun glauben."[38]

---

dicit: 'Nobis maxima et pretiosa donata in Christo, ut essemus divinae consortes naturae'."

38 "Impiis stati sunt dies, stata tempora, certa opera, certa loca, quibus sic inhaerent, ut, si proximus fame esset moriturus, non ab illis divelli possint. At beatus hic vir liber in omne tempus, in omne opus, in omnem locum, in omnem personam. Utcumque sese obtulerit casus, tibi serviet; (...) *dat fructum suum in tempore suo*, quoties opus sit eius opera deo et hominibus. (...) estque vere vir omnium horarum, omnium operum, omnium personarum et imagine sui patris omnia in omnibus et super omnia. Impii vero (...) seipsos captivant et in operibus, temporibus, locis a se electis torquent, extra quae nihil rectum geri putant." (AWA 2, 49,8-21 = WA 5, 38,28-39,9) Cf. ähnlich AWA 2, 581,17-20 = WA 5, 333,22-25 (zu Psalm 9b(10),5): "Siquidem impii, qui iustitiam suam in opera dividunt et suis se regunt consiliis, non possunt esse homines omnium horarum, omnium operum, omnium rerum, liberi scilicet et indifferentes, sed

In einem Wort: Gemeinsam mit der Botschaft von der Rechtfertigung durch den Glauben und als deren Kehrseite befreit uns die scheinbar so erniedrigende Leugnung der Willensfreiheit aus jenem vermeintlichen Zwang zur Selbstvervollkommnung durch Werke, in dem wir unserer Berufung zu absichtsloser Gottes- und Nächstenliebe nie und nimmer gerecht werden können.

2.2. Befreiung aus der Ichverfangenheit

Ein zweiter Aspekt betrifft die sündige Selbstverfangenheit des menschlichen Willens. Auch aus ihr wird der Mensch befreit. Denn dem Zeugnis der *Operationes* zufolge empfängt er in der Rechtfertigung einen neuen Willen, der nunmehr in voller Übereinstimmung mit dem Gesetz der absichtslosen Liebe ist. Entscheidender Beleg dafür sind Luthers bereits zitierte Überlegungen zum menschlichen Willen in der Auslegung zu Psalm 1,2[39].

"Im übrigen" - schreibt er dort in einer Art Gegenüberstellung des natürlichen Wollens und des gottgeschenkten, neuen Wollens des Menschen - "ist der Wille, der durch Furcht vor Strafe erpreßt wird, knechtlich und gewalttätig; der Wille, der durch das Verlangen nach Belohnung motiviert wird, hingegen söldnerisch und vorgeheuchelt. Jener [Wille] aber, [der aus dem Glauben an Gott durch Jesus Christus kommt], ist freigebig (*liberalis*), absichtslos, heiter, weshalb das Volk Christi (...) [Volk der] 'Spontanen', Freiwilligen, Freigebigen genannt wird."[40]

---

certis adhaerent, in quibus fidunt, propter quae et belligerantur." Cf. auch AWA 2, 503,8-504,2 = WA 5, 283,5-33 zur *libertas spiritus*, die aus dem Bewußtsein erwächst, daß alles der Herrschaft Christi unterworfen ist, und WA 5, 396,31-397,9 zur Gleichheit aller guten Werke.

39 Cf. AWA 2, 40,3-41,15 und 43,21-45,14 = WA 5, 33,7-34,2 und 34,31-36,12. Cf. außerdem AWA 2, 97,24-98,2 = WA 5, 64,2-5 (zu Psalm 2,9): "Occidit enim voluntatem nostram, ut statuat in nobis suam; mortificat carnem et concupiscentias eius, ut vivificet spiritum et concupiscentias eius", und WA 5, 559,13-16 (zu Psalm 18(19),9): "Accendit novam et dulcem concupiscentiam charitatis et odisse facit concupiscentiam lege prohibitam, quo facto voluntas iam in aliam mutata intuetur legem domini videtque, eam id ipsum praecipere et prohibere, quod ipsa spiritu succensa et cupit et amat."

40 "Ceterum voluntas, quae metu poenarum extorquetur, servilis est et violenta; quae autem cupiditate praemiorum allicitur, mercenaria est et simulata. Illa autem liberalis, gratuita, hilaris, unde Christi populus (...) 'spontanei' ⟨Ps 110,3 PsH⟩, voluntarii, liberales vocantur." (AWA 2, 41,6-10 = WA 5, 33,26-29) Cf. auch AWA 2, 581,25-34 = WA 5, 333,31-334,1 und den vielsagenden Hinweis in *De spe et passionibus* zur neuen Bedeutung der Werke: "Homo operibus suis exutus discat in solum deum fidere et opera bona facere, iam non sibi tamquam merita, quibus praemium quaerat, sed gratuito et libero spontaneoque affectu placendi deo, nihil in ea fidens, sed per ea in

Durch Christus aus seiner Ichverfangenheit befreit, vermag es der Mensch endlich, ungezwungen und ganzheitlich seiner Berufung zu entsprechen.

"Fernerhin" - heißt es in unserem Text weiter - "ist dieser Wille das ganze Leben des Menschen. Denn wer durch diesen Willen, der die Quelle und das Haupt des Lebens ist, im Gesetz ist, der braucht nicht zu fürchten, daß er mit irgendeinem anderen Glied außerhalb des Gesetzes sei. Wohin es nämlich die Liebe (*amor*) treibt, dahin folgen sowohl das Herz als auch der Leib."[41]

Ursprung dieses neuen, zu selbstloser Liebe fähigen Willens ist allein der Glaube an Christus[42]. Allein in ihm wird der Mensch mit dem Wort Gottes eins[43], so daß er sich nunmehr in innerer Übereinstimmung mit dem Gesetz befindet, ja in ihm seine Freude findet[44]. Weil dieser Wille den Menschen über alles Geschaffene hinaushebt[45], ist er weder durch Wohlergehen noch durch Widrigkeiten zu beeinflussen,

"sondern bricht durch Not, Schmach, Kreuz, Tod, Hölle siegreich hindurch; denn gerade in den Widrigkeiten wird er am stärksten sichtbar."[46]

Kennzeichen dieses neuen Willens ist allerdings auch, daß wir ihn nie unangefochten besitzen,

"weil es in diesem Leben niemanden gibt, dem es nicht - wie der Apostel in Röm 7 beklagt - wegen des Gesetzes und des Willens der Glieder, der jenem entgegengesetzt ist, in irgendeiner Beziehung an diesem Willen mangelt."[47]

---

gloriam dei serviens, sicut dicit Mt 5⟨,16⟩: 'Luceat lux vestra coram hominibus, ut videant vestra bona opera et glorificent patrem vestrum, qui in caelis est.'" (AWA 2, 307,12-17 = WA 5, 169,2-7) Zu Luthers charakteristischem Verständnis von "Spontaneität" cf. die interessanten Hinweise und den Vergleich mit unserer modernen, am Ideal der Selbstbestimmung orientierten Vorstellung von Spontaneität bei *Joest*, Ontologie der Person, pp. 278-279.

41 "Porro voluntas haec tota vita est hominis. Non est enim metuendum, ne ullo alio membro extra legem sit, qui voluntate hac, vitae fonte et capite, in illa fuerit. Quo enim amor fertur, huc sequuntur et cor et corpus." (AWA 2, 44,8-10 = WA 5, 35,13-15)

42 Cf. AWA 2, 41,6 = WA 5, 33,25. Darum gilt es, ihn unter Verzweiflung an unseren eigenen Kräften in Demut vom Himmel her zu erflehen: cf. AWA 2, 44,19-21 = WA 5, 35,25-27.

43 Cf. AWA 2, 43,25-26 = WA 5, 35,4-5.

44 Cf. AWA 2, 43,26-44,2 = WA 5, 35,5-7, und AWA 2, 40,14-41,2 = WA 5, 33,18-21.

45 Cf. AWA 2, 43,21 = WA 5, 34,31-35,2.

46 "quam nullis prosperitatibus nullisque adversitatibus possit mundus et princeps eius tollere ac vincere, sed per inopiam, infamiam, crucem, mortem, infernum victrix perrumpit, in adversitatibus enim maxime eminet" (AWA 2, 41,2-5 = WA 5, 33,21-24).

Von einer "Befreiung" des natürlichen, ichbefangenen Willens kann demnach nicht die Rede sein. Neben dem neuen, gottgeschenkten und freien Willen bleibt der unfreie Wille des "alten Menschen" weiter bestehen und muß stets neu gekreuzigt werden[48]. Zweierlei Wollen liegt also auch und gerade im Christen im Kampf miteinander. Und darum kann die Befreiung aus der Ichverfangenheit nicht ein für allemal geschehen, sondern muß je neu Wirklichkeit werden, indem sich der Mensch durch Christus und sein Wort in seiner Selbstsuche kreuzigen und in das neue Leben von Glauben, Hoffnung und Liebe mitreißen läßt[49].

Blicken wir kurz zurück: Als Inbegriff dessen, was Luther unter Freiheit versteht, erwies sich bis hierher die Fähigkeit, Gott und den Menschen in Liebe absichtslos dienen zu können. Diese Fähigkeit besitzt der Mensch nach Luther nicht aus sich selbst, sondern allein als Gabe "von oben", d.h. als Frucht seines Neuwerdens und Einswerdens mit Christus in der Rechtfertigung. Gleichzeitig bleibt im Menschen freilich jene "Freiheit zur Selbstsuche" bestehen[50], die ihn von Natur wegen kennzeichnet. Die neue Freiheit in Christus ist darum nie unangefochtener Besitz des Menschen, sondern muß ihm in stetem Kampf mit der "Klugheit des Fleisches" bzw. dem "alten Menschen" je neu zuteil werden.

2.3. Die eigentümliche Struktur befreiten Menschseins

Das soeben Gesagte drängt uns zu der Frage nach der inneren Struktur von Freiheit, wie sie sich in den bis hierher behandelten Texten abzeichnet.

Gegenüber der klassischen Vorstellung von einer Freiheit, die zwischen Gutem und Bösem wählen kann, hat sich der Horizont erheblich gewandelt. An die Stelle der nach zwei Richtungen hin offenen Wahlfreiheit (*liberum arbitrium*) tritt bei Luther - ganz im Sinn seines *simul iustus et peccator* bzw. des zeitlebens dauernden Widerspiels von Fleisch und Geist, von altem und neuem Menschen - ein *doppeltes, je eindeutig ausgerichtetes Wollen* und insofern eine doppelte "Freiheit": auf der einen Seite jene dem Bösen verfallene

---

47   "cum nullus sit in hac vita, cui non aliquid huius voluntatis desit propter legem et voluntatem membrorum contrariam illi, ut Apostolus Rom 7⟨,23⟩ queritur" (AWA 2, 41,12-14 = WA 5, 33,31-32).

48   Cf. AWA 2, 41,13-15 = WA 5, 33,32-34,1.

49   Hier sind wir in der Mitte dessen, was Luther unter *theologia crucis* versteht. Cf. insbes. *De spe et passionibus* (AWA 2, 317,7-321,5 = WA 5, 176,1-177,27) und die Auslegung zu Psalm 9a,8 (AWA 2, 531,1-533,13 = WA 5, 299,18-301,3).

50   Cf. die oben zitierte Probatio zur 13. These der Heidelberger Disputation (WA 1, 359,36).

"Freiheit" zur Selbstsuche, die in Wirklichkeit Unfreiheit ist und die dem Menschen nach dem Sündenfall von Haus aus allein eigen ist; und auf der anderen jene gottgeschenkte Freiheit, die diesen Namen wirklich verdient und ihre Freude und Verwirklichung im Gesetz des Herrn findet.

Betrachten wir diese zweite und einzig echte Form von Freiheit eingehender, so erweist sich, wie sie für Luther alles andere als ein in sich ruhender Selbstbesitz ist und sich auch dadurch grundlegend vom modernen Freiheitsideal der autonomen Selbstbestimmung unterscheidet. Die Moderne versteht Freiheit in der Tat - selbst dann noch, wenn sie sie dem Menschen nur begrenzt zugesteht und ihn in vielfacher Hinsicht als determiniert sieht - als ein Vermögen, das der Mensch *aus sich selbst* und *für sich selbst* - für seine Verwirklichung - hat. Nach Luther hingegen hat der Mensch seine Freiheit weder für sich selbst noch aus sich selbst, ja nicht einmal in sich selbst. Mit anderen Worten: Für den Reformator gehorcht Freiheit nicht dem Prinzip der Selbstidentität, sondern steht - nicht etwa nur akzidentell, sondern *seinsmäßig* - in doppeltem Sinn unter dem Vorzeichen der Beziehentlichkeit.

1. *"Exzentrizität" und Gottherkünftigkeit.* Wie überhaupt das neue Leben im Glauben, so ist auch die Freiheit des Christen zur Liebe radikal gott- bzw. christusherkünftig, und zwar derart, daß sie nie und nimmer einfachhin "unsere" Freiheit ist, ohne gleichzeitig Christus zum Subjekt zu haben. "Frei" sind wir stets nur durch Christus, ja genauer: in Christus, d.h. im je aktuellen Einssein mit ihm im Glauben, in dem er - bei gleichzeitiger Kreuzigung unseres Eigen-seins und unseres Eigen-willens - die Stelle unseres Ich übernimmt[51]. Für uns Moderne ist dieser Gedanke derart ungewohnt, daß es nötig ist, uns vor Augen zu halten, daß dies nach Luther - trotz gegenteiligen Scheins - nicht etwa eine Annullierung des Mensch- und Personseins, sondern seine einzig authentische Verwirklichung bedeutet[52].

2. *Berufung zur Selbstentäußerung.* Nach Luther verwirklicht sich jene Freiheit, die Gott uns schenkt, nicht in der Selbstsuche, und sei es in der Form der Selbstvervollkommnung, sondern in der radikalen Selbstentäußerung und im Dienst an Gott und den Nächsten. Der Text in den *Operationes*, der dies

---

51 Cf. - neben der bereits zitierten Stelle über den "wunderbaren Tausch" in der Auslegung zu Psalm 21(22),2 - besonders eindringlich AWA 2, 529,23-24; 530,5-6 = WA 5, 298,32-34.38-40 (zu Psalm 9a,7): "Deinde sic sunt omnia eorum per verbum fidei vastata - substantia, nomen, potentia, multitudo -, ut horum ne memores quidem sint (...), ut sint inaeternum alia substantia, alio nomine, alia potentia, alia multitudine, alia memoria servati apud deum."

52 Cf. hierzu die wichtige Studie *Joests*, Ontologie der Person. Im Rahmen meiner Untersuchung zu Luthers Kreuzestheologie in den *Operationes* habe ich zu den hier anklingenden Zusammenhängen vor allem unter dem Stichwort "Der neue Mensch" zahlreiche aufschlußreiche Belege zusammengetragen.

am konzentriertesten zum Ausdruck bringt und uns in seiner Doppelstruktur Freiheit - Knechtschaft bzw. Glauben - Liebe in Kurzform den tragenden Gedanken der gleichzeitigen Schrift *Von der Freiheit eines Christenmenschen* (1520) bietet, findet sich in der Auslegung zu Psalm 13(14),1:

"Sieh also, wie sehr uns alles durch den Glauben frei ist und dennoch alles geknechtet durch die Liebe, so daß zugleich die Knechtschaft der Freiheit und die Freiheit der Knechtschaft besteht. Denn niemand schulden wir etwas, es sei denn, daß wir einander lieben. So spricht Christus in Joh 10: 'Ich bin die Tür. Wenn einer durch mich eingeht, wird er gerettet werden. Und er wird ein- und ausgehen und Weide finden'. Der Eingang in Christus ist der Glaube, der uns sammelt in die Reichtümer der Gerechtigkeit Gottes und durch den wir, Gott schon Genüge leistend, gerecht sind, ohne zur Erlangung der Gerechtigkeit irgendwelcher Werke zu bedürfen. Der Ausgang aber ist die Liebe, die uns, die wir nun mit der Gerechtigkeit Gottes bekleidet sind, austeilt in den Dienst des Nächsten (*distribuit in obsequia proximi*) und in den Einsatz des eigenen Leibes, um fremder Armut zu Hilfe zu kommen, auf daß auch sie, durch uns angezogen, zusammen mit uns Einzug in Christus halten. Wie nämlich Christus von Gott ausging und uns an sich zog, ohne je in seinem Leben etwas zu suchen, was sein wäre, sondern was unser ist, so müssen auch wir, wo wir im Glauben eingetreten sind, ausgehen, um auch andere anzuziehen, ohne irgend etwas anderes zu suchen, als daß wir durch den Dienst an allen viele mit uns retten."[53]

---

53 "Vide ergo, quam omnia sunt libera nobis per fidem et tamen omnia serva per charitatem, ut simul stet servitus libertatis et libertas servitutis, quod nulli quicquam debemus, nisi ut diligamus invicem. Sic Christus Iohan. x. dicit 'Ego sum ostium, per me si quis introierit, salvabitur. Et ingredietur et egredietur et pascua inveniet'. Ingressus in Christum est fides, quae nos colligit in divitias iustitiae dei, qua deo iam satisfacientes iusti sumus, nullorum operum egentes ad iusticiam parandam. Egressus autem est charitas, quae nos iusticia dei indutos distribuit in obsequia proximi et exercitium proprii corporis ad succurrendum alienae paupertati, ut et ipsi per nos attracti nobiscum ingrediantur in Christum. Sicut enim Christus exivit a deo et attraxit nos, nihil quaerens in omni vita sua quod suum esset, sed quod nostrum, Ita ubi fide ingressi fuerimus, et nos exire oportet, attracturi et alios, nihil quaerentes, nisi ut omnibus servientes multos salvemus nobiscum." (WA 5, 407,42-408,13) Entgegen einer hier scheinbar vorliegenden Konzentration der Liebe auf den Nächsten betont *Juhani Forsberg*, Luther vertrete in seiner Auffassung von der Liebe "keine einseitige 'Rohrtheorie', nach der nur der Glaube sich nach oben zu Gott richtet und die Liebe umgekehrt nur als eine katabatische Liebe von Gott durch den Menschen nach unten verläuft und sich als Dienst am Nächsten auswirkt". Luther "kennt ebenfalls die gegenseitige Liebe zwischen Gott und dem Menschen" (Das Abrahambild in der Theologie Luthers. Pater fidei sanctissimus. Veröffentlichungen des Instituts für europäische Geschichte Mainz, Abteilung für abendländische Religionsgeschichte 117, Stuttgart 1984, p. 177). Der Befund der *Operationes* bestätigt dies. Cf. insbesondere die Ausführungen über die Liebe zu Gottes Namen im Rahmen des Kommentars zu Psalm 5,12b (AWA 2, 339,8-349,12 = WA 5, 187,17-194,16).

Wie kaum ein anderer bezeugt der Text die streng beziehentliche Struktur jener gottgeschenkten Freiheit, von der Luther spricht.

– Die Freiheit, die aus dem Glauben erwächst, verwirklicht sich nicht im Selbstbesitz und in der Suche ihrer selbst, sondern allein in der Liebe, und das heißt: in der "Knechtschaft", im Dienst. Ihre verbindliche und unterscheidende Form ist die Form Christi, der sich für uns - wie es in dem von Luther mit Vorliebe herangezogenen Philipperbrief heißt - seiner Gottgleichheit entäußerte und Knechtsgestalt (*formam servi*) annahm (vgl. Phil 2,6-7). Und darum führt sie uns in letzter Konsequenz dazu, so wie Christus, der aus Liebe zu uns dem allerletzten Menschen und den Sündern gleich wurde[54], alle Schwäche und Sünde unserer Nächsten mitzutragen und ihnen Anteil an allen unseren Gütern zu geben[55].

– In dem Bild vom Ein- und Ausgehen kommt gleichzeitig die ganze Beziehungsstruktur befreiten Menschseins in den Blick, um die es in diesem Abschnitt ging: Freiheit *haben* wir nicht anders als derart, daß wir sie *je neu und aktuell* von Christus im Glauben *empfangen* und in der Liebe *verschenken*.

3. Freiheit als Sichverhaltenkönnen

Martin Luther - so sahen wir - leugnet, wo es um die Tiefen- bzw. Innendimension unseres Lebens geht, die menschliche Entscheidungsfreiheit (*liberum*

---

54 Cf. - neben unseren Hinweisen zur Auslegung von Psalm 21(22),2 - auch die Auslegung zu Psalm 8,5 (AWA 2, 483,10-20 = WA 5, 271,17-27).

55 Cf. im Exkurs zu Psalm 13(14),1 zum Thema Freiheit unter Bezug auf die Zeremonienfrage: "qui in Ecclesia maiores sunt et spirituales, (...) debent hoc sentire quod in Christo Ihesu et formam servi accipere, non fastidire infirmos" (WA 5, 403,24-27) und weiter: "Ideo quicquid deinceps vivimus proximo vivere debemus, sicut Christus nobis foecit." (WA 5, 404,9-11) Cf. auch wenig später zu Psalm 13(14),2 im Kontext von Luthers Kritik am *liberum arbitrium*: "Sed hoc est quaerere deum, in omnibus nihil suorum quaerere, omnia in gloriam dei et commodum proximi tam facere quam pati, id quod est abnegare seipsum cum omnibus suis, servum aliorum fieri, summa scilicet in deum et homines pietas" (WA 5, 412,10-14). - Zu dem hier angedeuteten "fröhlichen Wechsel" zwischen dem Christen und seinem Nächsten cf. die eindrucksvollen Ausführungen *Tuomo Mannermaas* in: Der im Glauben gegenwärtige Christus. Rechtfertigung und Vergottung. Zum ökumenischen Dialog. Arbeiten zur Geschichte und Theologie des Luthertums. NF 8, Hannover 1989, pp. 102-104 und 165-172. Zu den frühesten und prägnantesten Äußerungen Luthers zu diesem Thema gehört die bekannte Aufforderung in dem Brief an seinen Ordensbruder *Georg Spenlein* (8.4.1516): "sicut ipse suscepit te et peccata tua fecit sua, et suam iustitiam fecit tuam (...), ita et tu fratres (...) suscipe, et patienter sustineas, atque ex eorum peccatis facias tua, et si quid boni habes, illorum esse sinas." (WABr 1, 35,35-40)

arbitrium) und nimmt stattdessen ein doppeltes, je eindeutig ausgerichtetes Wollen des alten bzw. neuen Menschen an. Nichtsdestotrotz bleibt die Frage: Wie kommt der Mensch auf der einen bzw. der anderen Seite zu stehen? Wie gelangt er zur Gnade der Rechtfertigung bzw. geht er ihrer verlustig?

Die Antwort der *Scholastik* - und mit ihr der katholischen Theologie bis heute - lautet: Nicht ohne sein Ja oder Nein. Von daher die Bezugnahme auf die Deutung der menschlichen Freiheit als Wahlfreiheit und auf die aristotelische Vorstellung von der Selbstvervollkommnung. Zu meinen, daß wir schon allein deshalb vor einem Konzept der Selbsterlösung bzw. der Selbstrechtfertigung stünden, wäre eine Vergröberung. Wo sich scholastische Theologie - in Sachen Rechtfertigung bzw. Leben in Glauben, Hoffnung und Liebe - zu den aus unserer Alltagserfahrung herkommenden Vorstellungen von der Wahlfreiheit und der Selbstvervollkommnung in Bezug setzt und wo sie sich in diese Vorstellungen hinein auslegt, geht sie - wenn man einmal von spätscholastischen Zweideutigkeiten absieht[56] - stets von der Notwendigkeit des Zuvorkommens bzw. des gleichzeitigen Wirkens der Gnade aus (*gratia praeveniens/gratia actualis*). Erst wo der Wille durch die Gnade aus der Knechtschaft der Sünde befreit und von Gottes Gnade je aktuell unterstützt wird, ist er in der Lage, sich von innen her zum Guten zu entscheiden[57]. Unter dieser Vor-

---

56 Cf. den bezeichnenden Ausfall der *gratia praeveniens* bei *Gabriel Biel* und die Nichterwähnung der Gnade in der Definition des freien Willens bei *Erasmus*. Zu Erasmus cf. *McSorley*, Luthers Lehre vom unfreien Willen, pp. 258-272. Für Biel, auf den sich Luther in seiner Kritik am *liberum arbitrium* ganz besonders bezieht, ist das *facere quod in se*, durch das sich der Mensch auf die Gnade vorbereiten soll, in der Tat ausschließlich den natürlichen Kräften des Menschen zuzuschreiben. Cf. das *naturaliter deum super omnia diligere*, den Hinweis auf die *vires naturales* und die Wendung *ex naturalibus viribus* in den bereits zitierten Texten AWA 2, 132,4-10 = WA 5, 82,9-15, AWA 2, 572,26-573,17 = WA 5, 327,40-328,17 und WA 5, 615,27-30. Cf. außerdem Luthers Zurückweisung der *vis naturalis liberi arbitrii in bonum* in AWA 2, 581,23 = WA 5, 333,28-29.

57 Wie sehr dabei der Primat der Gnade von Bedeutung ist, läßt sich beispielsweise anhand von *Thomas von Aquin* aufweisen. Auch dem Aquinaten zufolge gilt: "Nicht wir wenden unser Leben und ewiges Geschick von Unheil zum Heil um, sondern Gott allein ist der *movens*. (...) Freilich bleibt das liberum arbitrium dabei - aber hier, im Geschehen der Rechtfertigung, nicht als ein mit-bewirkender Faktor, sondern nur sofern der allein den Eintritt in den Gnadenstand wirkende Gott dies so wirkt, daß er im Menschen das zustimmende Ja des Glaubens erweckt. Dieses Ja selbst ist also motus a Deo, nicht motus et movens. Es ist, wie Thomas ausdrücklich sagt, 'non causa gratiae, sed effectus; unde tota operatio pertinet ad gratiam' (STh I/II, 111,2)." (*Wilfried Joest*, Zur Frage der Gottesanschauung bei Luther und bei Thomas von Aquino, in: Luther. Mitteilungen der Luthergesellschaft 41, 1970, pp. 26-39, p. 36). Cf. ähnlich *Otto Hermann Pesch*: "Der Sinn von 'Freiheit' kann nach Thomas *nicht* ein partnerschaftliches Gegenüber von Gott und Mensch sein, sondern nur das willige Einpen-

aussetzung ist der Mensch in den Augen der Scholastik dann allerdings von Gott in seiner Wahlfreiheit angegangen und herausgefordert, mit ganzem Einsatz Gottes Tun zu entsprechen.

In einem Wort: Auch die Scholastik weiß, wenngleich dies zur Zeit Luthers womöglich verdunkelt war, um die grundlegende Passivität des Menschen und um die Knechtschaft seines Willens unter der Sünde. Nichtsdestotrotz geht sie gleichzeitig von einem *gottgeschenkten* und darum stets *sekundären* Unterschiedensein und folglich auch einem Entscheiden des Menschen Gott gegenüber aus: So wenig wir uns aus eigener Kraft zur Rechtfertigung und zum Leben in der Gnade aufschwingen können, so sehr sind wir doch - von Gott zur Freiheit befreit - mit dabei[58].

Bedeutet diese Sichtweise bereits, sich theologisch auf Abwege zu begeben und "Theologie der Hochmütigen" zu betreiben[59]? Im Prinzip - so meine ich -

---

deln des Menschen in die von Gott ausgehende unfehlbar wirksame Bewegung." Thomas bezeichnet darum diesen Freiheitsakt "als reines 'Annehmen' und 'Zustimmen'" (Theologie der Rechtfertigung bei Martin Luther und Thomas von Aquin. Versuch eines systematisch-theologischen Dialogs. Walberger Studien der Albertus-Magnus-Akademie, Theologische Reihe 4, Mainz 1967, pp. 682-683; cf. außerdem ibd., pp. 510-516 und 679-686). Cf. auch *McSorley*, Luthers Lehre vom unfreien Willen, pp. 126-176.

58 Zu *Thomas von Aquin* cf. die Klarstellung *Hans Vorsters*, daß die ewige Seligkeit nach Thomas "zwar *in* sittlichen Akten, aber nicht *kraft* sittlicher Akte gewonnen wird". Auf diesem Hintergrund gilt dann allerdings: "Der Mensch ist tätig, er ist dabei, er ist nicht leblos oder untätig, wo es um sein Heil geht." (Das Freiheitsverständnis bei Thomas von Aquin und Martin Luther. Kirche und Konfession, Veröffentlichungen des Konfessionskundlichen Instituts des Evangelischen Bundes 8, Göttingen 1965, p. 159) Cf. außerdem: *Pesch*, Die Theologie der Rechtfertigung, pp. 771-789; *ders.*, Die Lehre vom "Verdienst" als Problem für Theologie und Verkündigung, in: Dogmatik im Fragment. Gesammelte Studien. Mainz 1987, pp. 377-416, pp. 393-400; *zur Mühlen*, Reformatorische Vernunftkritik, pp. 15-21. Zu den einschlägigen Auffassungen heutiger katholischer Theologie cf. beispielshalber die Zusammenfassung der Sicht *Yves Congars* bei *Monika-Maria Wolff*, Gott und Mensch. Ein Beitrag Yves Congars zum ökumenischen Dialog. Frankfurter theologische Studien 38, Frankfurt am Main 1990, p. 144: "Es ist ein Ineinanderwirken, in dem Gott alles wirkt, aber derart, daß das menschliche Wirken in seinem Eigensein, in seiner Eigengesetzlichkeit und Freiheit *mit*gestaltend in den Prozeß des Wachstums auf Reife und Erfüllung zu hineingenommen wird." Daß damit noch nicht von einem Teil, den Gott tut, und einem anderen Teil, den - im Sinne eines *partim-partim* - der Mensch tut, die Rede ist, hat *Jared Wicks* anhand der Position *Johannes Ecks* in der Leipziger Disputation aufgewiesen (cf. Luther on the Person before God, in: Theological Studies 30, 1969, pp. 289-311, pp. 304-305). Auch für katholische Theologie gilt also: Gott tut alles und wirkt auch in dem, was der Mensch tut, aber - und hier scheint Luther andere Wege zu gehen - er wirkt es *nicht ohne den Menschen*.

59 Cf. Luthers Vorwurf in WA 5, 544,21-22 (zitiert in 1.1.).

nein. Luther sieht jedoch die Gefahr - und das Drama der Moderne scheint ihm in diesem Punkt recht zu geben -, daß die scholastische Betonung der Wahlfreiheit und somit einer relativen Autonomie des Menschen, sobald deren radikale Gottherkünftigkeit in den Hintergrund rückt, den Menschen in die Selbstüberschätzung (*superbia/praesumptio*), gerade so aber auch in die Selbstüberforderung und in die Verzweiflung führt; und weiterhin die Gefahr, daß der Mensch im Namen dieser Freiheit und Autonomie - in krassem Gegensatz zu seiner Berufung zum Dienst und zur Liebe - im Selbstbezug (*incurvatio in se*) und in der Selbsterfülltheit (*inflatio*) zu leben beginnt. Um diesen Risiken vorzubeugen, die zu seiner Zeit keineswegs nur hypothetisch waren, rückt der Reformator mit letzter Kompromißlosigkeit jene Sündenverfangenheit und grundlegende Passivität des Menschen ins Licht, um die genaugenommen auch die Scholastik wußte, und leugnet in deren Namen - zumindest verbal - jede Entscheidungsfreiheit auf seiten des Menschen[60]. Selbst dort, wo - wie im äußeren Werk - das Wollen des Menschen ins Spiel kommt, ist dieses - wie *De spe et passionibus* klar zu verstehen gibt - nicht freier als ein Schwert in der Hand des Kämpfenden[61]. Wo es aber um das innere Neusein und Neuwerden des Menschen geht, da hat er Gott gegenüber - so scheint es wenigstens - als ebenso passiv "wie der Ton in der Hand des Töpfers" zu gelten.

Luther nimmt dem Menschen mit solchen Aussagen die Illusion, Gott und sich selbst gewissermaßen neutral gegenüberzustehen und aus objektiver Distanz heraus seine Entscheidungen fällen zu können. Die wahre Situation des Menschen ist in seinen Augen eine ganz andere: Durch die Sünde belastet, steht er im Widerspiel von Gott und Teufel, von Geist und Fleisch, und erweist sich so als ein im letzten nicht aktiv vermögendes, sondern grundlegend passives Wesen, das sich entweder von Gottes Wort oder von den Eingebungen der Dämonen mitreißen läßt. Und dies bleibt zeitlebens so, auch unter der Gnade[62].

---

60 Cf. bes. deutlich WA 5, 542,27-29.
61 Cf. AWA 2, 320,25-321,5 = WA 5, 177,21-27.
62 Treffend bemerkt *Leif Grane*: "Unter 'theologischem' Gesichtspunkt ändert es nichts an der Sache, ob man die Behauptung eines intakten freien Willens dahingehend korrigiert, daß man sagt, der freie Wille sei erst gut, wenn die Gnade hinzukomme (...). Luther ist überhaupt nicht daran interessiert, Vergleiche zwischen dem Vermögen - oder Unvermögen - des Menschen vor und unter der Gnade anzustellen. Seine ganze Aufmerksamkeit richtet sich vielmehr darauf, wie Paulus den Menschen *unter der Gnade* im Konflikt zwischen dem alten und neuen Menschen sieht." (Modus loquendi theologicus. Luthers Kampf um die Erneuerung der Theologie. Acta Theologica Danica 12, Leiden 1975, p. 100)

Eben hier - so meine ich - sollten allerdings die Rückfragen an Luther ansetzen: Ist er allen Ernstes der Meinung, daß der Mensch nur "Werk", Ton in der Hand des Töpfers ist? Stehen wir dem Reformator zufolge im Widerstreit zwischen Gott und dem Teufel selbst nie vor der Entscheidung? Müssen wir also davon ausgehen, daß Glaube und Liebe nicht personale Vollzüge des Menschen, sondern nur Funktionen Gottes in uns sind, die unabwendbar über uns ergehen bzw. aufgrund eines unerforschlichen göttlichen Ratschlusses ausbleiben und so für den modernen Menschen das Bild des Willkürgottes heraufbeschwören? Noch einmal anders gefragt: Ist alle Handlungsfähigkeit - wenigstens in der Beziehung Gott-Mensch - wirklich so ganz und ausschließlich in Gott verlagert, wie dies Luthers Stellungnahme zum Thema Wahlfreiheit glauben macht?

Die Regeln, die Luther in den *Operationes* für die Überwindung der Anfechtung, ja überhaupt für das Bleiben in der Gnade und somit für das christliche Leben vorträgt, bezeugen das Gegenteil. Luther kann sich nämlich durchaus mit leidenschaftlichen Appellen an den Menschen richten und klar zu verstehen geben, daß auch für ihn das christliche Leben nicht nur Gabe, sondern auch Aufgabe, ja sogar Kampf ist. Aus den einschlägigen Belegen seien hier nur zwei herausgegriffen.

"Nachdem man alle Wege des Herrn beachtet und den Unglauben (*impietas*) vermieden hat," - heißt es zu Psalm 17(18),24 - "bleibt darum stets die Aufgabe, in uns die Begehrlichkeit zu kreuzigen, auf daß wir vor Gott von unseren Befleckungen befreit und von Tag zu Tag erneuert werden und uns vor unserer Ungerechtigkeit in acht nehmen, damit sie nicht über uns siegt."[63]
"So nämlich" - lesen wir hingegen zum Thema Anfechtung in der Auslegung zu Psalm 6,10 - "muß man sich (diesem Lehrer zufolge) verhalten in der geistlichen Traurigkeit oder wenn die Sünde das Gewissen quält: Da darf man nicht schnarchen, nicht nachgeben, aber auch nicht warten, bis die Anfechtung von selbst zurückweicht oder bis der Gegenstand des Trostes selbst als gegenwärtig in Erscheinung tritt. Das alles arbeitet der Verlorenheit zu. Vielmehr gilt es, kräftig zu streiten und nochmals zu streiten und uns mit jeglicher An-

---

63 "Itaque custoditis omnibus viis domini et evitata impietate semper manet negotium crucifigendae concupiscentiae in nobis, quo emaculemur et renovemur de die in diem coram deo et observemus nos ipsos ab iniquitate nostra, ne nos superet" (WA 5, 519,8-11). Cf. auch 519,6-8 und 563,34-38 und die in dieselbe Richtung weisenden Bemerkungen in der Auslegung zu Psalm 9a,8 (AWA 2, 531,12-17 = WA 5, 299,28-34). Zur Entfaltung dieser Dimension cf. *Jared Wicks*, Living and Praying as *simul iustus et peccator*. A Chapter in Luther's Spiritual Teaching, in: Luther's Reform. Studies on Conversion and the Church. Veröffentlichungen des Instituts für europäische Geschichte Mainz, Abt. Reformationsgeschichte, Beiheft 35, Mainz 1992, pp. 59-83; *Mannermaa*, Der im Glauben gegenwärtige Christus, pp. 62-74, und *zur Mühlen*, Reformatorische Vernunftkritik, pp. 57-59.

strengung darum zu bemühen, daß wir der guten Meinung von Gott uns gegenüber Bestand verleihen."[64]

Zugegeben, wer da aushalten und kämpfen soll, sind bereits der Glaube bzw. die Hoffnung, die nicht einfach menschliche Vermögen sind, sondern ihren Ursprung ganz in Gott haben. Doch damit ist die Frage nur zurückverlagert und stellt sich nun folgendermaßen dar: Ist es tatsächlich so, daß Glaube, Hoffnung und Liebe nur von "oben" kommen, oder trifft es vielmehr zu, daß der Begriff des Glaubens - wie *Jos E. Vercruysse* zuspitzend formuliert - trotz aller Gottherkünftigkeit - "zwei Bewegungen verbindet: die herabsteigende von Gott zum Menschen und die aufsteigende"[65]?

Der bereits zitierte Exkurs *De spe et passionibus* scheint auf diese Frage eine überdeutliche Antwort zu geben, wenn er mit allem Nachdruck betont, daß das *liberum arbitrium* am Zustandekommen von Glauben, Hoffnung und Liebe keinerlei aktiven Anteil habe. Doch sehen wir näher zu.

"Das zu wollen," - heißt es in dem Exkurs weiter - "was wir schon Glauben, Hoffen und Lieben genannt haben, ist nämlich ein Bewegtwerden, ein Hingerissenwerden, eine Führung durch das Wort Gottes."[66]

Unmittelbar darauf bezeichnet Luther dieses Geschehen ausdrücklich als *"passio"*[67]. Und doch ist die Tatsache nicht zu übersehen, daß wir es hier mit einem Erleiden zu tun haben, das dem Menschen nicht einfach "physisch" zustößt, sondern ihn auf dem Weg des *Hörens* erreicht und sich insofern vom Geformtwerden des Tons in der Hand des Töpfers eben doch unterscheidet. Sind beide *passio* - und in diesem Sinn kommt Luther der Vergleich entgegen, den er ja nicht selbst geschaffen, sondern bei Jeremias gefunden hat -, so ist das Hören des Wortes doch ein höchst personaler Vollzug; ein Vollzug freilich - und darauf kommt es Luther an - der seinen Ursprung im Gegensatz zur *activitas* nicht einfach *im* Menschen, sondern *jenseits von ihm* hat. Leiden gibt

---

64 "Ita enim (hoc magistro) agendum est in tristitia aut peccato vexante conscientiam, non stertendum, non cedendum, sed nec hoc exspectandum, donec sua sponte recedat tribulatio, aut donec res ipsa consolationis praesenter appareat - haec omnia perditionis sunt negotia -, sed fortiter contendendum, ingeminandum et omni studio nitendum, quo bonam opinionem de deo erga nos stabiliamus." (AWA 2, 387,14-19 = WA 5, 215,25-30)

65 Fede e carità in Lutero, in: *Antonio Bonora e.a.*, Credete al vangelo. Parola, Spirito e Vita 17. Bologna 1988, pp. 293-305, p. 297. Cf. dort weiter: "Der Glaube kann nicht auf einen der beiden Pole beschränkt werden. Dennoch ist es wahr, daß Luther in der Darstellung je nach Kontext den einen oder den anderen mehr betont."

66 AWA 2, 320,16-17 = WA 5, 177,12-13 (bereits zitiert in 1.1.).

67 Cf. AWA 2, 320,18-19 = WA 5, 177,15 (bereits zitiert in 1.1.).

es nicht als Initiative, sondern nur als Antwort auf das, was mir zukommt, ebenso wie es das Hören nicht als Initiative gibt, sondern nur als Eingehen auf das, was mir ein anderer sagt, in einem Wort: als Mitvollzug[68]. Dieser Mitvollzug aber - das bezeugen die oben zitierten Stellen - kann auch ausbleiben und ist - wenn wir eine beachtliche Zahl von *Operationes*stellen nicht einfach ignorieren wollen - durchaus derart beschaffen, daß der Mensch um ihn ringen muß.

Von daher die These: So wenig es bei Luther eine Freiheit im modernen Sinn der autonomen Selbstbestimmung gibt, die es - das sei nur vermerkt - so auch in der Scholastik kaum gab, und so nachrücklich er uns das Leben des neuen Menschen als ein Geschehen vor Augen stellt, das alle Eigeninitiative von seiten des Menschen kreuzigt und uns auf die radikale Passivität des je aktuellen Geschöpfseins umstellt, so sehr gibt es doch auch bei ihm *ein (gottgeschenktes) Sichverhalten von seiten des Menschen*. Der Glaube ergeht nicht einfach nur über uns. Er lebt auch aus unserem "Amen" und insofern - zumindest nach katholischen Sprachgebrauch - aus unserer Freiheit[69].

Betrachten wir die *charakteristische Struktur* solchen Sichverhaltens, wie es uns bei Luther zugegebenermaßen nicht unter dem Namen "Freiheit", wohl aber - wie ich meine - unter dem Namen "Glauben" begegnet, so werden nicht nur die grundlegenden Unterschiede zum modernen Begriff von "Freiheit", sondern auch die höchst interessanten Impulse deutlich, die von Luthers Sicht ausgehen können. Jene sichverhaltende Freiheit, die - wenn man sie einmal so nennen darf - im Glauben ist, ist nämlich weder aus sich selbst noch für sich selbst. Durch und durch exzentrisch und zugleich kenotisch geprägt, hat sie jene Struktur des radikalen In-Beziehung-Seins, auf die wir schon oben stießen. Insofern aber lebt sie in der Tat aus dem Zunichtewerden jener in sich selbst zentrierten Willensfreiheit, gegen die sich Luther in letzter Entschiedenheit wendet. Solches Zunichtewerden endet allerdings nicht - wie dies allzu vordergründige Deutungen der Theologie Luthers und insbesondere seiner Kreuzestheologie nahelegen - in der Vernichtung des Menschen und seines Sichverhaltenkönnens, sondern setzt sie erst wirklich frei.

---

68 *Jos E.Vercruysse* charakterisiert den Glauben ganz in diesem Sinn als "die offene, passive, rezeptive Hand, in der der Mensch ohne das Bauen auf die eigenen Werke die Gabe Gottes empfängt" (Fede e carità, p. 296).

69 Zum Bild des Glaubens als dem "Amen", mit dem der Mensch Gottes alleiniges Handeln in Sachen Rechtfertigung bejahend annimmt, cf. *Joest*, Ontologie der Person, wo dieser "responsorischen" Dimension des Personseins eingehende Überlegungen gewidmet werden (cf. pp. 274-320; hier insbes. pp. 302-303). Luther selbst spricht in den *Operationes* einmal von "Zustimmung" (*assensus*) und sogar "Übereinkunft" (*consensus*): cf. WA 5, 550,11-14.

In drei Schritten soll diese charakteristische Struktur, die zutiefst das Paradox des Kreuzes in sich trägt, im Licht des bisher Gesagten hier abschließend kurz skizziert werden.

1. *Je aktuelle Gottherkünftigkeit.* Nur wo der Mensch die mit seiner Geschöpflichkeit gegebene Herausforderung annimmt, aus sich selbst nichts zu sein und ganzheitlich aus Gott je neu hervorzugehen, bricht in ihm als reines Geschenk die Möglichkeit auf, sich im Glauben auf Gott und sein Tun personal einzulassen.

2. *Verschränkung von Passivität und mitvollziehender Entscheidung.* Solches Sicheinlassen hat - so meine ich - durchaus Entscheidungscharakter, unterscheidet sich aber zutiefst von einer Wahl, in der der Mensch, "vor" oder sogar "über" den Dingen stehend, die Initiative ergreifen kann. Zunächst einmal und grundlegend ist es ein Mitgerissen*werden* durch Gott und sein Wort, dann aber auch ein Sich-Mitreißen*lassen*. In einer höchst eigentümlichen Verschränkung von Passivität und menschlichem Mitvollzug, die jedoch allein dem ganzen Gehalt des christlichen Schöpfungsdogmas entspricht, hat das Sicheinlassen des Menschen im Glauben ein zweifaches und doch nicht adäquat unterscheidbares "Subjekt": Gott selbst als den allein Wirkenden und den Menschen als den, der - von Gott mitgerissen - personal in dessen Wirken eingeht und so auf seine Weise zum Mit-Subjekt des Glaubens wird[70].

3. *Verwirklichung nur in der Selbstentäußerung.* So real der Mensch Mitsubjekt seines Sichverhaltens im Glauben ist, so wenig kann er sich - und damit sind wir bei der kenotischen Dimension - darauf etwas zugute halten. Die "Freiheit" des Glaubens muß stets in die "Knechtschaft" der Liebe ausgehen. Sobald das gläubige Sich-zu-Gott-Verhalten um sich selbst zu kreisen beginnt, bricht es zusammen. Anders gesagt: Jenes Sichverhalten, das Gott uns schenkt, verwirklicht sich keineswegs gleicherweise im "Ja" oder "Nein", sondern ausschließlich im "Ja" des Absehens von sich selbst und im Dienst der absichtslosen Liebe zu Gott und den Menschen. Auch das Nein als Verweigerung der Selbstentäußerung ist reale Möglichkeit, aber es ist Kollaps des gottgeschenkten Jasagenkönnens, Absturz aus dem radikalen In-Beziehung-Sein, das nach Luther die Struktur alles Geschaffenen ausmacht und in dem sich auch unser Menschsein allein verwirklicht.

---

70 Wir haben es dabei wohlgemerkt nicht mit einem *teils-teils*, sondern mit einer zweifachen, aber je verschiedenen - nämlich "aktiv" wirkenden und "passiv" empfangenden - Hundertprozentigkeit zu tun.

4. Dialog und Inkulturation oder Prophetie?

Die Rückfrage nach der Freiheit als Sichverhaltenkönnen führte uns aufs neue zu jener Anthropologie der Beziehentlichkeit, die für Luther kennzeichnend ist und die sich erheblich von der ungleich statischeren Auffassung unterscheidet, die wir - durch den Selbstbezug der Sünde geblendet - gewöhnlich vom Menschen haben. Die Grundzüge dieser Anthropologie konnten hier in ihrer Originalität und ihrem Reichtum gerade nur angedeutet werden und bedürften, vor allem im Licht von Luthers Kreuzestheologie, viel gründlicherer Erläuterung. Doch eines ist klar: Eine derart in der Kategorie der "Beziehung" und darum des Geschehens verwurzelte Sicht der Wirklichkeit und des Menschen, wie sie uns bei Luther begegnet und auch in der Offenbarung selbst vorherrschend ist, sprengt unweigerlich unsere gewohnten, tendentiell statischen und monozentrischen Denk- und Sprachformen.

Für katholische Theologie, die sich in Sachen Anthropologie ungleich mehr als Luther auf einen Dialog mit der Philosophie und auf eine Inkulturation eingelassen hat, erwächst aus Luthers Kritik an der Willensfreiheit die doppelte Anfrage, ob sie - erstens - die von ihr übernommenen Denk- und Sprachformen stets hinreichend gereinigt und im Licht der Offenbarung neu gefaßt hat, und ob sie - zweitens - der Tatsache der Sünde und das heißt der Gefahr hinreichend Rechnung trägt, daß außertheologische Auffassungen und Begrifflichkeiten auch dort, wo man sie mit Vorsicht in die Theologie importiert, die Tendenz in sich tragen, eine Eigendynamik zu entfalten, die sich so kaum voraussehen läßt, und dann auf die Dauer sowohl die theologische Rede als auch die christliche Praxis leicht überwuchern und überfremden. Konkret gesprochen: In der Begegnung mit Luthers Freiheitsbegriff wird katholische Theologie herausgefordert, stärker als ihr das oft gelingt, die exzentrische und kenotische Struktur des Menschseins deutlich zu machen und nie die Tatsache zu verharmlosen, daß sich das, was wir als Christen unter Freiheit verstehen, erheblich von dem unterscheidet, was man gemeinhin als Freiheit ansieht.

Für die evangelische Theologie hingegen mag aus der Begegnung mit katholischer Sensibilität die Anfrage erwachsen, ob sie im Interesse einer letzten "konfessorischen" Klarheit[71] in Abwehr der sündigen Selbstbezogenheit und der damit drohenden Überfremdung auf die Rede von Freiheit im Sinne eines Sichentscheidenkönnens völlig verzichten und sich damit zur allgemeinmenschlichen Erfahrung ausschließlich in prophetischer Distanz halten will, oder ob sie die ihr eigene Berufung zur Prophetie nicht auch so wahrnehmen

---

71 Cf. die Charakterisierung der Theologie Luthers e.g. bei *Klaus Schwarzwäller*, Theologia crucis. Luthers Lehre von Prädestination nach De servo arbitrio, 1525. FGLP X/39, München 1970.

könnte, daß sie - und dies durchaus gemeinsam mit katholischer Theologie - den Anspruch erhebt, von der Offenbarung her die Wirklichkeit von Freiheit gerade auch in der Dimension des Entscheidenkönnens in ihrem wahren Gehalt erst zu erschließen.

Diesen Weg zu beschreiten, hieße zweifelsohne, bis zu einem gewissen Grad über Luther hinauszugehen. Aber ist eine solche Neudeutung der Wirklichkeit von Freiheit durch die Theologie in unserer so freiheitsbesessenen und doch so unfreien Zeit nicht ein dringend nötiger Dienst? Mit ihrem ausgeprägten Gespür für die Tödlichkeit jeglichen Selbstbezugs hat Luthers in Kreuz und Auferstehung/Rechtfertigung zentrierte Anthropologie - so meine ich - unserer Zeit die rettende Einsicht zu bieten, daß menschliche Freiheit gerade dann und nur dann *ist*, wenn sie sich in letzter Radikalität je neu empfängt und verschenkt, und das heißt: wenn sie aus sich, für sich, in sich selbst *nicht ist*. In einem Wort: wenn sie in ihrer Herkunft, ihrem Ziel und ihrem Sein nichts als Liebe ist.

Bernhard Erling

The Role of Law in How a Christian Becomes What He/She is

This examination of Luther's understanding of law and its function in the process by which a person is brought to faith begins with consideration of whether a distinction should be made between adults and children in proclaiming and teaching the law, and whether the law by which all are brought to repentance is properly understood as natural law. The fundamental change of motivation that coming to Christian faith represents will be described as a transition from one religious-ethical motif to another, a transition that is not the result of a free choice. It will be argued, however, that once this transition occurs, the freedom of those who are able by reason of faith and the gift of the Holy Spirit to obey to some degree the love commandment becomes a factor that provides a new approach to how the doctrine of predestination may be interpreted[1].

I

In *The Freedom of a Christian* (1520) Luther states that he wants to consider "how a righteous, free, and pious Christian, i.e., a spiritual, new, and inner man, becomes what he is"[2]. How this happens is closely related to "the real participation in God and in God's love that is brought about through faith"[3]. To understand what faith is, it is helpful to have some knowledge of its genesis and development in the life of the individual Christian, what might be called faith's etiology. Though Luther does not give much attention to this question, he does say some things about how faith develops. For example, referring to Rm 3, 10-12,23, he writes, "the moment you begin to have faith you learn that all things in you are altogether blameworthy, sinful, and damn-

---

1 Many of the Luther references cited are from readings proposed by Professor Tuomo Mannermaa for the seminar "*Freiheit als Liebe*." The English translation, if available, is listed first. Titles of Luther texts will be given when a text is first cited. In addition to the standard American Edition and Weimar Ausgabe, I have used for one text *John Nicholas Lenker*, Ed., Luther's Epistle Sermons, vol. 7 of Luther's Complete Works. Trans. by J. N. Lenker and others. Minneapolis 1908.

2 LW 31, 344; WA 7, 50.

3 These words are taken from Professor Tuomo Mannermaa's description of the seminar.

able"[4]. In his 1519 *Commentary on Galatians* he outlines what might be considered an *ordo salutis*, which has the following stages: despairing of one's own strength, hearing the word of faith and believing, invoking and being heard, receiving the spirit of love, walking in the spirit and crucifying the desires of the flesh, arising with Christ and possessing the kingdom of God[5]. What needs closer examination is how one learns that in all things one is "altogether blameworthy, sinful, and damnable." How is it that one is led to despair of one's own strength?

Luther at this point would very likely answer by calling attention to the preaching and the teaching of the law. "Repentance proceeds from the law of God"[6]. The commandments of the law "show us what we ought to do but do not give us the power to do it. They are intended to teach man to know himself, that through them he may recognize his inability to do good and may despair of his own ability"[7]. According to Luther, those who lack faith are unable to keep any of the commandments, because they not only require us to do the right thing but also to want to do it. Those who in their behavior are motivated either by hope for reward or fear of punishment are therefore not acceptable to God. The law, which demands not only external behavior but also the willing obedience of the heart, teaches us to know ourselves. It helps us recognize our unwilling allegiance to God, how we perform no work willingly as a child but by constraint as a bondservant[8]. It is the law so understood that "must be fulfilled so that not a jot or tittle shall be lost, otherwise man will be condemned without hope"[9].

To whom is this law to be proclaimed? At first sight it would seem to be persons of all ages. Only as one is led to despair of oneself will one humbly seek and rely on God's grace[10]. There is no other way to become a Christian. It appears, however, that Luther in his proclamation of the law is thinking primarily of adults in Christian congregations who misunderstand the doctrine of justification, as well as their leaders who have not taught them the true meaning of faith. He has not given very much thought to how proclaiming the law to children can help lead them to faith. He does refer to those who are childish in their understanding of faith and the spiritual life, who must be coaxed like young children, enticed and attracted by external ceremonies, reading, praying, fasting, singing, organs, decorations and ornaments. Such

---

4 LW 31, 346-47; WA 7, 51.
5 LW 27, 371-72; WA 2, 591.
6 LW 31, 364; WA 7, 64.
7 LW 31, 348; WA 7, 52.
8 Lenker 7, 233-37, 240-41; WA 10 I 1, 336-41, 345-6 (Sermon on Gl 4, 1-7 1522).
9 LW 31, 348; WA 7, 52-53.
10 WA 2, 247-48 (Predigt vom 29.6.1519 über Mt 16,13-19 in Leipzig).

persons must be gently led until they learn to know what faith is[11]. Yet, despite the mention of children in this passage, Luther is still referring chiefly to adults who are thus far immature Christians. When in his *Treatise on Good Works* he does speak specifically of rearing children, while he says that parents are to teach them to trust and believe in God, insofar as teaching the law is concerned, he strongly stresses teaching children obedience and breaking their self-will, so that they become humble and gentle[12]. While this can make for good discipline, it is not so apparent that it will contribute to a child's being led to faith. More generally, if one were proclaiming the law to children in order to lead them to faith, would one from the very beginning attempt to lead them to despair of their own ability to keep the commandments? Finally, yet another question: Could Luther in his interpretation of the fourth commandment be thinking also of children when he says that to suffer wrong does not harm the soul but improves it[13]?

II

How, then, is a child brought to faith? Luther would answer that it occurs at the outset through baptism. Although he is aware of the criticism of infant baptism, he argues that God would not have permitted this practice to continue so long and become universally established if it was in error. Great things have been accomplished in the church through persons baptized as children and enlightened and strengthened with the Holy Spirit. Furthermore, the church itself has survived, which would not have been possible without baptism. These are all strong indications for Luther that infants should be baptized[14]. He declares with considerable confidence:

But observe what I do. I take an infant, and by baptizing it I redeem it from death, the devil, and sins, and translate it from the kingdom of darkness into the kingdom of light. This a pastor of the church does, and in an emergency any Christian does so. Therefore it is meet and right that we should wonder at and proclaim such great mercy and goodness of God. He blesses us with an eternal and spiritual blessing, so that the devil is compelled to flee when he sees an infant being baptized in the name of the Father and of the Son and of

---

11 LW 44, 35-37, 85; WA 6, 213-15, 254 (Treatise on Good Works, 1520); cf. WA 5, 404 (Operationes in Psalmos 1519-21).

12 LW 44, 82, 86; WA 6, 251, 255; cf. LW 1, 282; WA 42, 209; LW 2, 271-72; WA 42, 455; LW 5, 164-65; WA 43, 541; LW 6, 367; WA 44, 274-75 (Lectures on Genesis 1535-45); LW 45, 353; WA 15, 32 (To the Councilmen of Germany 1524).

13 LW 44, 92; WA 6, 259.

14 LW 40, 254-57; WA 26, 166-69 (Concerning Rebaptism 1528).

the Holy Spirit. For here I am ... destroying the kingdom of the prince and god of this world[15].

At the same time Luther is quite realistic about what is to be expected in the behavior of the developing child.

For what great rebellion and obstinacy there are in man's earliest years! What ragings and flames of lusts, hatreds, greed, and envy there are in youth and throughout life! Although we are born without actual sins, later, as time goes on, an infinite multitude of vices bursts forth[16].

Though children are to be baptized in infancy, their coming to conscious faith and the obedience that faith prompts apparently occurs later. Thinking very likely of baptized children, Luther in his comment on Phlm 14 writes:

In Christian matters nothing should be done by compulsion. ... God is not pleased with compulsory acts of service. Children have to be trained to serve under compulsion, but of adults a voluntary spirit is required[17].

Regarding the need to teach that there is nothing in us without sin and we sin even in our good works, Luther says, "Children need to be taught gradually"[18].

The fact that children have been baptized may, however, make them more disposed to hear Christian preaching[19]. They should already have heard the gospel at home. "Most certainly father and mother are apostles, bishops, and priests to their children, for it is they who make them acquainted with the gospel"[20]. Speaking of the responsibility of parents at this point Luther writes:

For what are the hungry, the thirsty, the naked, the sick, the alien if not the souls of your own children? With these God makes a hospital in your own house. He sets you over them ... that they may learn to trust God, to believe in him, to fear him, and to set their whole hope upon him; to honor his name and never curse or swear; to mortify themselves by praying, fasting, watching, working, to go to church, wait on the word of God, and observe

---

15 LW 8, 182; WA 44, 712; cf. LW 36, 301; WA 11, 452-53 (The Adoration of the Sacrament 1523).
16 LW 7, 281; WA 44, 508; cf. LW 2, 126-27; WA 42, 351.
17 LW 29, 102; WA 25, 76 (Commentary on the Epistle of Paul to Philemon 1527).
18 LW 40, 295; WA 26, 219 (Instructions for the Visitors of Parish Pastors 1528).
19 WA 30, II, 595, 598 (Vermahnung zum Sacrament des Leibes und Blutes des Herrn 1530).
20 LW 45, 46; WA 10 II, 301 (The Estate of Marriage 1522).

the sabbath; that they may learn to despise temporal things, to bear misfortune without complaint, and neither fear death nor love this life[21].

Children do learn justification by faith in the catechism[22]. Indeed Luther points out that their ability to recite the Ten Commandments, the Creed, and the Lord's Prayer can be superior to that of monks, nuns, and priests[23]. Nonetheless, even though so many children have been baptized and taught, he laments the fact that there are few believers in Christ, while the world is filled with heretics and Cain-like people[24]. Some of these will yet come to faith, though they are now occupied with works and self-righteous. They will come to faith because they are predestined of God to become believing children of God[25]. As this change is effected the law will play its essential role. Commenting on Rm 7, 8 Luther writes:

The Law revives and sin begins to make its appearance when the Law begins to be recognized; then concupiscence which had lain quiet during infancy breaks forth and becomes manifest. When this concupiscence breaks forth in adolescence, it immediately shows what had been lying hidden in the child[26].

III

Insofar as law is to be a factor in bringing a person baptized in infancy to mature faith, how is the law that is to be preached and taught to be understood? Where does it come from and what background in a person's experience does it presuppose? Luther would not think this question difficult to answer, for he is of the opinion that law in Christian proclamation, wherever one finds it, is basically of one piece. The natural law, the law written in the Ten Commandments, and the law of the gospel are essentially the same.

Therefore there is one law which runs through all ages, is known to all men, is written in the hearts of all people, and leaves no one from beginning to end with an excuse, although for the Jews ceremonies were added and the other nations had their own laws, which were

---

21 LW 44, 85; WA 6, 253-54.
22 WA 30 II, 663 (Rhapsodia seu concepta de iustificationis Loco 1530).
23 LW 23, 410; WA 33, 665; LW 24, 222; WA 45, 663 (Sermons on the Gospel of St. John 1530-32, 1537); LW 28, 66; WA 36, 489-90 (Commentary on 1 Corinthians 15 1533); LW 38, 180; WA 38, 223 (The Private Mass and the Consecration of Priests 1533),
24 Lenker 7, 265; WA 10 I 1, 378.
25 Lenker 7, 238; WA 10 I 1, 342-43.
26 LW 25, 337; WA 56, 348 (Lectures on Romans 1515-16).

not binding upon the whole world, but only this one, which the Holy Spirit dictates unceasingly in the hearts of all[27].

The natural law, according to Luther, requires love of the neighbor.

> Paul ... in Rom. 13 [:9] ... sums up all the commandments of Moses in the love which also the natural law teaches in the words, "Love your neighbor as yourself." Otherwise, were it not naturally written in the heart, one would have to teach and preach the law for a long time before it became a concern of conscience. The heart must also find and feel the law in itself. Otherwise it would become a matter of conscience for no one[28].

Therefore, to reach in one's proclamation and teaching every human being and bring about conviction of sin, one can appeal to the natural law. What needs examination, however, is whether the biblical law calling for self-giving love of the neighbor and the natural law --if there is such a law common to all human beings everywhere and at all times--have the same content.

Thomas Aquinas, for example, articulates a concept of law that appears to be quite different from the understanding of law Luther presupposes. Thomas derives that which ought to be from his analysis of that which is. He writes:

> [G]ood is the first thing that falls under the apprehension of the practical reason, which is directed to action. ... Consequently the first principle in the practical reason is one founded on the notion of good, viz., that good is that which all things seek after. Hence this is the first precept of law, that good is to be done and ensued, and evil is to be avoided. All other precepts of the natural law are based upon this[29].

Thomas goes on to define what good is.

> Since ... good has the nature of an end, and evil, the nature of a contrary, hence it is that all those things to which man has a natural inclination are naturally apprehended by reason as good, and consequently as objects of pursuit, and their contraries as evil, and objects of avoidance. Wherefore according to the order of natural inclinations, is the order of the precepts of the natural law[30].

These fundamentally good inclinations, according to Thomas, exist on three levels. Man has the most fundamental inclination in common with all substances, "inasmuch as every substance seeks the preservation of its own being, according to its nature." Thus "whatever is a means of preserving human life, and of warding off its obstacles, belongs to the natural law." The second level

---

27 LW 27, 355; WA 2, 580.
28 LW 40, 97; WA 18, 80 (Against the Heavenly Prophets 1525).
29 *Thomas Aquinas*, Summa Theologica, vol. 8. London [3]1942, II-I, Q 94, Art. 2.
30 Ibd.

refs to inclinations man has in common with other animals, in which category are sexual intercourse and the education of offspring. At the third level:

> [T]here is in man an inclination to good, according to the nature of his reason, which nature is proper to him: thus man has a natural inclination to know the truth about God, and to live in society: and in this respect, whatever pertains to this inclination belongs to the natural law; for instance, to shun ignorance, to avoid offending those among whom one has to live, and other such things regarding the above inclination[31].

In comparing Thomas' and Luther's interpretations of the natural law one finds that whereas for Luther love of neighbor is fundamental, for Thomas, despite his references to the third level inclinations in man to know the truth about God and to live in society, self-love is fundamental, for the most fundamental inclination a human being has, according to Thomas, is to seek to preserve her/his own being. For Luther a human being has a fundamental obligation to promote the welfare of his/her fellow human being, even at the cost of one's own well being. Luther presupposes community and understands law in its terms. Thomas begins with the individual and develops a concept of law on the basis of the inclinations of the individual. If the difference between these two understandings of natural law cannot be rationally resolved, the question arises as to whether the concept of natural law can continue to be theologically useful.

IV

How, then, shall we account for these different understandings of law? One explanation is to see them as implicit in differing religious-ethical motifs. Anders Nygren used the concept of "motifs" to refer to distinctively contrasting ways in which the fundamental categorical religious and ethical questions are answered[32]. In the agape motif, which, according to Nygren, provides for the most part Luther's frame of reference, love and forgiveness, which have their source in God, are constitutive for human interrelations. Through the practice of love and forgiveness a spiritual-eternal community comes into being. This community, a foretaste of the coming kingdom of God, exists in the context of an earthly-temporal community, where rewards and punishments are still

---

31 Ibd.
32 *Anders Nygren*, Agape and Eros. Trans. by Philip S. Watson. Philadelphia 1953, pp. 247-53. Cf. also *Bernhard Erling*, Nature and History. A Study in Theological Methodology with Special Attention to the Method of Motif Research. Lund 1960, pp. 226-72.

needed to maintain the order the earthly-temporal community requires for its continued existence.

In the nomos motif Luther's distinction between the two communities is not required, though something somewhat comparable to it may develop in cases where a people is being oppressed by a foreign occupying power. A given community is believed to have divine authorization, and the laws fundamental to the nature of that community are interpreted as God-given. Those laws may but need not include the commandment to love the neighbor. Obedience to the law constituting any particular community is secured by the sanctions of rewards and punishments.

In the eros motif (to which Luther did not give much attention, except insofar as he called some of its features manifestations of human sin), the emphasis is on the individual and his/her desires and inclinations. The chief purpose of the structures any community provides is to be instrumental in making possible the realization of human desires. Each individual seeks her/his own good and the role of law is to provide a harmonious context for such self-seeking. Neighbor love is called for only insofar as the individual finds such behavior to be to his/her own advantage. Given this analysis of how the motifs differ, Thomas' understanding of the natural law, in which he defines the good as "that which all things seek after" and orders the precepts of the natural law "according to the order of natural inclinations," appears to manifest characteristics of the eros motif.

The motifs can also be seen to differ when the level at which moral behavior is evaluated is examined. In the eros motif the emphasis is on seeking to maximize good consequences. Ethical norms are defined teleologically. In the nomos motif the emphasis is on the act, on the need to perform right acts and avoid wrong ones. The corresponding ethics is deontological. In the agape motif the emphasis is on the disposition from which morally appropriate behavior flows. Ethical norms in the agape motif are determined by the standard of love. "[T]he one who loves another has fulfilled the law. ... Love does no wrong to a neighbor; therefore, love is the fulfilling of the law" (Rm 13, 8,10).

Despite these differing understandings of law in the three motifs, the systems of law found in communities where one or another of these motifs is predominant do at many points overlap. A good part of the decalogue, especially its second table, represents what might be called a *de facto* consensus as to what should and should not be done, about which protagonists of all three of the motifs would most likely agree (though disagreements could arise as these commandments were defined more specifically). This consensus might function as what Luther in his *Sermon on Gl 4:1-7* calls the law in its role as guardian, training human beings and keeping them within bounds, keeping them from committing evil works and saving them from becoming totally dis-

70

solute. It is questionable, however, whether such a *de facto* consensus form of the law is sufficient to teach human beings to know themselves, whether it can help them to recognize their unwilling allegiance to the law and to perceive their lack of a free, new, and ever willing spirit[33]. For this purpose other aspects of the context in which the law is to be found in the agape motif would seem to be needed. It can be argued that the law Luther presupposes can be understood only when it is seen against the background of the entire biblical narrative. Those whom Luther addresses are acquainted with this narrative and in his preaching and teaching he attempts to help them grasp more clearly the implications of that which they have already been taught.

In the biblical narrative, in which the ten commandments and the love commandment are embedded, we learn what God has done for humankind, and what in consequence is required of them. Heinrich Bornkamm states that the law which, according to Luther, is written on the heart and summarized in the ten commandments "is bound up in God's primal covenant with humankind, a covenant made not only to demand but also to help. Therefore, preceding the 'thou shalt' of all the commandments stand the words 'I am the Lord, thy God,' God's own promise to humankind which comes before all his demands. The First Commandment embodies both at once"[34]. In his *Treatise on Good Works* Luther says that the first commandment requires us to place our confidence and trust in God alone, anticipating that in all circumstances of life God will provide for all our needs. From this commandment, furthermore, all the other commandments follow[35]. But Luther presupposes that one has already experienced this divine goodness. Although one may not have recognized it for what it is, preaching and teaching can lead to such an awareness.

V

With reference to the first commandment Luther states that whereas non-Jews cannot say that God brought them out of the Land of Egypt, they may say:

"You are my God, the God and also the Creator of us all; ... you did lead me out of *my* Egypt and *my* exile." Thus the first commandment remains common to both Jews and Gentiles. It is especially adapted and suited to Jews with reference to the exodus from

---

33 See Lenker 7, 240; WA 10 I 1, 344-45.
34 *Heinrich Bornkamm*, Luther in Mid-Career 1521-1530. Karin Bornkamm, Ed. Trans. by E. Theodore Bachmann. Philadelphia 1983, p. 244.
35 LW 44, 30; WA 6, 209.

Egypt, just as everyone after his own exile can and should name and praise the God of all as his own God and Helper[36].

One's experience of God's goodness happens in large measure through what other persons do. The obedience of another Christian is one of the ways in which God provides for my needs. Luther asserts:

> [God] wants to act through His creatures, whom He does not want to be idle. Thus He gives food ... through labor, when we diligently perform the work of our calling. ... God regularly does everything through the ministry of human beings[37].

God acts not only through the ministry of word and sacraments, but also through many other forms of human ministry to provide what each of us needs from day to day.

These ministries are often motivated by self-giving love. Christian parents recognize that through giving their children food and drink with good words and works, they can be taught to place their trust and hope in God[38]. Someone conducts herself as though my weakness, sin, and foolishness were her very own[39]. A person with faith does for me what God has done for him. Although much of this love may for a time be "lost love," I can at length recognize it for what it is, as I continue to be loved by those who love me as they have been loved by God[40]. It is through having had such experiences that the law, which tells me that I should do as others have done to me, begins to teach me to know myself; I recognize my unwillingness to perform acts of love, my lack of a free, new, and ever willing spirit. This awareness can lead me to confess my wretchedness, weakness, and guilt, and ask for the help of God's grace. At this point I can hear the gospel in a new way, begin to believe, and receive the Holy Spirit and a new heart[41].

In *The Bondage of the Will* (1525) Luther uses the imagery of a contest to describe the development whereby a person can be brought to faith. He speaks of the human will as placed like a beast of burden between God and Satan. These two strive with each other for possession of it.

---

36 LW 47, 90-91; WA 50, 331 (Against the Sabbatarians 1538)
37 LW 3, 274; WA 43, 71.
38 LW 44, 85; WA 6, 253-54.
39 LW 31, 302; WA 2, 148-49 (Two Kinds of Righteousness 1519).
40 WA 8, 355, 360, 365, 386 (Evangelium von den zehn Aussätzigen, Lc 17, 10-11 1521).
41 Lenker 7, 240-42; WA 10 I 1, 345-47.

If God rides it, it wills and goes where God wills. ... If Satan rides it, it wills and goes where Satan wills; nor can it choose to run to either of the two riders or to seek him out, but the riders themselves contend for the possession and control of it[42].

This imagery can be interpreted as a contest between two motifs, if it is understood that the motifs are incommensurable, which means that an individual cannot by reference to a common standard of comparison make a rational choice between them. If a change in a person's pattern of motivation occurs, one pattern displaces the other and one does not have freedom to decide which of the patterns it is to be. One can be predominantly egocentric and, while acknowledging the need for law, constantly be seeking to use it to advance one's own interests. One can be egocentric but at the same time aware that egocentricity must be curbed by obedience to law. One can therefore accept these restraints and insist that others do so as well. In the third pattern of motivation one's own egocentricity has in principle been overcome and one is in the process of becoming a self-giving, loving person.

When the basic transition from what is predominant in one of these patterns of motivation to what is predominant in either of the other patterns occurs, this simply happens. One recognizes that whatever the pattern of one's motivation was before, a new pattern has replaced it. One could have become predominantly and unapologetically egocentric, or one could feel oneself bound above all to yield allegiance to the prescriptions of the law that one acknowledges, or one can find oneself beginning to be a self-giving and loving person.

To return to Luther's imagery, how do the motifs contend so as to bring about such transitions? The answer is that they contend through words and deeds. One hears again and again articulations and interpretations of these motifs and one is also affected by behavior expressive of these motifs. As far as the agape motif is concerned, influence is exerted through preaching, teaching, and personal witness, and, as has been indicated above, through the loving acts of those with whom we live. At this point Luther's statement that Christians are called to be Christs to one another is relevant. "I will therefore give myself as a Christ to my neighbor, just as Christ offered himself to me"[43]. If, as argued above, one not only hears the proclamation of the gospel but also experiences love from fellow human beings, one can thereby be influenced both to recognize one's own need for God's grace and also to believe the gospel.

---

42 LW 33, 65-66; WA 18, 635.
43 LW 31, 367-68; WA 7, 66.

VI

How, then, are we to understand human freedom, if the nomos, eros, and agape motifs are useful in interpreting the human situation as far as religion and ethics are concerned? Luther strongly affirms:

> [F]ree choice is plainly a divine term, and can be properly applied to none but the Divine Majesty alone; for he alone can do and does (as the psalmist says [Ps. 115:3]) whatever he pleases in heaven and on earth. If this is attributed to men, it is no more rightly attributed than if divinity itself also were attributed to them, which would be the greatest possible sacrilege[44].

At this point a distinction should be made between the freedom *by which* motifs are chosen (which freedom may not exist), and freedom *within* a given motif. It has already been stated that if the motifs are incommensurable there is no neutral ground from the vantage point of which choice between them can be made. One does not from such a stance choose to be egocentric, or to yield one's obedience to a system of legal prescriptions. One certainly does not effectively choose to be a self-giving and loving person. Insofar as choice of motifs is concerned, the human individual does not act but instead is acted upon.

Within a motif, however, human choices can be made. If in the context of the eros motif, pursuing one's own self-interest, one has concluded that a certain course of action will have favorable consequences, one can certainly do what one is persuaded will be to one's own advantage. As far as the nomos motif is concerned, Luther himself grants that the law can "restrain the hand through fear of punishment and provoke to works through the hope of good things"[45]. When he insists that free behavior so motivated is insufficient, for there must also be an inward cheerful willingness to do what the law prescribes, he is judging from the vantage point of the agape motif. Within the context of the nomos motif obedience prompted by fear of punishment and hope of good things may be wholly acceptable--even if there are also some whose dispositions are wholly formed by the law defined in this motif and who delight in obeying it, as in Ps 119, 97-104.

While Luther does deny human freedom in relation to God (what God requires of us we are unable by ourselves to accomplish), he does grant that we

---

44 LW 33, 68; WA 18, 636.
45 LW 10, 13; WA 3, 17 (First Lectures on the Psalms 1513).

have a free will in those things that are beneath us, such as eating, drinking, begetting, ruling[46].

Man has in his own power a freedom of the will to do or not to do external works, regulated by law and punishment. There are good works he can do and there is a secular goodness he can achieve through a power of his own which he has and receives from God for this purpose"[47].

What is not explicitly stated, though it is implied in the reference to "secular goodness," is that these things that are "beneath" us have to do not only with the fish of the sea, the birds of the heavens, and the beasts of the field[48], but also with our relations with our fellow human beings. The distinction between what is "above" and what is "below" does not have to do with different acts, but with the intention with which those acts are performed. God's law, according to Luther, requires of us that which we are unable to do apart from God's enabling grace, for "man cannot by his own power purify his heart and bring forth godly gifts, such as true repentance of sins, a true, as over against an artificial, fear of God, true faith, sincere love, chastity, a spirit without vengefulness, true long-suffering, longing prayer"[49]. Nonetheless many of the acts that living together with other human beings require of us can be freely performed in a praiseworthy fashion, even if the inward godly gifts that Luther insists are also necessary should be lacking[50]. This may be adequate for the behavior required in the context of the eros and nomos motifs. It may be enough in the eros motif that one seeks to maximize good consequences, that in the nomos motif one performs right rather than wrong acts--even if one is motivated by fear of punishment or hope for reward. In a world more and more characterized by religious and ethical pluralism, with the need for interreligious dialogue increasingly being recognized, awareness of the extent of human freedom to choose a given motif, and insight into the way freedom manifests itself within the motifs should prove useful.

How, then, should we understand freedom within the context of the agape motif? Whereas Luther insists that before coming to faith one does not have freedom to obey the law, it would seem that the believer, who has received the Holy Spirit and a new heart, does have freedom to obey the law of love. Lu-

---

46 LW 1, 84-85; WA 42, 64; LW 25, 375; WA 56, 385; LW 33, 70, 240; WA 18, 638, 752.
47 LW 40, 301-02; WA 26, 226.
48 LW 1, 85; WA 42, 64.
49 LW 40, 302; WA 26, 226.
50 LW 2, 42; WA 42, 291-92; LW 26, 123-24; WA 40 I, 219 (Lectures on Galatians 1535).

ther says in *Sermo de triplici iustitia* (1518) that the person who has faith is certain that she is doing the right things. To doubt at this point is to sin and to lose the life one has been given. This does not mean that Christian believers are no longer sinners. They must live with the contradiction that though they are sinners they can at the same time do what God requires of them[51]. They can also expect that the new life in them will grow and develop. God inwardly draws the believer to Christ. Alien righteousness is not instilled all at once but begins, makes progress, and is only perfected through death[52]. The believer experiences the desire to do wrong, but it need not be obeyed[53].

Bornkamm calls attention to a letter written in 1527 in which Luther says that he is "tugged to and fro and miserably torn to pieces between the two opposing princes (Christ and Satan)"[54]. While this sounds like the struggle between God and Satan to which Luther refers in *The Bondage of the Will*, insofar as moral decisions are involved, in view of what has been said above, Luther in this case most likely has freedom to influence the outcome of the contest, though it is causing him much suffering. Thus in *Vermahnung zum Sakrament des Leibes und des Blutes unseres Herrn* he urges Christians to exercise their freedom to receive the sacrament of the altar and thereby help maintain preaching, praise, and thanksgiving for the grace of Christ. In so doing they perform the functions of the sacerdotal office and help sinners to be converted and come to faith[55].

VII

In discussing how it is that conversion occurs, why it is that some come to faith and others do not, Luther appeals the doctrine of predestination.

So it comes about that, if not all, some and indeed, many are saved, whereas by the power of free choice none at all would be saved, but all would perish together. ... By the light of grace it is an insoluble problem how God can damn one who is unable by any power of his own to do anything but sin and be guilty. ... But the light of glory tells us differently, and it will show us hereafter that the God whose judgment here is one of incomprehensible righteousness is a God of most perfect and manifest righteousness. In the meantime, we can only believe this[56].

---

51 WA 2, 46 (Sermo de triplici iustitia 1518).
52 LW 31, 299; WA 2, 146.
53 LW 27, 361; WA 2, 584.
54 *Bornkamm*, l. c. , p. 560; WABR 4, 289.
55 WA 30 II, 606.
56 LW 33, 289, 292; WA 18, 783, 785.

At first sight it appears that with respect to the doctrine of predestination the law has no recognizable role. Yet what Luther does not consider when he says that "by the power of free choice none at all would be saved" is that, while no one of us can by our own reason or strength believe in Jesus Christ or come to him[57], once we have been enabled to believe, we can be the instruments through which others are brought to faith. Our obedience to the law of love, which obedience can now be freely given or to some degree withheld, can influence for good or for ill the salvation of others. Luther points out that parents by properly caring for their children can help lead them to live a Christian life. He also states that to fail to feed a hungry enemy when you can is equivalent to having stolen from him. We might try to imagine the impact on individuals, whom Luther in another context calls "Cain-like" unbelieving persons, of being repeatedly fed under such circumstances--especially if these persons were also to hear effective preaching of the gospel[58]. To be sure such love could turn out to be "lost love," but it could also contribute to leading those who received it to faith.

If this can happen, the equivalent of what might be called predestination is taking place, but it is not a divine election by which some are chosen and others passed over--the reason for which will only be known in the light of glory. Insofar as this is an election it is the consequence of the intended or unintended behavior of Christian believers. While God is involved in the struggle to avoid sins of commission and omission that characterizes each Christian's life, God does not determine the degree of a Christian's obedience. We as Christians are therefore responsible for the consequences of our behavior in the lives of others; and God is limited in some measure by the way in which those who have come to faith and received the gift of the Holy Spirit exercise their new freedom to obey the law of love, and by so doing becoming Christs to their neighbors. At the same time, exercise of the freedom to obey the law of love by those who have received this freedom can contribute again and again to how yet another "righteous, free and pious Christian, i.e., a spiritual, new, and inner man/woman, becomes what he/she is"[59].

---

57 Confessions-Tappert, 345, 6; BSLK, 511-12, 6.
58 LW 44, 85, 109; WA 6, 253-54, 273.
59 See ftn. 2 above.

George Forell

Freedom as Love: Luther's Treatise on Good Works

In his massive three volumes of *Lutherstudien* Gerhard Ebeling speaks of Luther's understanding of freedom as the "focus [*Brennpunkt*] of the modern controversy about Luther"[1]. He observes that while freedom/liberty is by no means a very clearly defined concept in our time, it appears to be the *"Grundwort und Grundwert der Neuzeit,"* that is, freedom/liberty is seen as the "basic slogan and the basic value of modernity"[2].

It would lead us too far afield to rehearse all the statements about Luther and liberty that have been made by famous and infamous people. The significant point is that those that praise Luther see him as a fighter for freedom, those that condemn him do it because he restricted freedom to the interior of the person, and thus contributed to their enslavement more profoundly than even the medieval church had managed to do. Here Karl Marx's observations are paradigmatic. He observed in his *Zur Kritik der Hegelschen Rechtsphilosophie* that Luther had freed human beings from the outward fetters the church had forged, but put their hearts into chains. Luther made priests into laymen, and laymen into priests. By emphasizing faith he made men and women religious in their innermost being, and thus oppressed them as Rome had with its outward rules.

Ebeling observes that all modern talk about liberty negates the notion of sin. Sin, having been moralized and emptied of its religious significance, has been incorporated into freedom. Since the Enlightenment, the Fall in Paradise has been seen as the beginning of human freedom. The great German poet Friedrich Schiller observed:

"If we change the voice of God in Eden, which proscribed the tree of knowledge, into the voice of instinct which kept the human being from this tree, then the alleged disobedience to a divine command is actually the turning against instinct. It is the first expression of self-determination, the first act of daring on the part of human reason, the beginning of humanity's moral existence [*erster Anfang seines moralischen Daseyns*]. This fall of humanity from instinct brought moral evil into creation but only in order to make moral good

---

1 *Gerhard Ebeling*, Lutherstudien, Band.3. Tübingen 1985, p. 375. The chapter is a reprint of Ebeling's Heidelberg lecture of 1982, "Zum Gegensatz von Luther-Enthusiasmus und Luther-Fremdheit in der Neuzeit."

2 l.c., p. 376.

possible. It is without doubt the happiest and greatest event in human history. Human freedom is born at that moment, the foundation of human morality is laid here."[3]

The sense of sin is the cause of bondage. It is significant that Nietzsche calls Christianity *the* original sin[4]. And it is obvious that it is Luther's emphasis on sin and the justification of the sinner which is the great obstacle to the acceptance of his theology in modern times.

But while Luther's modern Protestant critics (not to mention the pop-religions of our day, the "new age" cults with their stress on feeling good about oneself) find his emphasis on sin "medieval" and understand it as an extreme form of Augustinianism[5], a study of the *Treatise on Good Works*[6] makes it apparent that Luther does not really see the human predicament as caused by the actual sins, which had troubled the medieval casuists, but rather by original sin. This is the sin against the First Commandment, the root of all other sins, the unwillingness to let God be God. The profound objection to Luther comes from those who understand correctly, to be sure, that he insists that apart from faith even good works are sin.

It is Luther's emphasis on the utter helplessness of human beings apart from God which is the scandal of his theology as far as modern men and women are concerned. He writes: "Free choice without the grace of God is not free at all, but is immutably the captive and slave of evil, since it cannot of itself turn to the good"[7]. Again, the *liberum arbitrium*, free will or free choice, "is plainly a divine term [*divinum nomen*], and can be properly applied to none but the Divine Majesty alone; for he alone can do and does ... whatever he pleases in heaven and on earth"[8]. Christian freedom is not freedom of choice or freedom of the will, but rather it means to have been justified as a sinner. It means to be freed from the curse of sin, liberated from the obsession with the self, from being turned into the self (*incurvatus in se*), and instead having become absolutely dependent on God. In Paul's terms it is having become "a slave of Jesus Christ" (Rm 1,1), a phrase utterly abhorrent to contemporary theology and religiosity.

---

3   *Friedrich Schiller*, Etwas über die erste Menschengesellschaft nach dem Leitfaden der mosaischen Urkunde. Schillers Werke, Nationalausgabe, vol.17. Historische Schriften Teil I, p. 319. Quoted in *Ebeling*, Lutherstudien II/I, p. 306s.

4   *Friedrich Nietzsche*, Der Antichrist. p. 61. Quoted in *Ebeling*, Lutherstudien, III, p. 381.

5   Ibd.

6   LW 44, 15-114; WA 6, 202-276.

7   LW 33, 67; WA 18, 636.

8   LW 33, 68; WA 18, 636.

Much of modern religion and contemporary theology has more in common with elements of ancient and medieval religiosity than with Luther. Gnosticism and Pelagianism, not Luther, are the godparents of much modern religious thought. One can easily shift from the "death of God" to polytheism, pantheism, witchcraft and devil worship if one has lost hold of the basic human problem, the sickness unto death, the pervasiveness and power of sin.

But what about freedom and conscience? To quote Ebeling again:

> In the long history of the concept of conscience since the days of classical antiquity the phrase "freedom of conscience" appears first, if I am right, in Luther. It affects as a rallying cry the battle for freedom in the modern world including the idea of human rights[9].

Of course, Luther was hardly the originator of the quest for individual freedom so basic for the modern world, even though some people have made such assertions. But the reason for their claim is obvious. In his most important political appearance, when he confronted Emperor Charles V at the Diet of Worms, he talked about his absolute commitment to God in the language of conscience saying, "My conscience is captive to the Word of God," and again, "It is neither safe nor right to go against conscience"[10]. He expressed eloquently the need to obey his conscience come what may. But there was a difference. As Ebeling puts it: "*Gewissensfreiheit wird hier nicht als ein Recht gefordert, sondern als eine Macht gelebt*" ("Here freedom of conscience is not claimed as a right but lived as power")[11]. While in the classical tradition conscience was bound to outside rules, to tradition, if you please (e.g., Antigone and her obligation to bury her brother), and scholastic theology talked about a right conscience, namely a conscience formed by the law, Luther sees himself as captured by the Word of God. In his language this means he must obey because of the Gospel rather than the law.

The rule of law is changed into a personal relationship to God in Christ. A clear conscience does not result from obedience to the law, from doing good works, but from the justification of the sinner, in spite of conscience, death, and devil. As Luther wrote in our *Treatise*, "The first, highest and most precious of all good works is faith in Christ ... For in this work all good works exist, and from faith these works receive a borrowed goodness"[12]. And he concludes: "The fact of the matter is that I want very much to teach the real good works which spring from faith."

---

9   *Ebeling*, Lutherstudien III, p. 385s.
10 LW 32, 112; WA 7, 838.
11 l.c., p. 387.
12 LW 44, 23-24; WA 6, 204-05.

Of course, the works done in faith may be very unspectacular and ordinary. He mentions activities like doing one's daily work, "as well as walking, standing, eating, drinking, sleeping and doing all kinds of works for the nourishment of one's body and for the common welfare"[13]. Nonetheless, these works may be far superior to praying in church or fasting or even almsgiving.

That raises the question of how faith relates to love. Luther uses the analogy of a married couple who love each other, have pleasure in each other, and thoroughly believe in their love. This love enables them to think and say and do whatever helps the other. *"Die eynige zuvorsicht leret yhn das alles vnd mehr dan not ist"*[14].

Having this *Zuvorsicht* toward God, the Christian "knows all things, can do all things, ventures everything that needs to be done, and does everything gladly and willingly, not that he may gather merits and good works, but because it is pleasure for [the Christian] to please God in doing these things"[15]. Thus faith empowers love.

The question arises, where does this powerful faith, this confidence come from? "First, without doubt it does not come from your works or from your merits, but only from Jesus Christ, freely promised and freely given"[16]. The source of our confidence is the fact that "Christ died for us while we were yet sinners" (Rm 5,8). Luther writes:

Faith does not originate in works; neither do works create faith, but faith must spring up and flow [*quellen und fliessen*] from the blood and wounds and death of Christ[17].

Here you learn that God is so kindly disposed towards you (*dir szo hold ist*) that he even gives his only Son for you. Your confidence grows out of God's love towards you which engenders your love towards him and the neighbor. This is Luther's theology of the cross: faith, hope, and love spring and flow from the blood, wounds, and death of Christ. This makes justification by grace through faith the center of his theology and ethics[18].

But if God is the source of all good works, what is the place of men and women in his scheme? Luther answers, "Yes, he can do it, but he does not

---

13 LW 44, 24; WA 6, 205.
14 WA 6, 207.
15 Ibd.
16 LW 44, 38; WA 6, 216.
17 Ibd.
18 In contrast to this theology we hear now: "I don't think we need a theory of the atonement at all. I don't think we need folks hanging on crosses and blood dripping and weird stuff... We just need to listen to the god within." Prof. Delores Williams, Union Theological Seminary, New York. Quoted in *Katherine Kersten*, Looking for God in the Mirror, in: Faith & Freedom 14,1, p. 9.

want to do it alone. He wants us to work with him. He does us the honor of wanting to effect his work with us and through us"[19]. And he continues, "And if we are not willing to accept such honor, he will, after all, do the work alone and help the poor"[20]. God's will shall be done either with us or without us.

Luther's entire perspective is almost incomprehensible to modern men and women. For them God does not justify; rather, he needs justification. For others he is justified because he makes people obey the law. You may actually not believe in God, but in order to support certain ethical values, certain just causes, you may become religious, go through religious motions, and join religious institutions. Christianity has become morality. The sequence attributed to Luther that Christian ethics starts with faith which is active in love has been completely reversed. Today we tend to use God as a traditional fiction to support the many causes in which we have much more confidence than in God. We do believe in our liberty, but not as a gift of God, dependent every moment on God's grace, but as a right that makes us into autonomous beings for whom faith in God is an option. This is as much a part of our religious liberty as atheism, witchcraft, and belief in unidentified flying objects.

For Luther God is not on trial, humanity is. Yet, out of God's incomprehensible mercy he wants us to cooperate in his plans. He gives us faith/confidence in order that we may become his agents.

> Look, there are plenty of good works to be done... Most of the mighty, most of the rich, and most of [their] friends are unjust and exercise their power over the poor, the lowly, and over their opponents. The more powerful they are, the worse their deeds. And when one cannot prevent this by force and help the truth, one can at least confess the truth and do something for it by our words, not the kind which please the unrighteous or agree with them, but those which speak the truth boldly[21].

The freedom God grants through justification enables men and women to express their faith in love, especially for those who are in greatest need. In his *Treatise on Good Works* Luther shows how the Ten Commandments are opportunities to cooperate with God - not because God is dependent on our help, but because out of love God wishes to incorporate us into his work.

---

19 LW 44, 52; WA 6, 227.
20 Ibd.
21 LW 44, 51; WA 6, 227.

Egil Grislis

The Foundation of Creative Freedom in Martin Luther's
"Von den Guten Werken" (1520)

In Luther's new perspective the case was clear enough. Now biblically oriented with a central concern for justification by grace through faith, the focus of all reflection had shifted radically. Quoting Romans 1:17, *"Justus ex fide sua vivit,"* Luther elaborated:

> The righteous man draws his life out of his faith, and faith is that whereby he is counted righteous before God [Rom. 1:17]. If righteousness consists of faith, it is clear that faith fulfills all commandments and makes all its works righteous, since no one is justified unless he does all the commandments of God. Or again, works can justify no man before God without faith[1].

Martin Brecht has accurately identified this tract as Luther's "foundation of ethics;" concisely, his summary spells out Luther's key insights[2]. And such has been generally the recognition by the Lutheran tradition as well. If further proof were needed, one needs only to consult Paul Althaus' magisterial *The Ethics of Martin Luther* in order to observe the steadfast reliance on this tract for the discussion of the meaning of good works[3].

Here both positive and negative insights were of significance. In Rm 14,23 Apostle Paul had taught Luther that "whatsoever is not done of faith or in faith is sin"[4]. Luther thought that in his day there was an overabundance of such counterfeit works[5]. Scornfully, he produced a list of examples:

---

1 LW 44, 31; WA 6, 211,2-7: "'der gerecht mensch hott sein leben ausz seinem glauben, und der glaub ist das, darumb er gerecht fur got geacht wirt.' Steht dan die gerechtikkeit im glauben, szo ists klar, das er allein alle gebot erfullet und alle yhre werck rechtfertig macht, seint dem mal niemant rechtfertig ist, er thu dan alle gottis gebot, widderumb mugern die werck niemant rechtfertigen fur got on den glauben." Cf. also *Paul Althaus*, The Ethics of Martin Luther. Trans. by Robert C. Schultz. Philadelphia 1972, p. 17: "Faith expresses itself in the form of works. Faith lives in works, just as works are done in faith."

2 *Martin Brecht*, Martin Luther. His Road to Reformation 1483-1521. Trans. by James L. Schaaf. Philadelphia 1985, pp. 366-368.

3 L.c., pp. 4-10, 16-19, 30-31.

4 LW 44, 25; WA 6, 206,13-14: "alles was nit ausz odder im glauben geschicht, das ist sunde."

5 Cf. WA 6, 203,1-4; LW 44, 21.

...nowadays they say that the works of the first commandment are singing, [devotional] reading, playing the organ, reading the mass, saying matins, vespers, and other [canonical] hours, founding and decorating churches, altars, and monasteries, collecting bells, jewels, garments, trinkets, and treasures, and running to Rome and the saints. Further, we call it worshiping and praying to God when we are all dressed up and bow, kneel, pray the rosary and the Psalter, and do all this not before an idol, but before the holy cross of God or a picture of his saints[6].

At the same time, positively, it does not at all mean that Luther objected to authentic good works. It was a slanderous misunderstanding to claim that "when we preach faith alone good works are forbidden"[7].

Writing in a religious and ecclesially oriented rather than in a secular age, Luther had made both a theologically insightful and practically appealing point. Of course, Luther did not expect that "a roasted chicken will fly into your mouth." He was even ready to record the thoroughly obvious: "I do not say that a man need not work and seek his livelihood"[8]. Rather, Luther's point was that in "faith all works become equal"[9]. Authentic good works then are not those which a person does "of his own devising." Bluntly, even scornfully, Luther insists that good works are those done in faith:

The wonderful and righteous judgment of God is based on this, that at times in the privacy of his home a poor man, in whom nobody can see many great works, joyfully praises God when he fares well, or with entire confidence calls upon him when he is in adversity. He does a greater and more acceptable work by this than another who fasts and prays much, endows churches, makes pilgrimages, and burdens himself with great deeds in this place and that. Such a fool opens his mouth wide and looks for still bigger works to do. He

---

6 LW 44, 32; WA 6, 211,14-21: "Als nemlich, die werck des ersten gebottis heysset man zu diszer zeit singen, leszen, orgeln, meszhalten, metten, vesper und ander getzeiten beten, kirchen, altar, Closter stifften und schmucken, glocken, kleinod, kleid, geschmeid, auch schetz samlen, zu Rom, tzu den heiligen lauffen. Darnach, wen wir, bekleidet, uns bucken, knypogen, roszenkrentz und psalter betten, und das alles nit fur einem abtgot, szondernn fur dem heiligenn creutz gottis oder seiner heiligen bild thun..."

7 LW 44, 34; WA 6, 213,8-9: "es seyen gute werck vorboten, wan wir den glauben allein predigen." Luther repeatedly protested against this charge, cf. also WA 6, 213,9-10. Such misstatements have continued into the present, cf. *Egil Grislis*, The Meaning of Good Works. Luther and the Anabaptists, in: Word & World 6,2, 1986, pp. 170-180, and 'Good Works' According to Menno Simons, in: Journal of Mennonite Studies 5, 1987, pp. 120-137; *Ronald L. Baerg*, The Relationship of Faith and Good Works in the Thought of Martin Luther and Menno Simons. The University of Manitoba, M.A. thesis 1989, 409 pp. (supervised by E. Grislis).

8 LW 44, 108; WA 6, 271,33-34: "Ich sag nit, das niemant erbeyten und narung suchen sol..."

9 LW 44, 26; WA 6, 206,33: "In dieszem glauben werden alle werck gleich..."

is so blinded that he does not notice this greatest work at all, and for him praising God is a very small matter compared with the great picture he has of the works of his own devising, in which he perhaps praises himself more than God, or takes more pleasure in them than he does in God. Thus he storms against the second commandment and its works with his own good works. We have an exact picture of this in the gospel in the case of the Pharisee and the publican [Luke 18:10-14][10].

Obviously then, Luther did not "prohibit" good works! His basic concern was to make it absolutely clear that faith does not find its origin either in "works" (*wercken*) or "merits" (*vordinst*)[11].

It is in such a perspective that Luther challenged the believer to understand the roots of his freedom and in the process not to let "freedom" degenerate into "a lazy indifference" (*nachlessige faulheit*)[12]. At the same time Luther also supplied a positive definition of "good works". Just how this was possible Luther spelled out by describing the process through which a believer was enabled in freedom to do good works. In briefly outlining this process we shall observe that this enabled freedom, according to Luther's understanding, had been grounded in the presence of Christ in the Christian life--which is another way of calling attention to the role of "sanctification" or "deification" in Luther's theology[13].

---

10 LW 44, 41; WA 6, 218,29-219,5: "Da her kompt das wunderliche unnd recht urteil gottis, Das tzuweilen ein armer mensch, dem niemand ansehen kan vil unnd grosse werck, bey yhm selb in seinem hausz got frolich lobet, wen es ym wol geht, odder mit gantzer zuvorsicht anrufft, so yhm etwas anstosset, und damit ein grosser und angenhemer werck thut, dan ein ander, der vil fastet, bettet, kirchen stifftet, wallferet, und hie und da sich mit grossen thaten bemuhet. Hie geschicht dem selben narren, das er das maul auffsperet und noch grossen wercken sicht, so gar vorblendet, das er disses grosten wercks auch nymmer gewar wirt, und got loben in seinen augen gar ein klein ding ist fur den grossen bilden seiner eigen erdachten werck, in wilchen er villeicht sich mehr dan got lobet, odder yhe yhm selb einen wolgefallen drinnen hat, mehr dan in got, unnd also mit gutten wercken sturmet widder das ander gebot und seine werck, gleich wie der Phariseus im Evangelio und der offenbar sunder diszes alles ein ebenbild gebenn." Cf. also WA 6, 211,29-36; 227,15-19; 239,4-7; 245,23-246,2 and 257,7-22, and *Ragnar Bring*, Das Verhältnis von Glauben und Werken in der lutherischen Theologie. München 1955, p. 15: "Hier handelt es sich nicht um den Weg der Werke zu Gott,--nicht darum, mit ihm etwas für sich zu gewinnen. Sondern hier sind die Werke der Ausdruck des Glaubens in das Äußere, sie können keineswegs vom Glauben geschieden werden sondern sind eine Seite desselben." Cf. *Althaus*, l.c., p. 39.

11 LW 44, 38; WA 6, 216,14.

12 LW 44, 76; WA 6, 247,12-13.

13 Especially cf. *Tuomo Mannermaa*, Der im Glauben gegenwärtige Christus. Rechtfertigung und Vergottung. Zum ökumenischen Dialog. Arbeiten zur Geschichte und Theologie Luthertums Bd.8. Hannover 1989, and Luther und Theosis. Veröffentli-

Luther began his definition of "good works" as follows: "The first, highest, and most precious of all good works is faith in Christ..."[14]. Most generally, this faith is synonymous with trust in God. Somewhat clarified and expanded, the account could also include "confidence, trust, and faith"[15]. Luther explained:

> For you do not have a god if you [just] call him God outwardly with your lips, or worship him with the knees or bodily gestures; but [only] if you trust him with your heart and look to him for all good, grace, and favor, whether in works or suffering, in life or death, in joy or sorrow[16].

However, even this existentially coloured statement can be elaborated further, pointing to the central role of hope and love. Here Luther explicitly relied on St. Augustine's *Enchiridion*[17]:

> St. Augustine speaks rightly when he says that the works of the first commandment are faith, hope, and love. As I have said above, such faith and confidence brings along with it hope and love. In fact, when we see it properly, love comes first, or at any rate it comes at the same time as faith. For I could not have faith in God if I did not think he wanted to be favorable and kind to me. This in turn makes me feel kindly disposed toward him, and I am moved to trust him with all my heart and to look to him for all good things[18].

---

chungen der Luther-Akademie e.V. Ratzeburg, vol.16. Joachim Heubach, Ed. in Zusammenarbeit mit der Luther-Agricola-Gesellschaft, Helsinki & Erlangen 1990.

14 LW 44, 23; WA 6, 204,25-26: "Das erste und hochste, aller edlist gut werck ist der glaube in Christum..." Cf. *Ole Modalsli*, Das Gericht nach den Werken. Ein Beitrag zu Luthers Lehre vom Gesetz. Göttingen 1963, p. 24: "Es ist nicht wunderlich, daß Luther den Glauben als das höchste Werk bezeichnen kann, da ja durch den rechtfertigenden Glauben die Liebe Christi in uns kräftig ist und alle guten Werke wirkt."

15 LW 44, 30; WA 6, 209,26: "zuvorsicht, traw und glauben".

16 LW 44, 30; WA 6, 209,27-31: "Dan das heisset nit einen got habenn, szo du euszerlich mit dem mund got nennest odder mit den knyen und geberden anbettest, szondern szo du hertzlich yhm trawist und dich alles guttis, gnadenn unnd wolgefallhens tzu yhm vorsichst, es sey in werckenn odder leidenn, in leben odder sterbenn, in lieb odder leydt..."

17 MPL 40, 232.

18 LW 44, 30; WA 6, 210,3-9: "Derhalben spricht wol sanct Augustin, das des erstenn gebottis werck sein glauben, hoffen und lieben. Nu ist droben gesagt, das solch zuvorsicht und glaub bringt mit sich lieb und hoffnung. Ja wan wirs recht ansehn, szo ist die lieb das erst odder yhe zu gleich mit dem glauben. Dan ich mocht gotte nit trawen, wen ich nit gedecht, er wolle mir gunstig und holt sein, dadurch ich yhm widder holt und bewegt werd, ym hertzlich zutrawen und alles guttis zu yhm vorsehen."

At other times Luther echoed St. Bernard's intense celebration of love as the mode of faith's expression. He wrote: "When this faith is rightly present the heart must be made glad by the testament. The heart must grow warm and melt in the love of God"[19]. At the same time, "when faith collapses, love grows cold"[20]. By supplying several Luther's definitions of faith, we have not exhausted the account. Yet these brief examples may suffice at least as an implicit warning that Luther's *sola fide* should not be read too literally and narrowly[21]. Rather, faith is to be recognized as the very centre of the believer's self--hence as the Christian's "chief work"[22], or faith may be seen as "the master-workman and captain in all the works"[23]. Put in another way, faith is not operative peripherally, but within the inner core of the self, when "we exercise faith in our hearts"[24]. And here prayer may serve as a vividly illustrative case-in-point:

We should pray not as we do now, by turning over many pages and counting many beads, but by fixing our mind on some pressing need, desiring it with all earnestness, and thereby exercising faith and confidence toward God and not doubting that we shall be heard[25].

In this way prayer is recognized as "a special exercise of faith"[26], by which a Christian creatively lives before God. Both enabled and challenged, the believer then seeks the ultimate goal of salvation with total diligence and dedi-

---

19 LW 44, 56; WA 6, 231,4-5: "Wan nu disser glaub recht gehet, so musz das hertz von dem testament frolich werden, und in gottis liebe erwarmen und tzurschmeltzen."
20 LW 44, 70; WA 6, 241,32-33: "Aber das der glaub untergeht; die lieb erkaltet..."
21 Cf. WA 6, 123,9: LW 44, 34.
22 LW 44, 31; WA 6, 210,16: "heubtwerck".
23 LW 44, 34; WA 6, 207,19-20: "werckmeister und heubtman... in allen wercken..." This does not necessarily contradict Luther's prior observation at WA 6, 207,19-20: "da ist yhm kein unterscheidt in wercken."
24 LW 44, 55; WA 6, 207,16-208,5: "wir den glauben im hertzen ueben". Such an understanding of faith allows further elaboration in Luther's creative connection between faith and love. Tuomo Mannermaa comments on WA 6, 207,16-208,5: "Reine und 'rechte' Liebe dagegen entsteht einzig aus dem Vertrauen des Herzens auf Gottes Güte und Gnade. Da Luther die Entstehung der rechten Liebe so ansetzt, kann er ohne weiteres das gesammte christliche Leben mitsamt der Beziehung zu Gott und dem Nächsten mit Hilfe des Bildes der Liebe zwischen Mann und Frau darstellen" (l.c., p. 178).
25 LW 44, 58; WA 6, 232,13-16: "... sol man beten, nit, wie gewonheit ist, vil bletter odder kornle tzehlen, sondern etliche anligende not furnehmen, die selben mit gantzem ernst begeren, und darinnen den glauben und zuvorsicht zu got alszo uben, das wir nit dran tzweiffeln, wir werden erhoret."
26 LW 44, 58; WA 6, 232,22: "eine sonderliche ubung des glaubens".

cation--rather than by some limited fulfillment of rigid requirements. At the same time, while described personally and individually, prayer as an exercise of faith can also be shared, since human existence is both individual and corporate. In other words, Luther's subjective definition of faith is open to and includes a communal understanding and joint experience! In this way freedom, too, has a large and creative base in the corporate reality of the church. On one occasion Luther phrased it this way:

This common prayer is precious and the most effective, and it is for the sake of this that we assemble ourselves together. The church is called a house of prayer [Isa. 56:7; Matt. 21:13] because we are all there as a congregation and with one accord to bring our own needs as well as those of all men before God and to call upon him for mercy. But this must be done from the heart and with sincerity; we must take to heart the need of all men, and pray for them in real sympathy and in true faith and trust[27].

The entire account bristles with energy. There can be no doubt that faith, as Luther understood it, is a thoroughly dynamic and a ceaselessly active trusting love--genuine and free. Yet Luther also knew that faith is not always of such a sublime stature[28]. Both quoting Apostle Paul, Rom. 14:1, who speaks of those who are "weak in faith"[29] and referring generally to them as "of little faith"[30], Luther appears to have suggested something like a benign immaturity in the early stages of one's spiritual growth--which he then contrasted with "those hardheaded people who are set in their works and pay no regard to what is said about faith"[31]. The distinction is traditional. The merely heterodox are ignorant but teachable. The selfrighteously stubborn, the heretics are faithless and reject the truth. Obviously, the heretics need to be opposed, which Luther was prepared to propose in fierce although broad generalities:

---

27 LW 44, 65; WA 6, 238,10-16: "Disz gemeyn gebet ist kostlich und das aller krefftigst, umb wilchs willenn wir auch zusammen kummen. Davon auch die kirch ein bethausz heyssit, das wir alda eintrechtlich ym hauffen sollen unser und aller menschen nodt fur uns nehmen, die selben got furtragen und umb gnad anruffen. Das musz aber geschehen mit hertzlicher bewegung und ernst, das uns solch aller menschen nodturfft zu hertzen gehe, unnd alszo mit warhafftigem mitleydenn uber sie in rechtem glaubenn und trawen bittenn..." Cf. also WA 6, 239,3-19; LW 44, 66.

28 Cf. WA 6, 238,16; LW 44, 65.

29 LW 44, 36; WA 6, 214,15: "Den schwachen im glauben..."

30 LW 44, 36; WA 6, 214,27: "die selbigen schwachgleubigen".

31 LW 44, 37; WA 6, 215,10-11: "die hartkopffigen, die, in wercken verstockt, nit achten was man vom glaubenn sagt".

It is also the nature of this work to resist all false, seductive, erroneous, heretical doctrines and every misuse of spiritual power[32].

Now due to the correlative character of faith and works, the weakness and even more the absence of faith will directly affect one's ability to do "good works"--and therefore also impose clear limits on one's spiritual freedom. Consequently, albeit in various degrees, there will emerge workrighteousness[33]. Thus the deterioration of faith brings about self-centeredness. The final result is thoroughly frightening: "er sich selb und nit got rumet" [he praises himself, not God][34]. Such insights, here only adumbrated, Luther subsequently elaborated in the *de servo arbitrio*[35].

Yet this human bondage to sin and self God did not allow to remain unchallenged. On the one hand, Luther noted, God sent the *Anfechtungen*, those profound tribulations of body and soul which assail all sinful tranquility and immaturely selfish plans. In such a confrontation the sinner is offered a chance for faith and a response in freedom. On the other hand, the sinner can be addressed by the Word of God directly and thereby experience transformation.

II

Clearly then, wherever there exist faith and freedom, there the enabling foundations have been supplied by the grace of God. As in Luther's other reformation writings[36], so also here we encounter echoes of a familiar key theme: "Here we see that all works and all things are free to a Christian through his faith"[37]. Thus the central formulation of justification by grace through faith continues to serve as the basis for Luther's perspective here as well:

---

32 LW 44, 52; WA 6, 228,3-4: "Desselben wercks ist auch, widder tzustreben allen falschen, forfurischen, yrrigen, ketzerischen leren, allem misprauch geistlicher gewalt."

33 WA 6, 211,12-16; LW 44, 32 and WA 6, 219,1; LW 44, 41.

34 WA 6, 219,8; LW 44, 41.

35 See *Hans Vorster*, Das Freiheitsverständnis bei Thomas Aquin und Martin Luther. Göttingen 1965, p. 247: "Nicht das menschliche `arbitrium' ist Luthers Feind, sondern die Selbstverständlichkeit, mit der dieses `arbitrium' als frei angesehen wird, und die Gründe, die das rechtfertigen." Cf. also *Reinhard Brandt*, Die ermöglichte Freiheit. Sprachkritisch Rekonstruktion der Lehre vom unfreien Willen. Hannover 1992.

36 Cf. especially WA 7, 49-73; LW 31, 333-377 (The Freedom of a Christian).

37 LW 44, 36; WA 6, 214,25-26: "Hie sehenn wir, dass alle werck unnd ding frey sein einem Christen durch seinen glauben..."

See, it is by the mercy and grace of God and not by their own nature that works are without guilt and are forgiven[38].

As is well known, in meditating on the meaning of "grace", Luther relied sometimes on clear relational statements[39] which at best reflect an unspecified nearness, while at other times intensified them to such levels of intimacy that all distance seemed to have vanished in an actual indwelling[40].

The origin of the saving relationship Luther as a rule located in Christ's atonement:

Faith, therefore, does not originate in works; neither do works create faith, but faith must spring up and flow from the blood and wounds and death of Christ[41].

Ole Modalsli has commented that in this passage we find a clear affirmation that Christ's love is the ultimate source of our faith[42]. Certainly here Luther stands in a long succession of interpreters. We shall recall that the specific observation which Luther deduced from Christ's redemptive suffering had already been very briefly noted by St. Anselm[43], expanded and popularized by Abelard and restated by many (including John Calvin):

If you see in these that God is so kindly disposed toward you that he even gives his own Son for you, then your heart in turn must grow sweet and disposed toward God. And in this way your confidence must grow out of pure good will and love--God's toward you, and yours toward God[44].

---

38 LW 44, 37-38; WA 6, 216,3-5: "Sich, alszo ausz barmhertzickeit unnd gnaden gottis, nit ausz yrher natur sein die werck on schuld, vorgeben und gut umb des glaubens willen, der sich auff die selbenn barmhertzickeit vorlessit."

39 *Werner Dettloff*, Die Entwicklung der Akzeptations-und Verdienstlehre von Duns Scotus bis Luther. Mit besonderer Berücksichtigung der Franziskanertheologen. Beiträge zur Geschichte der Philosophie und Theologie des Mittelalters, Texte und Untersuchungen 40,2. Münster 1963.

40 Cf. above, ftn. 13.

41 LW 44, 38; WA 6, 216,29-31: "Darumb hebt der glaub nit an den wercken an, sie machen yhn auch nit, sondern er musz ausz dem blut, wunden unnd sterben Christi quellen und fliessen."

42 l.c., pp. 21-22. Modalsli also calls attention to the fact that Luther replaces "die scholastische Formel fides charitate formata durch die Formulierung Christus forma fidei und ordnet unsere Liebe dem Glauben zu" (p. 22). For a magisterial presentation of the interplay of faith and love, cf. *George Wolfgang Forell*, Faith Active in Love. New York 1954.

43 *Anselm*, Cur Deus homo, 2.11 and 18b; *Calvin*, Institutio Christianae Religionis, 1559, II.16.2.

44 LW 44, 38; WA 6, 216,31-34: "In wilchem szo du sichst, das dir got szo hold ist, das er auch seinen sun fur dich gibt, musz dein hertz susz und got widderumb hold wer-

This entire intriguing passage is preceded by a challenging invitation which could be misunderstood as presupposing human ability and freedom to initiate the entrance into a saving relationship with God; in fact it is a command to "form Christ in oneself"[45]. However, the powerful conclusion makes it abundantly clear that the human response has been enabled--the human choice is a "freed" choice by the power of the saving Word, namely:

> We never read that the Holy Spirit was given to anybody because he had performed good works, but always when men have heard the gospel of Christ and the mercy of God. Faith must arise at all times from the same word and from no other source--and in our own day, too[46].

As Luther further elaborated his understanding of good works, in describing the effects of grace he continued to make relational statements. Thus it is only "with inward trust" that it is possible to become the "true, living children of God"[47]. And genuine believers live in "firm confidence that God's favor and grace rests upon them in all things"[48]. Most vividly the divine-human relational encounter is of course portrayed in Luther's descriptions of the various *Anfechtungen* [tribulations] through which God guides the process of salvation[49]. As the result, in Luther's dialectic of Law and Gospel, the believer was not only continuously aware of the immense majesty of God, but also of the intimate and tender relationship of accepting love, which significantly contracted the distance between God and the self. Here the omnipotent God, who indeed could do everything alone, had desired and was enabling authentic human cooperation in creative freedom:

> Yes, he can do it; but he does not want to do it alone. He wants us to work with him. He does us the honor of wanting to effect his work with us and through us[50].

---

den, und also die zuvorsicht ausz lauter gunst und lieb herwachszen, gottis gegen dir und deiner gegen got."

45 WA 6, 216,26: "Sich, alszo mustu Christum in dich bilden..." LW 44, 38 offers an interpretation: "Look here! This is how you must cultivate Christ in yourself..."

46 LW 44, 38-39; WA 6, 216,34-38: "Alszo leszen wir noch nie, das yemand der heilig geist gebenn sey, wan er gewirckt hat, aber altzeit, wan sie habenn das Evangelium von Christo unnd die barmhertzickeit gottis gehoret. Ausz dem selben wort musz auch noch heut und altzeit der glaub und sonst nindert herkommen."

47 LW 44, 33; WA 6, 212,2-3: "recht, lebendige gottis kinder".

48 LW 44, 35; WA 6, 213,25-26: "in fester zuvorsicht, das gottis gefallen und huld uber sie schwebt in allen dingen".

49 Cf. WA 6, 223,13-29; LW 44, 46-47 and WA 6, 237,8-32; LW 44, 64.

50 LW 44, 52; WA 6, 227,29-31: "Ja er kans wol, ehr wil es aber nit allein thun, er wil, das wir mit yhm wircken, unnd thut uns die ehre, das er mit uns and durch uns sein werck wil wircken."

And this working "with" and "through" the believer occurs in a way that radically transforms the believer. Luther's explanation is colourful and has profound implications:

> Now if God is to live and work in him, all this vice and wickedness must be chocked and uprooted, so that in this event there is a rest from all our works, words, thoughts, and life, so that henceforth (as St. Paul says in Galatians 2 [:20]), it is no longer we who live, but Christ who lives, works, and speaks in us[51].

Two further observations shall be noted here. First, as H.T. Kamppuri has insightfully reminded us, God's Word transmits the actual reality which it signifies[52]. Second, in Luther scholarship it has often been overlooked how powerfully Luther has affirmed this presence of God in the believer[53]. Of course, Luther's trinitarian belief allowed him to speak interchangeably of "God" and "Christ." In either case Luther saw the divine presence as dynamic and, in principle, progressive. In this process Luther understood the divine leadership in terms of a steadfast obedience to God's will, despite the continuous presence of human sin:

> For the work of God rules in us according to his wisdom and not according to our judgment; according to his purity and chastity, and not according to the will of our flesh. God's

---

51 LW 44, 73; WA 6, 244,14-17: "Sol nu got in yhm wircken und leben, so mussen alle disse laster und boszheit erwurgt und auszgerattet werden, das hie ein ruge und auffhoren gescheh aller unser werck, wort, gedancken unnd leben, das hynfurt (wie Paulus Gal. ij. sagt) nit wir, sonder Christus in uns lebe, wirck und rede."

52 *Hannu Kamppuri*, Theosis in der Theologie des Gregorios Palamas, in: Luther und Theosis. l.c., pp. 49-60, p. 57.

53 This presence of God Luther can describe objectively, e.g. "das wir allein got in uns wircken lassen unnd wir nichts eygens wircken in allen unsern krefften" (WA 6, 244,5-6); "Sol nu got in yhm wircken und leben" (WA 6, 244,14); "got allein in uns wirckt" (WA 6, 244,27-28). Or, quite subjectively, Luther can speak of "heymlichen seelen, verborgene breute Christi" (WA 6, 253,18-19). This bridal imagery has been well noted by *Albrecht Peters*, Glaube und Werk. Luthers Rechtfertigungslehre im Lichte der Heiligen Schrift. Berlin and Hamburg 1967, p. 77. Mannermaa has put it this way: "Der Reformator sagt, das Gewissen ist wie eine Brautkammer, wo die Braut, d.h. der Gläubige, und der Bräutigam, d.h. Christus, zu zweit allein sind und die Diener, d.h. die Werke, nicht anwesend sein dürfen" (l.c., p. 44). Moreover, this union is a received gift rather than a reality gained by human effort. Mannermaa observes: "Die *unio* geschieht nicht 'oben', aufgrund der Liebe des Menschen, sondern 'unten', im Glauben aufgrund der Liebe Gottes." See *Tuomo Mannermaa*, Grundlagenforschung der Theologie Martin Luthers und die Ökumene, in: Thesaurus Lutheri. Auf der Suche nach neuen Paradigmen der Luther-Forschung. Tuomo Mannermaa, Anja Ghiselli, and Simo Peura, Eds. Veröffentlichungen der Finnischen Theologischen Literaturgesellschaft 153 (Jahrbuch 1987). Helsinki 1987, pp. 17-35, p. 32.

work is wisdom and purity, but our work is folly and impurity. It is these that we must cause to rest[54].

Just how intensively Luther believed in the presence of Christ in the believer we may observe from Luther's readiness to quote the words of Christ: "God's kingdom is nowhere else except in you yourselves"[55]. At the same time it is clear that Luther did not think that this presence of God in the believer was complete and final. Subjectively this meant that the process of spiritual growth was never completed on this side of the judgment day. The challenge to human creativity was continuous! Objectively, Luther also knew that the Kingdom of God was always both--already here and yet still in coming. In a key passage Luther put it this way:

… as Christ rose after his peace and rest, and now henceforth lives only in God and God in him, so we also shall be lifted up to God by the killing of our Adam, which is perfectly accomplished only through natural death and burial, that God may live and work in us forever[56].

And this "killing of the old Adam" is not merely identical with natural death and therefore cannot be regarded as an one-time event. Rather, here Luther appears to have been pointing to the complex and continuing process of the eradication of sin:

Look! These are the three parts of man: reason, desire, and dislike. All man's works are done under the impulse of these. These, therefore, must be slain by these three exercises: God's governance, our self-mortification, and the suffering inflicted on us by other people. This is how we must honor God and make way for his works[57].

Consequently, the definition of "good works" is a complex undertaking. Statements of principle must be applied with discernment to concrete situa-

---

54 LW 44, 71; WA 6, 247,29-32: "Dan gottis werck, wie es in uns regirt noch seiner weiszheit, und nit unser vornunfft, und noch seiner reinickeit und keuscheit, nit unsers fleisches mutwillenn, dann gottis werck ist weiszheit unnd reinickeit, unser werck ist torheit unnd unreinickeit, die sollen feyrenn."
55 LW 44, 80; WA 6, 250,10: "gottis reich ist nyrgen den in euch selb" [Lk 17:21].
56 LW 44, 78; WA 6, 248,35-249,2: "… wie Christus, nach seiner ruge unnd feyer aufferweckt, nu fort mehr allein in got und got in ym lebt, alszo wir auch durch todtung unsers Adam, wilchs volkomlich nit geschicht, dan durch der natur todt und begrabenn, werden wir erhaben in got, das got in uns leb unnd wirck ewiglich."
57 LW 44, 78; WA 6. 249,2-6: "Sich, das sein die drey stuck des menschen, die vornunfft, die lust, die unlust, darinne alle seine werck gahn: die mussenn alszo durch disse drey ubung, gottis regirung, unszer eygenn casteyung, andere beleydigung, erwurgt werden, und also geistlich gotte feyern, yhm zu seinen werckenn einrewmen."

tions. There is place for ultimate hope and existential progress--or regress and fall. Hence there must be appropriate warnings and reminders, "since the freedom of faith does not give license to sin"[58]. Nevertheless, at least a preliminary definition is possible.

III

This definition, as already acknowledged, will have to take place contextually, in the dialectical setting between grace and sin. These, of course, are immensely large motifs and serve as key building blocks of Luther's entire theology. While it would be unfair to expect an exhaustive definition in a relatively brief statement on good works, it is nevertheless remarkable that Luther has placed grace and sin so very centrally in his entire presentation.

In turning attention to sin, Luther's point was that all kinds of good works, however numerous, are immediately canceled "if we were found guilty of sin against the name of God by not speaking, by deserting the truth..."[59]. Of course, Luther can also record sins of commission; throughout his career Luther continues to refer to the ten commandments as an objective standard of truth. Nevertheless, the reflection on sin does not dare to succumb to the human inclination to casuistry. Sin is infinitely more subtle than specific acts-- sin also takes place when human creativity is either repressed or neglected. Then counterfeit paradigms are brought up in its place:

And if we consider the life of men, how very rashly and lightly men everywhere act in this respect, we are forced to cry out with the prophet, "*Omnis homo mendax,*" "All men are false: they lie and deceive" [Ps. 116:11]. They neglect the right and proper good works, yet they adorn and decorate themselves with the worst. They want to be pious and ascend to heaven in peaceful security[60].

Returning to the definition of sin once more, Luther could outline the human situation in still darker colours:

---

58 LW 44, 35; WA 6, 213,29-30: "die freiheit des glaubens gibt nit urlaub zu sunden".

59 LW 44, 51; WA 6, 227,17-18: "wo er hie schuldig erfunden wurd, in dem namen und ehre gottis, das er disselb geschwigen und vorlassen het..."

60 LW 44, 51-52; WA 6, 227,22-27: "Und wen wir den menschen leben ansehen, wie es in dissem stucke an allen orten szo gar schwind und leicht feret, mussen wir mit dem propheten ruffen 'Omnis homo mendax, Alle menschen sein falsch, liegen und triegen': dan die rechten heubt gutte werck lassen sie anstehen, schmucken und ferben sich mit den geringisten, und wollen from sein, mit stiller ruge gen hymel farenn."

... man, corrupted by sin, has much wicked love of and inclination to all sins. Man is as Scripture describes him in Genesis 8 [:21], "Man's heart and mind incline always to evil," that is, to pride, disobedience, anger, hatred, covetousness, etc. To sum up, in all that he does or leaves undone, he rather seeks his own advantage and his own way. He seeks his own honor, rather than God's and that of his neighbor. Therefore, all his works, all his words, all his thoughts, all his life are evil and not godly[61].

On the one hand, as already observed, acknowledging that all sins are not of equal wickedness, Luther pointed to the "order of God's commandments"[62] as the standard of measurement[63]. Yet in so doing Luther's concern continued to remain existential and therefore penitential. Each recognition of sin was to be an occasion for repentance and therefore also liberation and the possibility for further creativity in the service of God, with the needs of humankind in view. On the other hand, as the process of salvation continues, Luther regarded the liberation from sin as an ongoing experience. Here the wrath of God, the *opus alienum*, as well as human suffering and tribulations served as the key points of Luther's theological reference. Accordingly faith must find its way through these in courage and by taking risks. In this way "flesh" is being subdued, mortification takes place and faith can blossom as the believer now lives in union with God. Yet Luther did not assume a rapid or datable process. Pastorally concerned, Luther continuously challenged both to repentance of sin and an increasingly venturesome life in faith. Only in principle could the latter be described as complete[64]. The technical terms *opus alienum* and *opus suum* Luther had borrowed from Ies 28,21 which he quoted in part: "Er nympt sich eins frembden werckes an, auff das er zu seinem eygen werck komme," [He

---

61 LW 44, 72-73; WA 6, 224,6-13: "Der mensch, durch die sund vorterbet, hot viel bos-zer lieb und neygung zu allen sunden, und wie die schrifft sagt Gen. viij. Des men-schen hertz und syn stehn altzeit zu dem bosen, das ist hoffart, ungehorsam, tzorn, hasz, geytz, unkeuscheit etc. und summa summarum, In allem, was er thut und lessit, suchet er mehr seinen nutz, willen unnd ehr, dan gottis und seines nehsten: drumb sein alle seine werck, all sein wort, all sein gedancken, alle sein leben bosz, und nit gotlich."

62 LW 44, 81; WA 6, 250,27: "ordnung der gebot gottis".

63 *Aarne Siirala*, Gottes Gebot bei Martin Luther. Schriften der Luther-Agricola Gesell-schaft 11. Helsinki 1956, pp. 22-23: "Der Ausdruck 'Gottes Gebot' wurde in Luthers reformatorischen Kampf zu einem 'Schlagwort' im eigentlichen Sinn: Mit ihm wollte Luther die Ketten zerschlagen, die Gottes Wort banden, nämlich 'menschen gesetz', 'menschen lere', ... In diesem Sinne fasste das Losungswort 'Gottes Gebot' Luthers ganze Verkündigung in sich zusammen." Cf. pp. 107-108, 111.

64 Luther wrote: "Item, wer ausz got geboren ist (das ist wer gleubt und got trawet), der sindiget nit und kan nit sundigen" (WA 6, 206,1-2). Ragnar Bring comments: "Der Glaube ist eben die Erfüllung der Gebote Gottes" (l.c., p. 47). Cf. ftn. 31.

takes upon himself an alien work that he may do his own proper work][65] and then hastened to explain further:

> He sends us suffering and unrest to teach us to have patience and peace. He bids us to die that he may make us live. He does this as long as until a man, thoroughly trained, reaches such a pitch of peace and poise that he is no longer upset whether things go well or ill with him, whether he dies or lives, whether he is honored or dishonored. [In such a man] only God himself dwells; there are no works of man[66].

As already noted, for such a spiritual consummation no dates could be set and no qualifying experiences profiled. Instead, Luther repeatedly emphasized the existential presence of sin and the liberating role of the tribulations. (These could come either indirectly through the actions of various unbelievers[67] or directly from God Himself[68].) In either case, such tribulations "exercise [*uben*] faith"[69]. At the same time, claimed Luther, "the most dangerous trial of all is when there is no trial..."[70].

While in an ultimate sense the all-decisive saving activity is in God's hands, freedom as the fruit of redemption accounts for the possibility of human action. Here as the most fitting human act Luther saw obedience in doing "those works God has commanded"[71]. Drawing from the entire biblical corpus--i.e. without limiting himself to the ten commandments--Luther's account of "good works" was inclusive of all human activity done in faith (e.g., "... when a man works at his trade, walks, stands, eats, drinks, sleeps, and does all kinds of works for the nourishment of his body or for the common welfare"[72]). In addition, reaching beyond the Scriptures, at times Luther also pointed to the

---

65 WA 6, 248, 5-6; LW 44, 77.
66 LW 44, 77; WA 6, 248,7-11: "Er schickt leyden und unfrid zu, auff das er lere uns gedult und frid haben, er heisset sterben, auff das ehr lebendig mache, szo lange bisz der mensch, durch ubet, so fridsam und stil werde, das er nit bewegt werde, es gehe yjm wol odder ubel, ehr sterb odder lebe, ehr werd geehret odder geschendet: da wonet dan got selb allein, da sein nymmer menschen werck..."
67 WA 6, 247,26-29; LW 44, 77.
68 WA 6, 248,1-4; LW 44, 77.
69 LW 44, 62; WA 6, 236,6-7. Here Luther could even suggest on some appropriate occasions it was God himself who would let a person fall into a great sin! See WA 6, 222,13-15.
70 LW 55, 47; WA 6, 223,33: "Ist doch auch das die ferlichst anfechtung, wen kein anfechtung da ist."
71 LW 44, 23; WA 6, 204,13-14: "dan allein die got gebotenn hat".
72 LW 44, 24; WA 6, 205,15-17: "... wann sie arbeyten yhr handtwerg, ghan, sthan, essen, trincken, schlaffen, und allerley werke thun zu des leybs narung odder gemeinen nutz..."

guiding role of conscience[73]. The existential ambiguity, however, was not lost on Luther. While on one hand he could rejoice in a "happy conscience"[74] on the other hand he found at time necessary to console: "if our heart condemns or troubles us, God is greater than our heart"[75]. Nevertheless, the doing of good works was an authentic possibility, albeit in the dialectical setting between grace and sin, and therefore with a courage which needs to take risks, lacking complete knowledge and total objectivity. This insight Luther formulated most forcefully in regard to the eighth commandment:

> This commandment seems insignificant, and yet it is so great that he who would rightly keep it must risk life and limb, property and reputation, friends and all that he has[76].

The foundation of such a courage is not to be found in either human personality or nature, but in grace and in the work of the Holy Spirit[77]. In the convergence of these is found the basis of authentic human freedom.

IV

Luther's key concern was consistently centered on faith as the immediate source of true creativity and freedom for doing good works. In a notable passage Luther once put it this way:

> Thus a Christian man who lives in this confidence toward God knows all things, can do all things, ventures everything that needs to be done, and does everything gladly and willingly, not that he may gather merits and good works, but because it is a pleasure for him to please God in these things[78].

---

73 Cf. WA 6, 206,8-13; LW 44, 25. Luther regarded conscience as both awakened and then instructed by the word. cf. *Peters*, l.c., pp. 77-78, similarly *Michael G. Baylor*, Action and Person. Conscience in Late Scholasticism and Young Luther. Leiden 1977, p. 271.
74 LW 44, 25; WA 6, 205,29: "des frolichen gewissens".
75 LW 44, 25; WA 6, 205,34-35: "Und so unsz unser hertz straffet odder beisset, szo ist got grosser dan unser hertz..."
76 LW 44, 110; WA 6, 273,16-18: "Disz gebot scheynet kleinn, unnd ist doch szo grosz, das, wer es recht halten sol, der musz leyp unnd leben, gut und ehre, freund und alles was er hat wagen unnd setzen..."
77 Cf. WA 6, 274,35-36 and 275,8-11; LW 44, 112. See *Egil Grislis*, Luther's Courage of Faith, in: The Theology of Martin Luther. Five Contemporary Canadian Interpretations. Egil Grislis, Ed. Winfield, BC 1985, pp. 103-126.
78 LW 44, 27; WA 6, 207,26-30: "Alszo einn Christen mensch, der in diser zuvorsicht gegen got lebt, weisz alle ding, vormag alle dingk, vormisset sich aller ding, was zu

Ole Modalsli, referring to this statement, has aptly noted that it is characteristic for Luther to underscore the spontaneity of the deeds of love[79]. Here the believer's freedom is authentically creative, precisely because it has been enabled by God, whose Spirit continues to work through the believer[80]. The principle, then, is clear enough. In Christian freedom the believer can do, as Paul Althaus has noted, "every work as required by the situation in which he lives"[81]. (Intriguingly, it is precisely on this principle that Paul Tillich has built his doctrine of divine providence; such an approach, according to Tillich, succeeds in avoiding determinism and underscores divine creativity in response to personal need[82].)

However, in addition to thinking in terms of situational needs and the existential presence of grace enabling the believer to respond in free, creative love, Luther did not succeed in setting aside all patriarchal, authoritarian, and class-conscious prejudices. In the midst of indeed an authentic paradigm shift, Luther, the prophet of the new age, still remained in considerable bondage to his past. Perhaps it is Luther's greatness which has in turn generated expectations beyond what is ordinarily reasonable. In any case, here in outlining his ethical theory Luther is as yet free from those outbursts which have subsequently encouraged his critics to trace "from Luther to Hitler." At the same time, it is visible that Luther thinks in patriarchal categories. Hence his definition of relationship to authority is ordinarily that of obedience, e.g.:

... there are no better works than to obey and serve all those who are set in authority over us. This is why disobedience is a sin worse than murder, unchastity, theft, dishonesty, and all that goes with them[83].

---

thun ist, und thuts alles frolich and frey, nit umb vil guter vordinst unnd werck zusamlen, szondern das yhm eine lust ist got alszo wolgefallen, und leuterlich umb sunst got dienet, daran benuget, das es got gefellet."

79 l.c., p. 149.

80 Of course, such a creativity is to be responsible, since on the Judgment Day Christ will ask, "wievil du den andern, den allergeringestenn, wol than hast?" (WA 6, 242,24-25). Cf. *Peters*, l.c., pp. 83 & 105.

81 l.c., p. 9, cf. pp. 64-65.

82 Cf. *Paul Tillich*, The Shaking of the Foundations. New York 1948, pp. 104-105; Systematic Theology. Chicago 1951, I:266-269; *Wilhelm and Marion Pauck*, Paul Tillich. His Life and Thought. Hagerstown, San Francisco, London 1976, p. 50; *Egil Grislis*, But is Providence Really True? in: Touchstone: Heritage and Theology in a New Age 7,2, 1989, pp. 34-36.

83 LW 44, 80-81; WA 6, 250,23-25: "... kein besser werck seinn, dan gehorsam und dienst aller der, die uns tzur ubirkeit gesetzt sein. Darumb auch ungehorsam grosser sund ist dan todschlag, unkeuscheit, stelen, betriegen, und was darinnen mag begriffen werden."

God wants the government obeyed, without treachery and deception[84]. Of course, quite realistically Luther does not assume that all governments will be as they should be. Still, obedience is due to them; such was the stalwart example set by the early Christians who lived under persecuting heathen:

For to suffer wrong destroys no man's soul, in fact, it improves the soul, though it does inflict hurt to our body and our possessions[85].

Further, Luther is prepared to extend such obedience both to church[86] as well as to the father of the family[87].

At the same time, however, Luther also draws limits to such obedience. Thus children are not obligated to obey parents who raise them "after the fashion of the world"[88]. And a wife, who is challenged to strict obedience to her husband--"a wife ought to be obedient to her husband as her lord, be subject to him, yield to him, keep silent and agree with him"--is obligated to obey only as long as all this "is not contrary to God"[89]. The same principle applies also to the church, but now is stated quite aggressively. Clearly, the creative exercise of Christian freedom does not necessarily exclude sharp criticism. Luther writes:

Now if such unbearable abuses are committed in the name of God and St. Peter, as if God's name and spiritual authorities were instituted to blaspheme God's honor and destroy the life and soul of Christendom, then we are certainly duty bound to offer appropriate resistance as far as we are able. We have to act as good children whose parents have lost their minds[90].

At the same time, the "we" who must exercise their freedom are not everyone. Luther pointed directly and exclusively to the nobility, that is, the basic

---

84 Cf. WA 6, 259,7-8; LW 44, 92.

85 LW 44, 92; WA 6, 259,16-17: "Dan unrecht leydenn vorterbt niemand an der selen, ja es bessert die selen, ob es wol abnimpt dem leyb und gut."

86 Cf. WA 6, 255,18-20; LW 44, 87.

87 Cf. WA 6, 263,29-33; LW 44, 98.

88 LW 44, 83; WA 6, 253,1-2: "weltlich tzihenn".

89 LW 44, 98; WA 6, 264,10-12: "... wie ein weib seinem man, als seinem ubirsten, gehorsam, unterthenig, weichen, schweygen und recht lassen sol, wo es nit widder got ist..."

90 LW 44, 90; WA 6, 257,23-28: "... szo dan solch untregliche unfuge alle geschehen unter dem namen gottis und sanct Peters, gerad als were gottis namen unnd die geistliche gewalt eingesetzt, gottis ehre zulestern, die Christenheit an leyb und seelen zuvorterben, sein wir furwar schuldig, szo vil wir mugen, fuglich widdertzustehen, unnd mussen hie thun, gleich wie die frumen kinder, denen yhr eltern doll oder wan sinnig sein worden..."

ruling structures of the society of his day. Yet it was no mere pointing, but at the same time also a considerate proffer of advice:

> The nobility should deal with the spiritual estate as they would with a father who had lost his senses, who, if he were not restrained and resisted, might destroy child, heir, and everybody (yet with due respect and regard). Thus we are to honor Roman authority highly as our father superior. Yet at the same time, because the authorities at Rome had gone mad and lost their senses, we must not allow them to do what they want to do, lest Christendom be destroyed by their conduct[91].

While eventually Luther will also consider disobedience to secular authority, notably when, e.g., the emperor may be seen as opposing the true faith, Luther's initial boundary lines are more limited. Then he sees the subjects' role as being obedient, and can only counsel the authorities to be considerate:

> But all that has been said of these works is included in these two, obedience and considerateness. Obedience is the duty of subjects, considerateness, of masters, that they be diligent to rule their subjects well, deal kindly with them, and do everything to benefit and help them. That is their way to heaven, and these are the best works they can do on earth[92].

Precisely because -- in contrast to the church -- Luther regarded the government as "secular" he was prepared to let it err. Of course, such government will not escape the justice of God's punishment. But till that time Luther satisfied himself with the consolation:

> ... the temporal power can do no real harm because it has nothing to do with preaching of the gospel, or with faith, or with the first three commandments[93].

---

91 LW 44, 90-91; WA 6, 258,5-6,8-13: "... und der adel solt ... mit der selben geistlikkeit umbgahn als mit dem vater, der seine syn und witz verloren het, wilchen szo man nit (doch mit demut und allen ehren) gefangen nehme und weret, mocht er kindt, erb unnd yderman vorterben. Also sollen wir Romischen gewalt in ehren haben als unsern obirsten vatter und doch, die weil sie dol und unsinnig worden sein, yhn yhrs furnemens nicht gestatten, das nit da durch die Christenheit vorterbet werde." For an excellent overview of Luther's view of the right of resistance, cf. *Quentin Skinner*, The Foundations of Modern Political Thought. Cambridge, London, New York, New Rochelle, Melbourne, Sydney 1979, vol.II.

92 LW 44, 99; WA 6, 264,16-21: "Alles aber, was gesagt ist von dissen werckenn, ist begriffen in den zweyen, Gehorsam und sorgfeltickeit. Gehorsam gepurt den unterthanen, sorgfeltickeit den uberhern, das sie fleisz haben yhr unterthanen wol zu regiren, lieblich mit yhn handeln, und alles thun, das sie yhn nutzlich und hulfflich sein: das ist yhr weg zum hymel, und yhr besten werck, die sie mugen thun auff erden ..."

93 LW 44, 92; WA 6, 259,21-22: "... weltlich gewalt mag nit schadenn, die weil sie nichts mit dem predigen und glauben und den ersten dreyen gebotten zuschaffen hat."

Yet what Luther conceded to the government, he would not to the individual. Not the mere sinner, but the rebellious and the heretical were not to be allowed their deviant ways. To suppress them was the task of the government:

It is also the nature of this work to resist all false, seductive, erroneous, heretical doctrines and every misuse of spiritual power[94].

Here the dividing line is traditional as observed in Luther's day: it is a line between sinners on the one hand and unbelievers and rebels on the other:

God is not hostile to sinner, only to unbelievers. That means to those who do not recognize and bewail their sin or seek help for it from God...[95].

Conclusion

In appreciation of Luther's central concern with grace that liberates through faith, it can be observed that Luther sought to further creativity. The strength of such challenge was the reliance on God's ultimate creativity as a source for human creativity in situational exercise of responsibility. While not disregarding either biblical moral norms, as supplied in an exemplary way through the ten commandments, or societal structures of order as known in his day, Luther consistently sought to minimize the temptation to succumb to casuistry and thereby to the temptation to view good works as meritorious, insuring a selfishly conceived salvation. In Luther's new vision, "good works" became a service category, an opportunity to create in love, and thereby to celebrate the redemptive power of grace through faith in Jesus Christ.

---

94 LW 44, 52; WA 6, 228,3-4: "Desselben wercks ist auch, widder tzustreben allen falschen, vorfurischen, yrrigen, ketzerischen leren, allem misprauch geistlicher gewalt."
95 LW 44, 64; WA 6, 237,28-30: "Got ist den sundern nit feynd, dan allein den ungleubigen, das ist, die yhr sund nit erkennen, klagen, noch hulff da fur bey got suchen..."

Eric W. Gritsch

Martin Luther's Commentary on Gal 5,2-24, 1519 (WA 2, 574-597) and Sermon on Gal 4,1-7, 1522 (WA 10 I 1, 325-378)

Preface

This paper serves as a foundation for a critical dialogue on the findings of the seminar with respect to Luther's understanding of freedom as viewed through the trifocal lens of the seminar leader[1] : 1) "The actual (*reale*) participation in God and God's love, which happens in faith through Christ; 2) Freedom grounded in this love--whatever happens out of love happens freely; and 3) Voluntary subjection (*Gebundenheit*) and the cross of love in service of the neighbour and the common good--freedom in the use of reason searching for the good of others."

I am working chronologically, beginning with the commentary on Gl 5,12-24, 1519; then dealing with the sermon on Gl 4,1-7, 1522.

A. The Commentary of 1519 on Gl 5,12-14

This commentary is the second of three: one from 1516/17, available in student notebooks (WA 57 II), and the large commentary from 1531/35 (WA 40 I-II). K. Bornkamm has shown that the second and third commentaries are linked by the same theme: the move from faith to love, "The fulfillment of the commandment of love in the form (*Gestalt*) of freedom which the gospel bestows"[2]. Luther himself spoke of his exegetical work on Galatians in terms of a development from early views on faith and works to mature insights gained by hard labor and temptation[3]. Most recently, Rudolf Mau has offered a detailed analysis of Luther's commentary on Gl 5,13-24 as an "instruction on

---

1 A kind of hermeneutical précis recommended by *Tuomo Mannermaa* in the list of seminars, seminar 1: Freiheit als Liebe.
2 *Karin Bornkamm*, Luthers Auslegungen des Galaterbriefs von 1519 und 1531. Ein Vergleich. Arbeiten zur Kirchengeschichte XXXV, Berlin, 1963, p. 314.
3 WA TR 2, 281,13 and WA 54, 186,27. Cited and analyzed by *Rudolf Mau*, Liebe als gelebte Freiheit der Christen. Luthers Auslegung von Gl 5,13-24 im Kommentar von 1519, in: LuJ 59, 1992, p. 11, nn. 1-2.

love"[4]. I have used his analysis to enter this rich, and at times complex, part of Luther's commentary.

Findings

Luther's notions of "participation in God," "freedom in love," and "voluntary service of the neighbour" appear in the broader context of his exegesis of Paul's instruction of love as the most profound "emotion of the heart (*affectus cordis*) set on the right course" (WA 2, 576,29-30). The "right course" is the move from ego-power to gospel-power, i.e., from worksrighteous self-love to cheerful love of neighbour. This move is made in a freedom *from* a fear of obeying the law, to a freedom *for* the law fulfilled in the love of neighbour. Luther speaks of this move in doxological language when he lists the various components of change evident in a faith leading to freedom as love (576,7-13).

a. There is "a divine and theological way by which we are changed (*mutamur*) and from enemies of the law are made friends of the law" (574,35-36). It could be assumed that the "divine" and "theological way" is the fulfilling of the law through Christ who loved the neighbour more than he loved himself. Faith in him creates people who are no longer afraid of the law, but fulfill it as the will of God, even in the face of death (581,15-17). Luther even speaks of "making progress" [*proficere* in "walking by the spirit" (Gl 5,16; 583,32)]; there is a "healing" from sin (585,6), but not yet full health among those constituting the church (586,14). One is "being formed by the spirit" (*in formatione spiritus*) (587,25), "drawn" (*trahere*) by the "fragrance of the ointments of the gospel of the grace of God" to love of God perceived by faith. Indeed, the spirit of God "whistles" for those who are to fulfill the law with gladness and pleasure (588,6-20).

The *sola fides* must become *sola charitas*. Luther treated this move as the "order" (*ordo*) of salvation from Paul's point of view. This order begins with despair of one's own strength, then moves to hearing the word, believing, receiving the spirit of love, walking in the spirit, crucifying the flesh, arising with Christ, and possessing the kingdom of God (591,33-37). Paul lists nine "fruits of the spirit" (5,22). They are also gifts of the new freedom of those justified by faith alone. Luther summed up this new insight in the formula "the just need not live a good life, but live it" (*iustus non debet bene vivere, sed bene vivit*) (596,18-19). "Participation in God" means to crucify the desires of the flesh through the word of God. That word "penetrates" (*penetrare*) like the

---

4   Ibd.

nails of the cross in the flesh to prevent its desires. Luther calls this the "impulse" (*impulsum*) of God's grace (597,23-24).

b. Luther asserts with Paul and Augustine that love happens freely[5]. As long as one lives by the law one is obligated by fear to fulfill it. The focus is on oneself, whether one "feels" good or bad about it. But as long as one lives by faith alone one obeys the law freely and gladly. The focus now is not on the self but on the neighbour. Circumcision, for example, is done for the self and, fearing the law, enslaves. But to love one's neighbour is a characteristic of freedom because one acts out of love, not under the threat of law, and does so "freely and gladly" (574,27).

The freedom to love the neighbour is the fulfilling of the law (Gl 5,14). According to Luther, the issue is the relationship between love of self and love of neighbour. The medieval tradition viewed love of self as the rule according to which one should love the neighbour (580,24-27)[6]. If I love my neighbour as much as myself I reach the basic level of justice, an equal balance between loving myself and the neighbour. Not so for Luther. He contends that the commandment to love only applies to the neighbour, not to the self. It does not say, "You shall love yourself, and your neighbour as yourself," but "You shall love your neighbour as yourself." According to Christ and Paul (1Kr 13,5) one must deny oneself, indeed hate one's own life (Mc 8,34). Self-love is perverse and sinful; it can only be overcome by forgetting oneself and serving one's neighbour (580,28; 581,11). But this can only be done if "I am loving myself, not in myself, but in God" (*amo me non in me sed in deo*) (581,18). Both I and the neighbour must substitute the will of God for our wills (581,19-20). In short, love is grounded in God alone, and that is why it is free.

c. The test of freedom to love is love of neighbour. But such love will be opposed by "nature," i.e., the way things are in a sinful world. "Nature's love" (*amor naturae*) seeks its own advantage and ends up bitter when opposed. But "genuine love" (*vera charitas*) perseveres without becoming bitter (579,16-21).

But the force of sin and the power of grace are struggling with each other during life on earth. The Christian life is marked by "temptation" (*tentatio*), "warfare" (*militia*), and "contest" (*agon*) (584,28-29). "Flesh" and "spirit" struggle with each other. But there is already a new "dawn" (*matutinum*), pointing to a future without struggle. Luther compared the church as a communion of Christians with the victim in the parable of the good Samaritan who is half-alive (Lc 10,30). There is healing, but not yet full health (586,4-15).

---

5 On the link to Augustine, ibd., pp. 16-17.
6 Mau shows how Luther reinterpreted the terms "*virtus, objectum, exemplum*," ibd., pp. 20-21.

But there are "living works of the spirit" (*opera spiritus vitalia*), the nine "fruits of the spirit" (Gl 5,22). The first fruit is love. Love and the other fruits of the spirit set a goal (*meta*) toward which believers must strive (596,38).

All law is summed up in the command to love the neighbour. Grace, not any human effort, makes it possible to fulfill this law. "Grace alone is the fulfillment of the law" (576,1).

B. The Sermon of 1522 on Gl 4,1-7

This sermon is part of the "church postil" (*Kirchenpostille*) which Luther dedicated to Albrecht von Mansfeld who supported Luther's cause. Luther added a brief essay to the dedication, an instruction of what to look for and expect from the gospels. The answer is simple: one should expect the story of Christ.

The collection of sermons begins with a sermon for Christmas Eve and ends with one on Epiphany. That is why the postil has also been called "winter postil."

Findings

Luther's notions of "participation in God," "freedom in love," and "voluntary service of the neighbour" appear in the context of Paul's argument that the promise to Abraham makes his descendants heirs, indeed children who, through Christ, are redeemed from sin and become the children of God. Christ's spirit is sent into their hearts.

a. Luther saw in the text the move from justification to sanctification. God in Christ forgives the sins committed by Adam and Cain. Those who hear and believe that divine promise will receive the Holy Spirit who changes (*wandelt*) persons and makes them into new people (*ein neuer Mensch*) (WA 10 I 1, 328,16-17). Luther once again speaks of an "order of salvation" (*Ordnung der Menschen Seligkeit*): first there is the hearing of the word, then faith, work (*wirken*), and final bliss (329,7-8). This order is not just an external one, producing "Cainite saints" (*Cainsche Heiligen*), but an order showing real change. "Cainites" want to storm heaven with their good works and sacrifices (330,14-15). But true believers know that they are liberated from the expectation to merit their salvation. The mercy of God is "poured out over them": baptism and eucharist remove doubt and strengthen faith in Christ (331,23-332,3). They are "in God" (*in Gott*) and thus cheerful (334,13). Christ entered time once (Gl 4,4), but is daily in spirit with those who believe in him (353,7-

8). This is the way in which God "wooed" (*zu sich gelockt*) his children (354,21-22).

b. The distinction between "slave" and "child" is the distinction between bondage to merit through good works and freedom to enjoy the heavenly father (336,3-11). It is a freedom grounded in trust, not obligation; and that is what the first commandment of the decalogue mandates: to trust God alone (339,14-15). Christ fulfilled that mandate for himself and for all his disciples. They no longer need to fear the law and evil; they do good and avoid evil "out of free love" (*aus freier Liebe*) (361,2). This is a "spiritual freedom" (*geistliche Freiheit*) based on the reception of the spirit who changes slaves into children (361,11,18). Faith creates a reality. "As he [sic] believes, so it will happen to him [sic]" (*wie er glaubt so geschieht ihm*) (363,1). The more there is faith, the more there is joy and freedom (368,1). The father of Jesus, whom Jesus called "Abba, dear father," is also the father of those who believe in Jesus. So they are "co-heirs" (*Miterben*) of the treasure of salvation (370,5). The spirit enables believers to call out, "Abba, dear father," while the slaves call out, "Woe to me, you strict and unbearable judge!" (373,15,20-21). Faith in Christ liberates even from "the elemental spirits of the world (Gl 4,3) and puts Christian life "above nature" (*über die Natur*) (373,18).

c. Neither Paul nor Luther speak of love of neighbour. But they talk about life in this world "under guardians and trustees" (*Vormunden und Pfleger*) (Gl 4,2; 344,24-345,1). During the interim between Christ's first and second coming the law fulfills the function of guardian. The law creates fear of punishment and thus drives to the gospel (345,3-4). But the law also needs to be willingly fulfilled. So one can not only speak of "works of the law" but also of "the heart of the law" (345,23-346,1).

But the freedom to love still encounters the struggle with sin in the world. And one can only survive by affirming with child-like faith that "Christ is for us" (371,21). The more there is *Anfechtung* and suffering, the more one must cry as a child of God, "Abba, dear Father" (372,20). Baptism is the reminder that "a Christian has already received everything" even though all is not yet revealed (377,1-2). Thus there is struggle and the cross. But there is also freedom to love others as a sign of the victory that will be complete on the last day (377,8).

Concluding Insights

Luther's exposition of Galatians was dear to his heart. He called the epistle "my Katie von Bora" (WA TR 1, 69,18-19, no. 146). That is why his exposition points to the center piece of his theology: that God has made sinners righteous in Christ when they put all their trust in him and show his love in their service to the neighbour. Thus Luther is not only a theologian of faith, but also a theologian of love. How faith and love are related in Luther's thought has not been fully clarified in Luther research. Luther's exposition of Gl 4,1 and 5,12-24 offers some helpful insights.

1. Luther speaks of being "in God" through the love of neighbour (WA 2, 581,18). This kind of language has led to a reassessment of Luther in some quarters of Luther research. Anders Nygren saw Luther's idea of love as part of the "Copernican revolution" in the history of theology when Luther argued for a strictly "theocentric relation to God." Justification and sanctification could be summarized in the expression, "We are gods through love" (WA 10 I 1, 100,17)[7]. R. Prenter proposed to extend Luther's idea of love to systematic-theological reflections about ontological relationships between divine love, salvation in Christ, and human faith[8]. W. Joest linked Luther's idea of love to the notion of a "third use" (*tertius usus*) of the law, based on the promise of a new creation[9]. P. Manns also saw love as the hidden center of Luther's theology[10]. And even the Luther critic K. Barth praised Luther for asserting that love is the form of faith[11].

2. Luther views love as an act of freedom. Faith leads to a life of doing good "out of free love" (*aus freier Liebe*) (WA 10 I 1, 361,2). Such freedom is possible because Christ and the Holy Spirit change the human heart. Believers no longer love out of the fear of law, but with spontaneous joy. S. Peura tried

---

7 *Anders Nygren*, Agape and Eros. The History of the Christian Idea of Love, 2 vols. Trans. by Philip S. Watson. London 1939, vol.II, pp. 463, 502.

8 *Regin Prenter*, Der Gott der Liebe. Das Verhältnis der Gotteslehre zur Christologie, in: ThLZ 96, 1971, col. 401-413. Prenter suggested that this is the way to extend Luther's notion of "two wills of God" in The Bondage of the Will (WA 18, 685-686) and to speak of divine love as the bridge between the hidden and revealed God. "Sein in Gott" through faith also means the experience of divine love in terms of an "Ontologie der Erfahrung" (412): as "Empfangen des Seins." All this is sketchily presented, but does use Luther's idea of love as participation in God's being.

9 *Wilfried Joest*, Gesetz und Freiheit. Das Problem des Tertius usus legis bei Luther und die neutestamentliche Parainese. Göttingen 1963. Joest views Paul's and Luther's notion of a "new creation" as "Einwohnung der Liebe" in a "Progressus" (99). Using Luther's commentary on Galatians (WA 40 1, 550,14ss.), Joest sees both Luther and Paul affirming a progress: "Unser Progressus ist der tägliche Advent des Christus in unserem Leben" (91).

10 *Rainer Vinke*, In memoriam Peter Manns, in: LuJ 59, 1992, p.9.

11 *Karl Barth*, KD I 1, 253: "Glauben heisst Einswerden mit dem Geglaubten, also mit Jesus Christus ... Ohne diesen Satz ist die reformatorische Lehre von der Rechtfertigung im Glauben unmöglich zu verstehen." Barth thought that Luther was here linked to Anselm, Augustine, and Bernhard of Clairvaux (against Calvin and others).

to demonstrate that divine and human love are so linked that one can speak of "divinization" (*theosis*), at least in Luther's early expositions of the Bible[12]. Luther's comments on Gl 5,14 (the law is summed up in love of neighbour) may come close to a notion of divinization. For he speaks in doxological terms of the way in which the freedom to fulfill the law changes believers: "from the flesh to the spirit, from the world to the Father" (WA 2, 576,9-13). But there is also the *Leitmotiv* of Luther's theology of the cross: that life in this world is filled with struggle, suffering, indeed doubt and despair. The church is being healed, but is still half-dead spiritually, like the victim in the parable of the good Samaritan (Lc 10,30; WA 2, 586,14-15). And despite freedom there still is sin so that total spiritual victory will only come on the last day (WA 10 I 1, 377,8).

3. Luther identifies the freedom to love with the fulfillment of the law to love the neighbour (WA 2, 575,6-7). Love is the most powerful, the all-governing "emotion of the heart" (*affectus cordis*) (WA 2, 576,29). Christ and the Holy Spirit give the heart the proper disposition: to love others freely and delightfully--to move away from the self, to live "eccentrically," so to speak. In this fashion, then, the law is being fulfilled without fear and bitterness. Luther does not reflect here on the new role of reason, liberated from the domination of the self. No longer egotistic, reason is free to care for the neighbour, to discern his/her need, and to act accordingly. Here reason, like love, joins freedom: Christians are not only free to love, but free to think about *how* to love. Reason can now be used for the good of others, for equity and justice, without a political or spiritual ideology. Faith and love unite all the meanings of law, be it natural, written, or "the law of the gospel" (*lex evangelica*) (WA 2, 580,8). The law to love the neighbour unites everyone; it is written in human hearts and runs through all ages (WA 2, 580,19).

---

12 Simo Peura, Mehr als ein Mensch? Die Vergöttlichung als Thema der Theologie Luthers von 1513 bis 1519. Helsinki 1990, pp. 297-299. The dissertation is summarized, with some additional material and argumentation, in *Peura*, Die Vergöttlichung des Menschen als Sein in Gott, in: LuJ 60, 1993, pp. 39-71. Luther's exposition of Galatians, focusing on the relationship between "Rechtfertigung" and "Einwohnung Christi," has been linked to the "*unio mystica*" tradition, especially in 17th century Lutheran Orthodoxy. Its christological dimension has been analyzed and defended by *I.A. Dorner*, Entwicklungsgeschichte der Lehre von der Person Christi von den ältesten Zeiten bis auf die neueste dargestellt. Zweiter Teil: vom Ende des vierten Jahrhunderts bis zur Gegenwart. Berlin 1853, pp. 512-575. A similar treatment is offered as Luther's understanding of the impact of the gospel by *Werner Elert*, Morphologie des Luthertums, hauptsächlich im 16. und 17. Jahrhundert, vol. 1, München 1931, pp. 135-154. Elert sees "Liebesgemeinschaft" between the believer and God as the embodiment of justification. "Das Du Gottes und das Ich der Psyche sind durch Liebe verbunden, die aus dem Mensch und Gott 'ein Ding' macht" (154).

Robert W. Jenson

An Ontology of Freedom in the *"De Servo Arbitrio"* of Luther

I

The title of this essay may well seem far-fetched, since *de servo arbitrio* is an extended argument *against* *"liberum arbitrium,"* as attributed to creatures (I will throughout leave the phrase untranslated, to avoid prejudicing the investigation by choice of translation). Just so, however, the work provokes the question: What exactly did Luther mean by *"liberum arbitrium?"* And indeed by "freedom" itself, since, as we will see, Luther is reluctant to call anything "freedom" that is *not liberum arbitrium?*

It would be possible to pursue this question by invoking external texts, whether from Luther himself or from his intellectual and spiritual milieu; and indeed this has often and usefully been done. But as it happens, the text of *de servo arbitrio* not only provokes the question but if read by certain strategies provides a considerable part of an answer. It is this method which will be here followed--which accounts also for the lack of notes that could increase only the bulk and not the plausibility or import of the essay.

Luther's *de servo arbitrio* is often read as an ad hoc collection of debating points against Erasmus. Yet if read with our question in mind, the text may instead impress upon us a rigorous systematic of freedom, created and uncreated. This systematic power is obscured by the work's form as a line-by-line refutation of another writing and by Luther's rhetorical energy. But the systematic once noticed, its presence is relentless. The effort of this essay is to trace what has indeed to be called an ontology of freedom, that constitutes the conceptual structure of Luther's contrapuntally entitled essay.

II

Notoriously, Luther in this work insists that *"liberum arbitrium"* is "flat-out" a "divine name." And, as we will see, Luther is extremely reluctant to call anything less than *liberum arbitrium* freedom. Therefore, insofar as freedom becomes thematic in *de servo arbitrio*, this must at least initially be *God's* freedom.

The overt purpose of Luther's tract is to overthrow the presumption that creatures do or can have *liberum arbitrium*. Sheer recognition of God's *libe-*

rum arbitrium as Creator is without further ado the "thunderbolt" by which this is essentially accomplished (WA 18, 615), and which could, except for the requirements of debate, rest Luther's case against Erasmus. There cannot be two *libera arbitria*. If there is one, that one is God, so that were there two or more, there would be two or more Gods.

The "thunderbolt" is intuitively compelling. But it does not by itself tell us much *about* what God has that therefore we do not, and that Luther denotes with "*liberum arbitrium.*" Searching for further information, we learn from *de servo arbitrio* two things directly about God's freedom.

First, God's freedom is his capacity to make and keep promises. A promise is a communicated decision not later to decide otherwise, and so is an exercise of decision covering the whole of the promiser's future, which in God's case is all the future there is. And for someone always to *keep* his promises, he must be sovereign over all contingencies (619).

Second, if creatures recognize such freedom in God, their apprehension of God is thereby sundered, and, short of the Kingdom, irreparably (684-690). On the one hand, experience both worldly and theological confronts us with God hidden precisely by his utterly free sovereignty. On the other hand, the free action of God at the cross confronts us with God in the hiddenness of love (685-686).

To detect more of Luther's interpretation of divine freedom, we must adopt an oblique strategy of reading. We will gather Luther's arguments *against creatures'* possession of "*liberum arbitrium,*" and take them the other way around, asking what it is that we do not have because God does have it, for which Luther reserves the phrase "*liberum arbitrium.*" By this tactic we discover more of what is attributed to God by this one of his names.

III

Luther's arguments against created "*liberum arbitrium*" can for our purposes be put in two groups. Those in the one group may be jointly summarized: we cannot get behind what we in fact choose, we cannot choose what to choose. We should note that in the passages devoted to this sort of contention, Luther moves back and forth between denouncing attribution of *liberum arbitrium* to creatures as blasphemy because it must be attributed solely to God, and arguing that the notion of such self-transcendence is in itself incoherent; the possible antinomy thus presented will be taken up later. We will here instance two such arguments.

The first. Luther develops the same position that Jonathan Edwards would reinvent to counter alike the Enlightenment's theological repristination of

114

Erasmus and the Enlightenment's scientific determinism. The freedom that can reasonably be attributed to us is the "willingness" with which we act when we are doing what we have chosen to do (*libentia seu voluntas faciendi*). If we are contingently permitted to pursue what we have chosen, this action is said to be done "willingly" (*volendo et lubendo*), and that should suffice us. We can have no powers by which to alter the choices by which our powers are directed (634).

The second. Attribution of "*liberum arbitrium*" depends upon supposing that "between the two, being able to will the good and not being able to will the good, a mean is posited, that is an absolute willing" (*inter haec duo, posse velle bonum, non posse velle bonum, dari medium, quod sit absolutum Velle...*), i.e., that there is in us a "pure and mere willing" (*purum et merum velle*). Here Luther's argument is thoroughly modern. The posit of a *merum vel*, an actual but uncommitted will, is a "dialectical figment", resulting from "ignorance of realities and attention to words" (*ignorantia rerum et observantia vocabulorum*), from the metaphysician's besetting sin of assuming that things are always "disposed in reality as they are in words." If we consult experience, we will find only our determinate choices to do such and such, and external support for or resistance to our doing it. "*Velle*" is but a word we use in speaking of our determinate choices to do or pursue some real thing; like logically similar words, it does not merely because it exists necessarily denote anything by itself, and in this case experience in fact offers no denotation (669-670).

So if these passages display what we do not have that would be our "*liberum arbitrium*" if we had it, what does God have in that he does indeed have "*liberum arbitrium*"? God, it seems, *does* choose what to choose, *is* somehow will antecedent to his own determinate will.

IV

In the second pigeon-hole is a form of argument developed in one passage (636), but pervasive in the work. If we are bound and determined somehow to use the phrase "*liberum arbitrium*" of humans, Luther says, we could by such usage only denote a sheer dispositional property (*dispositivam qualitatem et passivam aptitudinem*). It indeed belongs to humanity to be "apt" to be free: the question, "Is X free in this situation?" is meaningful when X is a human whereas it is not meaningful when X is a log or a goose. But--and here is a key point for our whole investigation--this disposition is the anthropological place of actual freedom only as I am *rapt* (*rapi*) into free action, by *another* than myself.

It is important to note that this anthropological fact would obtain also in an unfallen creation. Were not sin given, we would be and always have been rapt by God, and the problem of moving or being moved from one rapture to another would not appear, nor then would anyone dream of positing an unraptured *velle*. The soteriological problem is set by the circumstance that we are in fact rapt by Satan and so not by God (635-636)-- Luther wisely attempts no explanation of how this can be. And either way, whether rapt by Satan or God, in such rapture we act "willingly" in the sense noted above (634).

So, again, what is that we do not have because God does? It seems justified to say: to have "*liberum arbitrium*" is to be rapt into freedom without dependence on alien freedom. We earlier obtained the proposition that God can choose what to choose, that he is anterior to his own self-determinations. Now we add the proposition that God is himself the other by whom he is rapt into freedom. Since we are talking about God, the maxim must hold that these two differ only *per rationem* and not *in re*; and Luther plainly deals with them just so.

V

And now an observation that is a main point of this essay: only with inclusion of the classic doctrine of Trinity does the teaching just described make the coherent system it urgently seems to be. God is freedom antecedent to himself as determinate free will. He can intelligibly be said to be this in that as the Father he is the source of the Son and both are freed in the Spirit. God is rapt by another without dependence on an other than God. He can intelligibly be said to be this as the Spirit as the lively future of God is himself the very same God.

I do not claim that Luther said to himself, "Let us work out this question about God's freedom in trinitarian fashion." At his time of history, it was still the mark of a genuinely trinitarian thinker to need very few explicit trinitarian statements. I do claim that what Luther says about divine "*liberum arbitrium*" hangs beautifully together said of the triune God and as part of one conceptual structure with propositions asserting his triunity, and if said of any other sort of God makes a mere collection of disparate debating points--and it may well be the personal unitarianism of most modern historical scholars which has so often led them to see *de servo arbitrio* as just such a farrago.

Moreover, we should consider the apparent antinomy earlier suggested. If it is logically incoherent to say that someone chooses what to choose, than it is logically incoherent to say this of God. And then it is no blasphemy to attribute it to creatures, since it is not in fact a divine character. The antinomy dissolves if God is not *a* someone.

VI

Finally, we should briefly consider that Luther does, after all, also speak of creaturely freedom in this work. What is interesting is the reluctance with which he does so until he reaches one point.

It would, at a first step, be possible to say that our "freedom" is the dispositional property which distinguishes humans from other creatures with respect to free action, that we are apt for it. It is, after all, a remarkable property. But Luther sees in our pride over this, in his eyes, paltry property only an evidence of our bondage, and in the possibility of calling it "*liberum arbitrium*," an evidence of the phrase's emptiness when used of creatures (636-637).

Next step. If we are in fact freed, rapt into actual choice and so into action dictated by that choice, this action is uncoerced and *lubendo*. Edwards and others--including myself--regard this *voluntas faciendi* as itself the proper and only possible referent of "freedom." But while Luther does call it "*libentia*", further he will not go.

Next step. It fits the tone of *de servo arbitrio*, that when "freedom" (*libertas*) does appear as a predicate of humans, it appears only negatively in the phrase "when freedom is lost." But of course, only that can be lost which at least might have been possessed. And the invariable context of the phrase makes plain the conditions under which Luther can think of our possessing freedom. So, e.g., "Neither God nor Satan ... allows a sheer will (*merum velle*) in us ...; rather ..., when freedom is lost we are compelled to serve sin ..." (670). Luther's willingness to speak of created freedom thus will depend, it seems, on by *whom* we are rapt.

This leads to the final step. Luther finally is forced, in a parenthesis, to attribute "freedom" (*libertas*) also to us, even "royal freedom," in the case when the *raptor* is God: God "*rapiat*" us "into his booty, by his Spirit we are made his servants and captives (which is just so royal freedom), that we willingly may will and do what he wills." [... *nos rapiat in spolium suum, rursus per spiritum eius servi et captivi sumus (quae tamen regia libertas est), ut velimus et faciamus lubentes, quae ipse velit...* (635)]. We should carefully note the vocabulary of this passage: the familiar *rapere* and participle of *libere*, and the sudden intrusion from the tract *On Christian Freedom*, "royal freedom." And we should note exactly how God appears as *raptor*, suddenly to qualify our usual *libentia* of action as *libertas*: it is "by the Spirit."

We have to ask: Why must it be God by whom we are rapt into freedom? Why is it not freedom if I am rapt by *you* into "willing" action, in love or discipleship or communal concern? Or for that matter, why is it not freedom when I am rapt by Satan? There seems to be only one possible explanation: the rapture-relation is not causative but participatory. You cannot by your enrapturing me *make* me free; you could only *share* freedom, and this you cannot do because you do not have it yourself. This explanation is also supported by the observation that *de servo arbitrio* is devoted to arguing that *liberum arbitrium* cannot be a creaturely possession, and so also not the kind of thing that can be the result in us of causation.

Therefore when God "enraptures us" (*nos rapiat*), he frees us by sharing with us his own freedom, his *liberum arbitrium*. Human freedom in the only sense Luther wants to talk about, is nothing less than participation in God's own triune rapture of freedom. We pick up the last thread: Luther's usage in *de servo arbitrium* is invariant that God frees us "by the Spirit," by that personhood in which he is his own freedom.

Aleksander Radler

Libertas et Oboedientia.

Zum Problem von Freiheit und Gehorsam bei Luther.

Der radikale Bruch Luthers mit dem Klosterleben berührt im hohen Maße die Frage von Freiheit und Gehorsam. Theologisch hatte die Lehre von den *consilia evangelica* der *oboedientia* eine Schlüsselstellung eingeräumt, eine Auffassung, die von einer reichen spiritualistischen Tradtion getragen wurde. Gerade die spiritualistische Lebensform schien zu zeigen, daß das Kloster der rechte Platz war, um ein Leben in Gehorsam führen zu können, denn hier hatte man schon von den äusseren Bedingungen her die Möglichkeit, die Gebote und Räte Christi ernstzunehmen und ein radiakal christliches Leben zu führen, das sich prinzipiell von anderen Lebensformen unterschied. Für die Menschen jenseits der Klostermauern gab es bestimmte Möglichkeiten, durch fromme Werke auch ihrem eigenen Leben einen christlichen Sinn zu geben. Den Bruch mit dieser geistigen Seite des Klosterlebens scheint Luther ein Leben lang nicht überwunden zu haben, sie kehrte wieder in seiner Lebensschwermut, in den Anfechtungen und scheint für ihn eine offene Wunde geblieben zu sein, in die seine Gegner auch immer wieder kräftig stießen[1]. Denn die Hauptfrage verblieb für ihn, was nun an die Stelle dieser Lebensform treten sollte. Vergisst man diese Innenseite und sieht nur auf seine Kritik des Klosterlebens und der guten Werke, dann scheint diese Problematik an den Rand seines Denkens gedrängt worden zu sein. Unterstützt wird dieser Eindruck noch dadurch, daß der Begriff *oboedientia* jetzt selten vorkommt und Luther im Großen Galaterbriefskommentar schreiben kann:

> Nec foris multum interest inter Christianum atque hominem civiliter bonum. Nam opera Christiani in speciem vilia sunt: Facit officium iuxta vocationem suam, gubernat rempublicam, regit domum, colit agrum, consulit, largitur et servit proximo[2].

Dieser Eindruck wird nicht nur durch die historische Distanz an das Werk Luthers herangetragen, sondern wurde ebenso von einigen seiner Zeitgenossen empfunden. Wir alle kennen die Kritik der Schwärmer an Leben und Werk

---

1   Cf. hierzu *Nathan Söderblom,* Humor och melankoli och andra lutherstudier, 1919, p. 69.
2   WA 40 I, 573, 25-29.

Luthers[3], die ihm ja gerade vorwarfen, daß er das Radikale und Unbequeme des Christentum, das Kreuz und Leid Christi zur Seite gedrängt habe. Luther selbst bemerkt hierzu:

> Ergo Anabaptista ghet da her et speculatur: si rebaptisemur et reliquerimus domos; Lutherus nihil de cruce, oportet effundere sanguinem et relinquere omnia - is a Christo relapsus[4].

1. Vocatio.

Überblickt man jedoch das Werk Luthers, dann drängt er keineswegs jene geistliche Dimension zurück, die den theologischen Begriff *oboedientia* ja trägt und mit Inhalt füllt[5], sondern er wendet sich dagegen, daß der Begriff *oboedientia* derart eng gefaßt und nur auf spezifische gute Werke und Lebensformen angewendet werden darf, wobei er sich besonders dagegen wandte, daß das Klosterleben apriori als eine höhere Lebensform betrachtet wurde. In *Von den guten Werken* schreibt Luther:

> und die gute werck sso enge spannen das sie nur in der kirchen fasten unnd almossen bleybenn die andere achten sie als vorgebenn daran got nichts gelegen sey und alßo durch den vordampten vnglauben gotte seine dienst dem alles dienet was ym glauben geschehen geredt gedacht werden mag vorkurtzen vnd geringern[6].

Man kann sagen, daß Luther den Gehorsamsbegriff an zwei entscheidenden Punkten verändert: (1) einmal erweitert er ihn und bezieht viele andere Werke ein, die man als gut bezeichnen kann, und (2) zum anderen verbindet er den Begriff des Werkes mit dem der Berufung, wodurch das Werk immer Ausdruck des ganz konkreten Willen Gottes wird. Im Hinblick auf den ersten Punkt ist besonders die Ständelehre bekannt und im deutschen Sprachraum wohl auch am umstrittensten. Der zweite Punkt ist für Luthers Lehre vom Beruf wichtig. Im Gegensatz zum freiwillig gewählten Klosterleben sind die Arbeiten des täglichen Lebens von Gott geschickte Aufgaben, denen man sich nicht entziehen kann, ohne unterzugehen:

---

3 *Julius Köstlin*, Luthers Theologie in ihrer geschichtlichen Entwicklung und ihrem inneren Zusammenhange II, [2]1883, p. 63ss.

4 WA 40 I, 605, 6-8.

5 *Bengt R. Hoffmann*, Luther and the Mystics. A re-examination of Luther's spiritual experience and his relationship to the mystics, 1976, p. 53ss.

6 BoA 1, 230, 13ss.

wie der mensch an den gebotten gottis in allen seinen krefften zuschaffen gnug hat unnd nymmer mehr die gute werck alle thunn mag die yhm gebotten sein warumb sucht er dan andere die yhm nit nodt noch gebotten sein unnd lessit nach nottigen und gebotten[7]

Diese Worte Luthers deuten jedoch zurück zum ersten Punkt. Luther richtet die Aktivität des Menschen nicht nur auf seinen Beruf im engeren Sinne, sondern Aktivität und Gehorsam des Menschen haben der ganzen menschlichen Kultur, dem ganzen menschlichen Leben zu dienen, ein Leben, das in Analogie zum Gottesbild nie ruht, sondern ununterbrochen wirksam ist. Gott ist jeden Augenblick im Leben handelnd in seinem Kampf gegen die Mächte des Verderbens und Unterganges. In diesem Kampf zwischen Leben und Tod steht Gott auf seiten des Lebens, und der Mensch ist für ihn ein Werkzeug, das bei der Überwindung der Mächte des Verderbens helfen kann. Gegenüber einer Welt, in der man danach fragte, welche Werke nun gut und Gott wohlgefällig sind, antwortet Luther gewissermaßen mit einer Handbewegung, alles, was der Mensch tut, ist gut. Aber haarfein daneben - und dies wird sich auch auf das Verhältnis von *libertas* und *oboedientia* auswirken - stellt Luther einen Satz, der genauso umfassend ist, aber mit einem negativen Inhalt. Alles, was der Mensch tut, kann man als Sünde bezeichnen; der Ungläubige sündigt, wenn er ißt und trinkt[8]. Dies bedeutet, daß die Entscheidung darüber, ob eine Tat gut oder schlecht ist, nicht in der Tat selbst, sondern außerhalb ihrer in der Situation des Handelns liegen muß.

2. Das servum arbitrium.

Hier müssen wir den Begriff der *oboedientia* mit dem des *servum arbitrium* verbinden. An Präzisierung des Begriffes hier nur so viel, wie für das Verständnis des weiteren Gedankeganges notwenig ist. Wenn Luther den Begriff des *servum arbitrium* einführt, dann stellt er nicht das Vermögen des Menschen in Frage, äußere Dinge zu tun, sondern dieser Begriff des unfreien Willens bezieht sich allein auf sein Mitwirken zur Erlösung, was konkret bedeutet, daß der Mensch nichts leisten kann, was ihm einen Verdienst vor Gott geben könnte. In diesem Zusammenhang hat dann Luther seine tiefsinnigen Gedanken von der Allmacht Gottes und der Prädestination entwickelt - Gedanken, auf die noch weiter unten eingegangen werden wird. Entscheidend ist hier, daß die christliche Freiheit als eine Anerkenntnis der göttlichen Allmacht und Omnipotenz und der vollständigen menschlichen Abhängigkeit des Menschen von Gott verstanden werden muß. Deshalb ist es notwendig, daß Luther

---

7 Ibid, 297, 36-40, zit. nach *Gustaf Wingren*, Luthers lära om kallelsen, 1942, p. 64.
8 BoA 3, 153. Cf. auch BoA 1, 231, 6-9.

das *liberum arbitrium* als eine Art von Selbstbehauptung des Menschen Gott gegenüber ablehnt. Das Postulat eines freien Willens ist vielmehr Ausdruck eines falschen Gottesbildes, denn Gott fordert nichts, weil er in seinem Wesen schenkende Liebe ist Aber der Glaube, verbunden mit dem geknechteten - von Gott vollständig abhängigen - Willen, ist frei für den Dienst am Nächsten, und die Abhängkeit von Gott ist mit einem Engagement in der Welt durchaus vereinbar.

Dies auf unseren Gedankengang übertragen, bedeutet, daß der Mensch nicht frei, sondern von jenen beiden Mächten gebunden ist, die die Welt und unser Dasein bestimmen, nämlich von Gott und dem Teufel:

> Sic humana voluntas in medio posita est, ceu iumentum, si insederit Deus, uult et uadit, quo uult Deus, ut Psalmus dicit: Factus sum sicut iumentum et ego semper tecum. Si insederit Satan, uult et uadit, quo uult Satan, nec est in eius arbitrio, ad utrum sessorem currere aut eum quærere, sed ipsi sessores certant ob ipsum obtinendum et possidendum[9].

War der Mensch im Urstand Gott hörig, so ist er nach dem Sündenfall Knecht des Teufels und der Sünde. Dies müßte dann bedeuten, daß alles, was der Mensch tut, böse ist. Nun weist Luther aber immer wieder darauf hin, daß auch der sündige Mensch in der Lage ist, etwas zu tun, das gut und in Übereinstimmung mit dem Willen Gottes ist. Dies hat seinen Grund darin, daß man beim Gegensatz von Gott und Teufel nicht von einem absoluten, sondern von einem relativen Dualismus, bei dem Gott der eindeutig mächtigere ist, ausgehen muß[10]. Und Gott setzt all seine Kraft gegen die Mächte des Verderbens ein; und hier kann man wirklich von einer *cooperatio* zwischen Gott und Mensch sprechen, denn durch seine Erfüllung der täglichen Aufgabe, durch seinen Beruf ist der Mensch ein Glied in dem die Schöpfung erhaltenden Werk Gottes. In diesem Zusammenhang ist selbst der Ungläubige ein tüchtiger Mitarbeiter Gottes, der viel Gutes tun kann. Jedoch tut der Ungläubige diese guten Werke nicht aus *libertas*, sondern aus Zwang, aus einem Zwang, der seinem gesamten Wesen widerspricht, nämlich dem harten und unbeugsamen Zwang des Gesetzes. Dies bedeutet nun, daß diese Werke *coram deo* nicht als gute, sondern als schlechte Werke betrachtet werden. Das Entscheidende ist, daß die rechte *oboedientia*, die dem Menschen die *libertas* schenkt, fehlt.

Wenden wir uns jetzt der Situation des christlichen Menschen zu. Er hat sein *servum arbitrium* nicht unter dem Teufel, sondern unter Gott. Die Frage, die im Hinblick auf das Verhältnis von *libertas* und *oboedientia* interessant ist,

---

9 BoA 3, 126, 23-28.
10 Vgl. hierzu das leider bislang nur auf schwedisch zugängliche Buch von *Ragnar Bring*, Dualismen hos Luther, 1929, p. 53ss.

ist das Problem der *corruptio naturæ*[11]. Kann man denn bei einem christlichen Menschen von einer Verderbnis der Natur sprechen? Luther ist an diesem Punkt eindeutig. In der bekannten Sequenz gegen den Löwener Theologen Latomus schlägt Luther fest:

Nihil differt peccatum a seipso, secundum naturam suam, ante gratiam et post gratiam, differt vero a sui tractatu[12].

Und gleichwohl kann man einen deutlichen Unterschied konstatieren. Der springende Punkt ist hier die Tatsache, daß der Christ sein *servum arbitrium* unter Gott hat. In der theologischen Tradition ist dieser Tatbestand durch die Distinktion von *peccatum regnans* respektive *peccatum regnatum* beschrieben worden, was konkret bedeutet, daß im Leben des Christen das Böse zwar nie vollends vernichtet werden kann, daß es aber zurückgedrängt und bekämpft wird. Aber etwas ist noch wichtiger, und dies ist das Verhältnis des Christen zur göttlichen Gnade und Barmherzigkeit. Der Christ befindet sich unter der göttlichen Gnade. Gnade bedeutet - und das nächste Zitat wird dies noch unterstreichen - für Luther nicht eine Kraft, die dem Menschen verliehen wird, sondern Gnade ist das Verhältnis Gottes zum Menschen, seit durch Jesus Christus die schöpfungsmäßige Gemeinschaft zwischen Gott und Mensch wiederhergestellt worden ist. Deshalb wird der Begriff Gnade gleichbedeutend mit Chistus oder dem Evangelium. Die anderen bekannten Worte wie Vergebung, Versöhnung, Rechtfertigung decken die gleiche Wirklichkeit, bloß betrachtet aus unterschiedlichen Perspektiven. Nun ist das Wesen Gottes Liebe und Barmherzigkeit, sie drücken das Gleiche aus wie die Gnade. Für den Menschen nach dem Sündenfall ist alles zugänglich durch das Werk Christi. Gnade ist also gleichbedeutend mit der göttlichen Liebestat in Christus. Deshalb - und dies ist für unsere Problemstellung des Verhältnisses von *libertas* und *oboedientia* besonders wichtig - entfällt hier die klassische Frage nach dem Verhältnis von Gnade und freiem Willen. *Gratia* und *liberum arbitrium* sind ein Begriffspaar, wo beide Begriffe nicht auf der gleichen Ebene liegen[13]. *Gratia* ist Gottes liebesvolles Handeln mit dem Menschen - *liberum arbitrium* ist Ausdruck des Aufruhrs des Menschen gegenüber Gott. Die Gnade beschreibt deshalb keine menschliche Qualität oder einen Zustand des Men-

---

11 *Gustaf Ljunggren*, Synd och skuld i Luthers teologi, 1928, p. 94ss. *Werner Elert*, Der christliche Glaube. Grundlinien der lutherischen Dogmatik, [3]1956, ed. Ernst Kinder, p. 150ss.

12 WA 8,107, 26ss.

13 Vergleiche die sehr kompakt geschriebene, stilitstisch an den Schreibstil Ritschls erinnernde, aber gleichwohl vorzügliche Monographie von *Karl Zickendraht*, Der Streit zwischen Erasmus und Luther über die Willensfreiheit, 1909, p. 90ss.

schen, sondern allein das Verhältnis von Gott und Mensch; und dieses Verhältnis führt dazu, daß Gott dem Menschen seine Sünde nicht zurechnet, daß sie für Gott einfach nicht existiert. In der bereits angeführten Schrift gegen Latomus lesen wir:

> Quid ergo? peccatores sumus? imo iustificati sumus, sed per gratiam. Iustitia non est sita in formis illis qualitatum, sed in misericordia dei. Revera enim si a piis removeris misericordiam, peccatores sunt et verum peccatum habent, sed quia credunt et sub misericordiæ regno degunt, et damnatum est et assidue mortificatur in eis peccatum, ideo non imputatur eis[14].

Dies bedeutet konkret, daß nicht die Tat des Menschen, sondern sein Verhältnis zu Gott darüber entscheidet, ob man eine Tat im letzten Sinne als gut oder schlecht beurteilen kann. Das Verhältnis zu Gott bewirkt es auch, daß der Mensch sein *servum arbitrium* unter Gott hat und daß Gott ihm seine Sünden nicht anrechnet, sondern daß er *coram deo* als guter Mensch, der gute Werke vollbringt, dasteht:

> Hac enim miserente, non te curente, bona sunt opera tua[15].

Hier wird alles Tun des Menschen *oboedientia*. Deshalb erscheint auch die Frage eines Gegensatzes von Gnade und freiem Willen, von menschlicher Aktivität und Passivität im Gottesverhältnis in einem anderen Licht. Die Schwierigkeiten entstehen nur dann, wenn man den Glauben als eine Art *habitus* deutet; dann wird die Deutung des Wertes der guten Werke als Passivität verstanden. In seinem Glauben ist der Mensch natürlich vollkommen der Empfangende der unergründlichen, schöpferischen und unerklärlichen Liebe Gottes - hier ist er total empfangend und passiv, denn er kann wirklich nichts tun, was ihn in den Augen Gottes würdig macht. Aber dies bedeutet - wie bereits oben angedeutet - nicht, daß der Mensch nichts zu tun vermag. Der Glaube lebt vielmehr in Werken und ist in Analogie zum Willen Gottes immer wirksam. Die Gnade Gottes wird vom Menschen durch den Glauben empfangen und dann als Liebe, als strenge Pflichterfüllung im Beruf, als Aufopferung und Liebe dem Nächsten weitergegeben[16]. Der Glaube macht nach einem schönen und bekannten Bild Luthers eine doppelte Bewegung, er steigt hinauf in den Himmel und erhält von Gott alles umsonst, um dann zur Erde zurückzukehren und in Liebe weiterzuleben.

---

14 WA 8,92,38-42.
15 WA 8,96,1s.
16 Cf. zu dieser Frage die vielleicht klassische Darstellung *Karl Thieme*, Die sittliche Triebkraft des Glaubens, Leipzig 1895.

124

An diesem Punkt - und dies wird für den weiteren Gedankengang bis hin zum Gottesbild und zur Prädestination wichtig sein - kann man eine Analogie zur altkirchlichen Christologie feststellen. Der Glaube verhält sich zur Liebe wie die göttliche zur menschlichen Natur Christi. So wie Christus für uns in der Inkarnation Gott ist, so wird der Glaube in seiner Herablassung Liebe, aber wie in der Inkarnation kommt es nie zu einer metaphysischen Verschmelzung. Gerade die Inkarnation Christi, seine Herabkunft zur Erde und sein Leben als Mensch, offenbaren die Wirksamkeit von Gottes Gnade und Liebe[17].

3. Verbum Dei.

Hier kommt es zur Frage der Heilsvermittlung. Zickendraht hierzu:

> Als solche Vermittler des Heils kennt Luther nur zwei, Gottes Wort, die gesetzliche Forderung und die frohe Botschaft umfassend, und Gottes Werk, wozu er die Vertilgung sündlichen Strebens durch Kreuz, Tod und alle Übel der Welt rechnet[18].

Das Zitat macht deutlich, daß Luther hier auch von einer ganz klaren Funktion des Gesetzes spricht[19]. Wenn wir nun die Frage nach der Rolle des Gesetzes im Verhältnis von Freiheit und Gehorsam stellen, dann müssen wir uns wieder die Situation vor Augen führen, die Luther von dem gefallenen Menschen zeichnet. Luther kennzeichnet diese Situation dadurch, daß der Mensch total vom Teufel beherrscht ist und aus eigener Kraft nichts unternehmen kann, was ihn zu Gott hinführen würde. Es ist deutlich, daß das Gesetz aus dieser Situation nicht befreien kann. An diesem Punkt denkt Erasmus ganz anders[20]. Auch er rechnet mit der Macht des Bösen im Menschen, aber die Macht des Bösen beschränkt sich auf die niedrigen Teile des Menschen. Die geistigen, inneren Teile verbleiben jedoch im Grunde unversehrt. Hier kann das Gesetz dem Menschen hilfreich darin sein, daß es ihm jene Handlungen empfiehlt, die die geistige Seite seines Wesens stärken.

---

17 *K.E. Skydsgaard*, The grace of our Lord Jesus Christ (Report of the second conference on Faith and Order), 1937, p. 36ss.

18 *Zickendraht*, l.c., p. 81.

19 Das Großartige der Untersuchung Zickendrahts liegt darin, daß er sich im wahrsten Sinne als Kommentator des Lutherschen Werkes versteht und wirklich am Text entlanggeht. Eine Arbeit, mit der man nicht in die theologischen Schlagzeilen kommt, die aber in aller Bescheidenheit den Fundus einer historisch geschulten Theologentradition überliefert.

20 Ich folge hier *J. Huizinga*, Erasmus and the Age of Reformation, 1952.

In der Lutherischen Anthropologie existiert diese Teilung der menschlichen Person nicht, und deshalb kann die Funktion des Gesetzes hier nicht die gleiche wie im Werk Erasmus' sein. Das Gesetz kann dem Menschen zwar keine konkrete Hilfe gewähren, aber es kann ihm seine Situation mit schonungsloser Offenheit vor Augen führen. Die Aufgabe des Gesetzes ist es, ihm die Sünden vor Augen zu führen:

> Non dicit intentum uel pronum ad malum, sed prorsus malum, ac nihil nisi malum fingi et cogitari ab homine tota uita. Natura maliciæ eius descripta est, quod nec faciat nec possit aliter, cum sit mala, neque enim arbor mala fructus alios quam malos ferre potest, teste Christo[21].

Das Gesetz ist also nur in der Lage, dem Menschen den Ernst seiner Situation zu verdeutlichen, es beläßt ihn aber in Not und Verzweiflung. Deshalb muß zum Gesetz das Evangelium treten. Schon zu Beginn seiner Schrift gegen Erasmus macht Luther deutlich, daß für ihn Evangelium und die Botschaft von Jesus Christus identisch sind:

> Tolle Christum e scripturis, quid amplius in illis inuenies?[22]

Es liegt auf der Hand, daß hier Luther an die großen Hauptströmungen der mittelalterlichen Spiritualität anknüpfte, die ihre klassische Form in einem der meistgelesenen Bücher des Mittelalters überhaupt, nämlich *De Imitatione Christi* des Thomas a Kempis, fand. Für die mittelalterliche Frömmigkeit im Allgemeinen und für das Mönchsideal im Besonderen war Christus ein ganz konkretes Vorbild. Ziel aller Anstrengungen war es, Jesus Christus im Rahmen der eigenen Möglichkeiten und mit Hilfe der Gnade nachzuleben, wie man einem Lebensideal nachlebt[23]. Es war besonders die menschliche Seite Jesu, wie sie die Evangelien nachbilden, die als Muster für ein frommes Leben galt. Hier ist jedoch ein wichtiger Unterschied zu Luther zu beachten. Auch Luther schloß sich dieser Deutung Jesu Christi an, jedoch verstand er sie als ein Vorbild im Rahmen der Gesetzesdimension. Er begrüßte dies, warnte aber gleichzeitig vor einer zu eiligen Identifikation. Leicht läßt es sich diesem Ideal nachleben in Tagen der Freude, wenn man nicht von schweren Anfechtungen bedrückt ist.

Deshalb hat der Mensch Jesus in dieser Perspektive weder für die *libertas* noch für die *oboedientia* eine tiefere positive Bedeutung, ebenso wenig wie

---

21 BoA 3, 233, 17-22.
22 BoA 3, 101,29.
23 *S. Kettlewell*, Thomas à Kempis and the Brothers of the Common Life I, 1882, p. 82ss.

das Gesetz. Auch hier kann ein Vergleich mit dem irdischen Leben Jesu oftmals nur die eigene Sündhaftigkeit noch deutlicher werden lassen. Deshalb ist das Entscheidende nicht das Vorbild Christi, sondern das Evangelium von Jesus Christus. Durch das Evangelium kommt der erhöhte Christus herab zum Menschen, zum Sünder, und verwandelt sein Leben. Der Mensch wird befreit und unter das *servum arbitrium* Gottes gestellt. Dies bedeutet nicht nur, daß sich der Mensch Gott in Gehorsam unterwirft, sondern vielmehr auch, daß Gott für ihn streitet:

> Daher muß Christus nun in den Herzen der Seinen durch Wort und Sakrament den Kampf führen, den er am Kreuz und zu Ostern gewonnen hat. Der Christus für uns muß zum Christus in uns werden, durch den Glauben, und zwar aufs neue zum Kämpfer[24].

Aber noch wichtiger ist für Luther, daß Christus hierdurch die Beziehung zu Gott als Gnade und Barmherzigkeit wieder aufrichtet, daß er ihm das Kleid der Gerechtigkeit anzieht[25]. Dies entspricht ganz der oben gezeichneten Sündenlehre, wonach trotz allen Kampfes gegen die Sünde immer noch ein Rest bleibt. Daraus folgt, daß das Neue, welches mit Christus in unser Leben kommt, nicht als eine neue menschliche Natur verstanden werden darf, sondern das Subjekt dieser Verwandlung bleibt Christus - tritt er wieder aus dem Leben, dann verschwindet auch das neue Sein; deshalb spricht Luther auch nur von einem Zudecken der Sündenverderbnis. Wichtig ist noch, darauf hinzuweisen, daß all dies nicht durch das Wort schlechthin, sondern durch das gepredigte, das gesprochene Wort[26] bewirkt wird; und nur durch dieses Wort begegnet der Mensch dem Heiligen Geist, dem Geist, der Christus lebendig macht. Der Grund hierfür ist vor allem in dem weiten Berufsgedanken zu sehen, denn Christus will durch das gepredigte Wort ständig neue Mitarbeiter unter den Menschen gewinnen[27]. Der Gang der Predigt, die den Menschen vom Gesetz zum Evangelium führt, hat auch die Struktur und den Argumentationsgang der bisherigen Untersuchung bestimmt. Sie hat gezeigt, daß *libertas* und *oboedientia* keine abstrakten, feststehenden Begriffe sind, sondern ihren Inhalt aus der jeweiligen Relation zu Gesetz und Evangelium erhalten. Dies gilt nicht zuletzt auch für den letzten Schritt, für das Verhältnis von Gottesbild und Prädestination[28].

---

24 *Paul Althaus*, Die Theologie Martin Luthers, 1962, p. 189.
25 WA 40 II, 407, 30ss.
26 Cf. hierzu besonders Kapitel III und IV in *Gustaf Wingren*, Predikan, 1949.
27 Ibid. p. 46. *Regin Prenter*, Spiritus Creator. Studier i Luthers Theologi, 1946, p. 108.
28 Zu dieser Thematik sei auf die beiden Standardmonographien von *Harry J. McSorley*, Luthers Lehre vom unfreien Willen nach seiner Hauptschrift 'De servo arbitrio' im Lichte der biblischen und kirchlichen Tradition (1967), und *Klaus Schwarzwäller*,

4. Gottesbild und Prädestination.

Gegen Ende seiner bekannten Darstellung und Analyse von *De servo arbitrio* - eine Darstellung, die trotz ihrer gedanklichen Schärfe keinen Sinn für die Tiefen und Schmerzen des Lutherschen Werkes hat - schreibt Ferdinand Kattenbusch:

> Die Lehre vom *servum arbitrium* und von der Prädestination haben ursprünglich nichts mit einander gemein, gehen vielmehr längere Zeit nebeneinander her, so zwar, daß erstere ausschliesslich Luthers Interesse hat.
>
> Die Prädestinationslehre wird für Luther zuerst wichtig um der Consequenz willen, die sie auf das *servum arbitrium* hat. Doch gewinnt sie allmählich selbstständiges Interesse, indem sie in Correspondenz tritt mit jener eigentümlichen krankhaften Stimmung, wonach Luther sein persönliches Heilsbewußtsein nur herzuleiten weiß aus einer willkürlichen Begnadigung durch Gott.

Die Lehre vom *servum arbitrium* ist zwar in erster Linie hervorgerufen durch religöse Interessen, bildet sich aber zu der mechanischen Form, die sie je länger je mehr annimmt, erst unter der Mitwirkung theoretischer Momente aus. Als diese theoretischen Momente, welche bereits sehr früh wirksam werden, ergeben sich der Gottesbegriff und der Begriff der Sünde[29].

Es ist in der Tat so, daß es eine Entsprechung zwischen religiösen Erfahrungen und theologischen Systemen zu geben scheint. Hierbei neigt eine schwermütige Betrachtung wohl eher zum Schicksalsglauben, zum Determinismus und zur Prädestination, als vergleichsweise ein optimistisches Naturell. Daß sich die lutherische Lehre vom *servum arbitrium*, seine Prädestinationsauffassung und schließlich sein Begriff des *deus absconditus* nicht nur, aber auch an seiner Seelenlage bildete, steht wohl außer Zweifel. Inwieweit sein sittlich-religiöses Schuldgefühl hier die treibende Kraft war, ist schwer auszumachen. Wichtig jedoch ist, daß man seine Prädestinationsauffassung und Gotteslehre nicht nur als dogmatisches System wertet, sondern daß man all dies auch vor der Dunkelheit seiner Vorlesung über den 90. Psalm aus dem Jahre 1534 zu verstehen versucht, der aber auch die Sehnsucht Luthers nach Erlösung und Freude ausdrückt.

Als Prädestination kann man die Vorbestimmung des einzelnen Menschen durch Gott verstehen, und zwar eine Vorbestimmung zum Heil oder zur Verwerfung. Luthers Stellung zur Prädestination war nicht so eindeutig wie die

---

Theologia crucis. Luthers Lehre von der Prädestination nach De servo arbitrio 1525 (1970), verwiesen. Schwarzwällers Monographie ist wie die Zickendrahts strikt am Text orientiert, läßt aber die Strukturen von De servo arbitrio durch stärkere Problemorientierung deutlicher werden.

29 *Ferdinand Kattenbusch*, Luthers Lehre vom unfreien Willen und von der Prädestination nach ihren Entstehungsgründen untersucht, (1875) 1905, p. 76.

Calvins, der sie vom theologischen Gewicht her ins Zentrum seiner *Institutio* stellt, sondern eher gekennzeichnet von einer gewissen Furcht, was sich darin ausdrückt, daß er davor warnt, über die Prädestination zu predigen, da dies leicht andere Menschen in die Anfechtung führen könne, und in der Seelsorge den Rat gibt, daß man nicht so oft über die Prädestination nachdenken, sondern sich vielmehr in die in Christus geoffenbarte Liebe Gottes versenken solle[30]. Und doch war für ihn gleichzeitig die Prädestinationsauffassung eine Lehre von größter theologischer Bedeutung, weil sie deutlich hervorhob, daß die Erlösung allein das Werk Gottes ist. Die Prädestinationsauffassung ist nicht eine von vielen theologischen Auffassungen Luthers, sondern sie entspricht dem Zentrum seines Denkens, nämlich der Rechtfertigungslehre, nur daß in der Rechtfertigungslehre andere Worte und Gedankengänge angewendet worden sind. Diese enge Bindung an die Rechtfertigungslehre verhindert auch, daß die Prädestinationsauffassung zu einem philosophischen Theorem wurde[31]. Unsere Fragestellung setzt deshalb an diesem Punkt ein und fragt danach, wie die Auffassung von der evangelischen Freiheit mit der Auffassung Luthers von der Unfreiheit des Menschen zu vereinbaren ist. Oben wurde bereits zu zeigen versucht, daß beide Begriffe nicht statisch, sondern von der jeweiligen Situation abhängig sind, daß der gläubige und ungläubige Mensch die gleiche Situation unterschiedlich auffassen, ja auffassen müssen. Das Gleiche gilt für die Begegnung mit dem souveränen Gott, mit seiner Allmacht und mit dem verborgenen Gott. Man darf den Allmachtsgedanken in *De servo arbitrio* nicht auf die Theodizeefrage beschränken. Luther war kein Eudämonist im modernen Sinne, sondern Niederlagen, Schmerzen und Unglück gehörten zum Leben, sie sind notwendige Mittel in der Hand Gottes. Der Ausgangspunkt des Allmachtsgedankens ist vielmehr der Gedanke der *sola gratia*, d.h. die Erlösung des Menschen ist allein göttliches Werk. Dieser Gedanke ist vielleicht noch nachvollziehbar, dient er doch einem guten Zweck. Aber Luther geht mit unglaublicher Radikalität weiter und sagt, daß alles, aber auch alles seine Ursache in der göttlichen Aktivität hat. Gott ist ungemein wirksam, er treibt nicht nur den Guten zu besseren, sondern auch den Bösen zu noch schlimmeren Taten, er schafft und wirkt notwendigerweise auch im Satan und in den Gottlosen:

> Quando ergo Deus omnia in omnibus mouet et agit, necessario mouet etiam et agit in Satana et impio[32].

---

30 *Söderblom*, l.c., p. 91ss. *Köstlin*, l.c., p. 39ss.
31 *Karl Jaspers*, Der philosophische Glaube angesichts der Offenbarung, 1963, p. 351-61.
32 BoA 3, 204, 22-24. Cf. hierzu *Rudolf Hermann*, Zu Luthers Lehre vom unfreien Willen. Greifswalder Studien zur Lutherforschung und neuzeitliche Geistesgeschichte I, p. 17-38, p. 32.

Doch schafft er nicht selbst das Böse, sondern Luther vergleicht dies mit einem Zimmermann, der schlechte Werkzeuge anwendet und deshalb Schlechtes bewirkt; der Fehler liegt nicht bei ihm, sondern beim Werkzeug. Dies ist logisch natürlich wenig überzeugend. Deshalb haben verschiedene Kritiker[33] davon gesprochen, daß dieser Allmachtbegriff völlig indifferent sei und eine große Ähnlichkeit mit der Vorstellung Arthur Schopenhauers vom blinden Willen habe. Entscheidend ist jedoch die religiöse Grundanschaung, die hinter dieser Konstruktion zu finden ist. In seinem eigenen Leben hat Luther ständig von Neuem erlebt, daß der göttliche Wille im Verhältnis zum Bösen, zum Teufel, keineswegs neutral, sondern im höchsten Grad aktiv war. Sind der Gedanke der göttlichen Allmacht und des Kampfes Gottes gegen das Böse auch rein logisch nicht lösbar, so doch vom Glauben her deutbar. Das Gleiche gilt für die Lehre vom *deus absconditus*. Die entscheidenden Passagen finden sich in WA 18,684,32-686,13, und sie sind von verschiedenen Interpreten als die wichtigsten Sätze des ganzen Buches behandelt worden. Zusammenfassend wendet Luther gegen Erasmus ein:

Illudit autem sese Diatribe ignorantia sua, dum nihil distinguit inter Deum prædicatum et absconditum, hoc est, inter uerbum Dei et Deum ipsum. Multa facit Deus, quæ uerbo suo non ostendit nobis, Multa quoque uult, quæ ucrbo suo non ostendit sese uelle. Sic non uult mortem peccatoris, uerbo scilicet, Vult autem illam uoluntate illa imperscrutabili. Nunc autem nobis spectandum est uerbum, relinquendaque illa uoluntas imperscrutabili, Verbo enim nos dirigi, non uoluntate illa inscrutabili oportet[34].

Für den Menschen im Unglauben ist es unheimlich schwer, den Gedanken vom *deus absconditus* zu ertragen, denn diesem Gott kann man keine Regeln vorschreiben, nach denen man dann sein Handeln voraussehen könnte. Der Gedanke vom *deus absconditus* muß deshalb wie der Allmachtsbegriff nicht philosophisch, sondern religiös gedeutet werden. Er ist eine klare Abgrenzung zwischen dem Glauben und einer rationalen Welterklärung, er ist wie der Allmachtgedanke ein Nein zu einem eudämonistisch-anthropozentrischen Standpunkt, er zeugt davon, daß Gott in allem wirkt, und er zeigt, daß das Göttliche - trotz der *revelatio* - letzlich verborgen bleiben muß. Gerade der Gedanke der bleibenden Verborgenheit Gottes - und dies belegen Luthers eigene Worte - wird vom gefallenen Menschen als eine Katastrophe empfunden. Einen Gott, von dem man nichts konkret zu wissen glaubt, wird als ein Gott empfunden, dem man mißtrauen muß, denn dieser Gott haßt den Sünder und will seinen Tod. Deshalb kann man diesem Gott gegenüber keine Freiheit haben, aber auch keinen rechten Gehorsam, sondern man verfällt in Augendiene-

---

33 *Arvid Runestam*, Viljans frihet och den kristliga friheten, 1927, p. 67ss.
34 BoA 3, 177,40-178,8.

rei und versucht durch gute Werke den Zorn Gottes in Wohlwollen umzu-
stimmen. Hierbei werden dann natürlich die menschlichen Maßstäbe angelegt:

> Das sein alle die durch vil guter werck als sie sagen got sich wolgefällig machen wollen
> vund gotte sein huld gleich abkeuffen als wer er ein trewdler odder tagloner der sein gnad
> vnd hult nit vmbsonst geben wolt[35].

Aber das schwierigste Problem, die ewige innere Unruhe und Unrast liegt
in der Ungewißheit und Unsicherheit, ob man nun wirklich den Forderungen
Gottes entsprechen kann oder ob der Zorn Gottes alles hinwegfegt und nichts
bleibt. Hier kommt der oft genannte tiefgründige Satz von Meister Eckhart,
den auch Tauler in seinen Predigten erwähnt: mit demselben Auge, mit dem
Gott uns sieht, sehen wir Gott, zum Tragen. Glaubt man, daß Gottes Zorn auf
uns liegt, dann ist es wirklich so, Verzweiflung und Unglaube bestimmen
dann alles Tun und lassen den Menschen schuldig werden. Ganz anders ist es
für den Menschen, der im Glauben steht. Der Christ versteht, daß nicht nur die
Gnade, sondern auch die Freiheit ein Geschenk Gottes ist. Sie ist keine Freiheit im Sinne eines *liberum arbitrium indifferentiæ*, sondern eine begrenzte
Freiheit von Gottes Gnade her in ihrer Entscheidung zum Guten. Die Gnade
setzt die Freiheit, hebt sie in ihrer Forderung nach *oboedientia* wieder auf und
erfüllt sie in der Beachtung des göttlichen Gebotes. Der Glaube verwandelt
alles, was der Mensch tut, in *oboedientia*, denn es gibt Gott gegenüber nur
Freiheit in der Bestimmung durch seinen Willen, und nur Gott kann im Grunde das Subjekt unserer Entscheidungen sein. Betrachtet man das Verhältnis
von Freiheit und Gnade so, dann ist es keine Katastrophe, mit dem *deus absconditus* konfrontiert zu werden, denn der Glaube verweist den Menschen aus
dem dunklen Hintergrund des Unerklärlichen in das Licht der Offenbarung,
verweist ihn an den *deus revelatus*. Die Unsicherheit schwindet, und an ihre
Stelle tritt die Gewißheit, daß all unser Tun Gott behagt. Das Dunkel des
Schicksals zeigt sich als göttliche *providentia*. Auch wenn man weiß, daß das
Paradoxon von Prädestination und Freiheit, von *deus absconditus* und *deus revelatus* erst in der Ewigkeit gelöst werden kann, so versteht man schon jetzt,
daß dasjenige, was in unseren Augen Schwermut, Sünde, Tod, Unfreiheit und
oboedientia ist, vor Gott zur Freude, Vergebung, Leben und *libertas* wird. Vor
Gott sind deshalb die kleinsten Dinge Ausdruck einer unendlichen Freiheit:

> dan findet er sein hertz in der zuuorsicht das es gote gefalle ßo ist das werk gut, wan es
> auch ßo gering were als ein strohalmen auffheben[36].

---

35 BoA 1, 235, 17-20.
36 Ibid. 231, 4-6. Zit. nach *Bring*, l.c., p. 102.

Klaus Schwarzwäller

Verantwortung des Glaubens

Freiheit und Liebe nach der Dekalogauslegung Martin Luthers [*]

Die Formel "Verantwortung des Glaubens" ist, rein grammatikalisch gesehen, mehrdeutig. Sie mag aufgefaßt werden im Sinne von 1.Petr 3,15 und enthielte somit einen genetivus obiectivus. Sie kann jedoch auch im Sinne eines genetivus subiectivus verstanden werden; und die Rede von der Verantwortung des Glaubens im Sinne einer Verantwortung, die der Glaube wahrzunehmen habe, ist längst zur gängigen Münze geworden - bis hin zu einer ihm obliegenden "Weltverantwortung". Diese ebenso pauschale wie diffuse Rede von der Verantwortung des Glaubens erweist in einem freilich durchgehende Konsistenz: Glaube wird hier primär ethisch verstanden. Er hört damit jedoch auf, *evangelischer* Glaube zu sein, und verwandelt sich statt dessen in gesetzliche Frömmigkeit, dabei nur scheinbar als evangelisch gewahrt durch die Annahme, Gott werde, was man nicht erfülle oder nicht zu erfüllen vermöge, in seiner Gnade subsidiär nachlassen oder womöglich zurechtbiegen[1]. "Verantwortung" wird darüber zu einer bedrückenden Last, die die Gewissen knechtet, zum moralischen Dauerstreß im Namen des - aus Unverstand mißbrauchten - Evangeliums. Dem hat sich neuerdings Dietz Lange in seiner Ethik energisch entgegengestellt, indem er bei Wahrung der Differenz zwischen Vergebung und Heiligung und ihrer unumkehrbaren Reihenfolge den "Zuspruch" und die aus ihm erwachsene "Vollmacht" (sic! Also gerade nicht: "Anspruch"!) zum Handeln als zwei Seiten derselben Sache charakterisiert[2].

---

[*] *Dietz Lange* als - nachträglicher - Gruß zum 2. April 1993.

[1] *Gerhard Müller/Vinzenz Pfnür*, Rechtfertigung - Glaube - Werke, in: *Harding Meyer/Heinz Schütte* Edd., Confessio Augustana. Bekenntnis des einen Glaubens. Paderborn/Frankfurt a.M. 1980, 106-138, 131, cf. 124-126. V. auch meine Analyse: The Common Commentary on the Augsburg Confession, in: Lutheran Quarterly III, 1989, 299-324, 309-316. "Deine Gnad und Jesu Blut / macht ja allen Schaden gut" markiert ebenso volkstümlich wie präzis dieses Denken, das sich am Leistungsprinzip orientiert und dem Luthers Auffassung, der Glaubende *wisse*, daß sein Tun Gott gefalle, und Melanchthons Sicht, durch unser schwaches, anfechtbares Tun übe Christus seine "politia" vor der Welt und gegen den Teufel, kategorial fernsteht.

[2] *Dietz Lange*, Ethik in evangelischer Perspektive. Grundfragen christlicher Lebenspraxis. Göttingen, 1992, 412ss. Die Einheit von Rechtfertigung und Heiligung hat im Anschluß an Paulus mit besonderem Nachdruck *Ernst Käsemann* betont - z.B. Exegetische Versuche und Besinnungen 2. Göttingen 1964, 186 - und dabei deutlich ge-

Angesichts freilich der verbreiteten ethischen Auffassung nicht nur vom Glauben, sondern auch von "Verantwortung", mag es sinnvoll sein, ein *evangelisches* Verständnis von "Verantwortung" weiter herauszuschärfen. Dies soll geschehen im Eingehen auf den, der, wie sich gezeigt hat, den modernen Verantwortungsbegriff in seiner Grundstruktur geprägt hat, nämlich Martin Luther[3], und zwar auf seine Dekalogauslegung in den beiden Katechismen[4]. Deren Reiz liegt nicht zuletzt darin, daß sie gerade bei und in der Betonung seines Handelns die Ethisierung des Glaubens und damit die Überdehnung von "Verantwortung" abblockt, und das nicht verbal, vielmehr strukturell, indem sie das Handeln als die Folge von Furcht und Liebe Gottes beschreibt. Dabei wird sich zeigen, wie aus der Bindung an Gott uns Freiheit erwächst, die in Liebe sich realisiert, und daß sich dies - Bindung, Freiheit, Liebe - präzis zusammenfassen läßt eben als "Verantwortung des Glaubens". Dabei bekommt diese modisch gewordene Formel allerdings neuen, anderen Klang und Gehalt.

I

Der *Kleine Katechismus* beginnt im "Ersten Hauptstück" nach einer knappen Einleitungsformel mit der Nennung des Ersten Gebotes, und zwar nur seines zweiten, des negativen Teils, und eine daran knüpfende Auslegung.

Diese ist lapidar und von äußerster Prägnanz: "Wir sollen Gott über alle Dinge fürchten, lieben und vertrauen." Mehr kann schlechterdings nicht gesagt werden, und kürzer kann man das Gesagte nicht fassen. Doch hiervon abgesehen, fällt auf, daß nirgendwo in der Auslegung der Gebote von Jesus Christus[5] oder vom Glauben die Rede ist. Dabei ist die Gebotsauslegung in beiden Katechismen nach Luthers eigenem Verständnis ein knapper Grundriß dessen,

---

macht, daß die von *Müller* und *Pfnür* (o.A. 1) vorgetragene (und in die CA und die Apologie projizierte) Auffassung dieser Einheit, eben als in Gottes Wirken fundiert, im Grunde nachgerade verfehlt. Zur Apologie cf. insoweit BSLK 197, 54-56.

3 Cf. *Klaus Schwarzwäller*, Literatur zum Thema "Verantwortung", in: ThR 57, 1992, 141-179.

4 Inzwischen erschien postum von *Albrecht Peters*, Kommentar zu Luthers Katechismen. Bd. 1: Die Zehn Gebote, Ed. *Gottfried Seebaß*. Göttingen 1990. Dieser Kommentar ist gleichermaßen Beispiel intensiver und subtiler Interpretation wie Fundgrube paralleler, verwandter oder sonstwie im jeweiligen Zusammenhang wichtiger Aussagen Luthers.

5 Ähnliches ist auch im Großen Katechismus festzustellen, wo bei der Behandlung des Dekalogs Jesus Christus nur in gelegentlicher Beiläufigkeit erwähnt wird, zumeist als Textzeuge: BSLK 576,42; 606,17; 609,3.37; 630,10.41; 631,3; 632,18. Die einzige Stelle, wo man etwas mehr als bloß Beiläufigkeit sehen könnte, ist 581,2. In 601,34 steht "Jesus Christus" in einem Zitat.

was die Chiffre "Christlicher Glaube" zum Inhalt hat[6]. Und so ist als erstes zu notieren: Christlicher Glaube ist dadurch charakterisiert, daß dem Christenmenschen Gott vor allem und über alles geht und er ihn grenzenlos - und ihn allein! - wirklich fürchtet, liebt und ihm vertraut, also ihm allein Anbetung und Dienst, Hoffnung und Zutrauen, Zuneigung und Hingabe schenkt. Alles Andere kommt erst hiernach.

Das evoziert freilich die Frage, wo dabei Jesus Christus bleibe, also der, um den es dem *christlichen* Glauben vor und über allem geht? Luther würde vermutlich Schwierigkeiten gehabt haben, diese Frage zu begreifen. Denn umgekehrt wird ein Schuh daraus: Weil und sofern wir an Jesus Christus glauben, können wir das Wort "Gott" überhaupt verstehen und ist es allererst möglich, daß wir nach seinem Willen fragen, an ihm hängen, auf ihn und sein Wort bauen. Wir fürchten, lieben und vertrauen also dem Gott, der für uns Mensch wurde, litt, ans Kreuz ging und auferstand; dem Gott, der uns Bruder und Stellvertreter wurde; dem Gott, der uns durch das Evangelium beruft und uns ein ewiges Leben geben wird; kurz, dem Gott, von dem wir "empfangen haben Gnade um Gnade". Jenes "solus Christus" der Reformation legt sich also präzise in dieser Erklärung des Ersten Gebotes aus; man könnte dasselbe auch so formulieren: Darin besteht die Nachfolge Jesu Christi, daß man im Glauben an ihn vor und über allem Gott respektiert, ihm das Herz schenkt, sich in seine Hände fallen läßt, was immer sie auch bewirken oder uns zuschicken mögen.

Was Luther zu wiederholten Malen erklärt hat, daß nämlich das Erste Gebot das eigentliche Gebot sei und alle anderen in sich schließe, unterstreicht die Art seiner weiteren Gebotsauslegung im Kleinen Katechismus. Bekanntlich beginnen die Erklärungen mit den Worten: "Wir sollen Gott fürchten und lieben, daß..." Daß wir Gott als Gott FÜR UNS erkennen, stellt eine Bestimmung des gesamten Lebens dar: Das Halten des Ersten Gebotes legt sich in unserem Leben und durch es aus; es ist gerade nicht etwas, was in der frommen Gesinnung, in religiöser Observanz oder christlicher Motivation sich realisiert. Es bestimmt und ordnet die Bezüge, wie zu Gott, so auch zu unserer menschlichen und nicht-menschlichen Mit- und Umwelt, nämlich daß man Gottes ausdrücklichen und klaren Willen tue, und zwar in jeder Lebenslage, um jeden Preis, auf jedes Risiko hin, ohne irgendeine Gewähr von Vorteil, ohne eine bestätigende Kontrollinstanz, sondern allein, weil man Gott "fürchtet und liebt", - vergleichbar dem, daß Liebende einander nicht nur nicht

---

6 Cf. BSLK 554,1ss.30ss., 503,33ss. Diese Auffassung hat eine hohe Prägekraft entwickelt, und zwar bis in die Gegenwart hinein: "Ein Christ ist jemand, der die 10 Gebote kennt und im Ganzen anerkennt... Das populäre Verständnis lebt weitgehend aus diesem wenig dramatischen ethischen Common-Sense." So die einschlägige Befragungen aufarbeitende Schrift *Christsein gestalten*. Eine Studie zum Weg der Kirche, Gütersloh 41987, 26.

betrügen, sondern umgekehrt, sie seien beieinander oder getrennt, darauf bedacht sind, den anderen glücklich zu machen. Man hätte das gründlich verkannt und mißdeutet, faßte man es moralisch auf oder auch als die schuldige Leistung des Glaubens, also als Markierung einer christlichen Ethik, als christliche Gehorsamsleistung gegenüber dem großen Gesetzgeber etc. In solcher Weise hat man immer wieder nicht nur den Dekalog, sondern auch seine Auslegung durch Luther mißverstanden und verzerrt. Heraus kam dabei ein moralisches, ein aktives, ein gesetzliches Christentum, und ihm entsprach der skrupulöse und prinzipienfeste Christenmensch, der "Ordnung, Fleiß und Pünktlichkeit" mit den Zehn Geboten und Untertanenmentalität mit dem Glaubensgehorsam verwechselte.

Dabei liegen die Dinge bei Luther klar und einfach. Christliches Leben wurzelt darin, Gott "sei unser rechter Vater und wir seine rechten Kinder"[7]. Moral oder schuldige Leistung - wo man in einem persönlichen Verhältnis erst nach dergleichen fragen müßte, da wäre es bereits zerrüttet. Da hätte es ohnehin keinen Sinn mehr, noch irgendwelche Verhaltensregeln einzuführen, denn selbst, wenn sie befolgt würden: eben, es würden Verhaltensregeln befolgt, doch das ergibt gerade kein lebendiges Verhältnis des Vertrauens und der Zuneigung[8], und das bloße Einhalten von Verboten ertötet - theologisch wie auch anthropologisch gesehen.

Das eben Gesagte erhellt besonders deutlich aus der zweiten Hälfte der Erklärungen. Diese zweite Hälfte ist positiv; sie umreißt den durch das *Verbot* geschützten Lebens- und Handlungsraum. Dieser zweite, durch ein "sondern..." eingeleitete Teil ist somit keine Vorschrift oder Verordnung; hier gibt es nichts, das an irgendwelche minutiös zu erfüllende Auflagen erinnerte. Vielmehr werden hier der freien Gestaltung und der schöpferischen Liebe alle Möglichkeiten eröffnet. "...sondern ihm sein Gut und Nahrung helfen bessern und behüten": So schreibt man keine Paragraphen, das ist als Vorschrift viel zu unpräzis. Sondern so wird der fragenden, der das Verbot als heilvolle Grenze ernstnehmenden Einsicht des Glaubens die Gestalt des von Gott geschützten Raumes gezeichnet, wie sie im Umgang mit Eigentum und Belangen des Nächsten sich aus dem Ersten Gebot ergibt. D.h. Luther interpretiert den Dekalog nicht prohibitiv, sondern produktiv. Das geschieht inhaltlich so, daß aus dem Verbot - "Du sollst *nicht*..." - positive Konsequenzen hergeleitet werden. Es ist somit für ihn nicht - wie etwa für den Liberalismus aller Spielarten - einfach erlaubt, was nicht ausdrücklich verboten ist - bekanntlich ein Prinzip

---

7   BSLK 512,21f, cf. bes. 650,10ss.
8   Man vergleiche Luthers Auslegungen des Ersten Artikels und der Anrede des Vaterunsers im Kleinen Katechismus; besonders auch BSLK 563,6ff, WA 56, 368f, 368, 12-369,25 sowie die Auslegung von Gal 5,1: WA 40 II, 2,16-9,23.

der Asozialität. Sondern das Verbot legt im Blick auf den durch es markierten und geschützten Raum die umsichtige, doch freie Gestaltung nach Maßgabe der Liebe auf. Damit ist das naturrechtlich fundierte Subsidiaritätsprinzip im Grundlegenden überwunden und durch die cooperatio cum Deo in der "schöpferischen Nachfolge" (Ernst Wolf) des Glaubensgehorsams ersetzt. An die Stelle einer naturrechtlichen Ordnung tritt die mit dieser nicht vermittelbare Verantwortung, in der und deren Wahrnehmung der Glaube Gottes Willen tut, also insoweit die zweite Tafel des Dekalogs erfüllt.

Luther wahrt die Reihenfolge der Gebote: Nach dem Ersten kommen eben das Zweite und das Dritte und halten uns weiterhin bei Gott fest; man könnte paraphrasieren: Christlicher Glaube erweist sich vor und über allem darin, daß er Gott anruft, preist und bittet und daß er für seinen verkündigten Willen ganz und gar Ohr ist. Mit diesem Einhalten der Rang- und Reihenfolge der Gebote wird zugleich festgehalten, daß die Nächstenliebe aus der Gottesliebe fließt. Nächstenliebe begründet somit kein *unmittelbares* Verhältnis, bei dem es dann rasch zu einer Vereinnahmung des Nächsten oder zu einem Aufgehen in ihm kommt, und umgekehrt nimmt sie ihn auch nicht fallweise zum Anlaß für Selbsterweise durch Wohltätertum. Sie wendet sich dem Nächsten "in Gottes Namen"[9] zu und wahrt dadurch seine Person und deren Würde; dasselbe anders: Sie begegnet dem Nächsten nicht ohne Legitimation. Hierauf ist später einzugehen.

Jetzt geht es darum, daß Luther sich sehr wohl dessen bewußt war, wie weit wir beständig von den Geboten abweichen und hinter ihren Forderungen zurückbleiben. Doch seine Sensibilität für unser faktisches wie insbesondere schuldhaftes Unvermögen ließ ihn gerade nicht resignieren oder, umgekehrt, forcieren. Sondern sie war ihm Grund, darauf zu dringen und einzuschärfen, daß wir uns mit unseren leeren Händen und mit unserer so weitgehenden Unfähigkeit in kindlichem Vertrauen Gott zuwenden und von ihm *alles* erwarten, auch die Befreiung von unserer Sünde und Ungerechtigkeit[10] und zumal das Tun des Gotteswillens[11]. Christliche Nächstenliebe ist in der Tat etwas gänz-

---

9 Diese inzwischen zur bloßen Floskel heruntergekommene Wendung hat ursprünglich eine ganz präzise Bedeutung, wie 1. Sam 17,45 zeigt: Wer im Namen Gottes auftritt, hat die Legitimation, von Gottes wegen und an seiner Statt zu handeln. Entsprechend stellt das Dritte (Zweite) Gebot den Namensmißbrauch unter Strafe: Er ist Legitimationserschleichung und macht Gott zum Alibi von Eigenmächtigkeit. Luther hat daher in diesem Zusammenhang auf Gehorsam und Demut abgestellt; cf. seine berühmte Formel "Dabo me quendam Christum proximo meo." (WA 7, 66,3f)

10 V. etwa WA 8, 106,13-21; 107,13-16.

11 Cf. bes. WA 40 II, 121,14-18 - Jenes *Augustin*ische "Da quod iubes et iube quod vis" (Conf. X, 29,40; 31,45; 37,60) steht innerhalb spezifisch andersartiger Bezüge, nämlich im Zusammenhang des Ringens darum, sich von den irdischen Lüsten und dieser

lich anderes als Menschenfreundlichkeit, soziales Engagement oder dgl., auch wenn sie *material*, worauf Lange - mit Recht - den Finger legt[12], hiermit immer wieder übereinstimmt. Ihre Eigenart und Qualität rührt präzis daher, daß sie in der erwartungsvollen Hinwendung zu und im einfältigen Gehorsam[13] gegen Gott, daß sie also darin ihren Grund hat, daß der Christenmensch als geliebter Sohn oder geliebte Tochter im Hause Gottes sich mit seinem Willen und dem - wenn ich es einmal so sagen darf - Stil dieses "Hauses" identifiziert. Eine Identifikationsmöglichkeit, die solange besteht und gegeben ist, als man sich dort auch zu Hause *weiß* und *fühlt*[14]. Das alles aber vermag der sündige Mensch tatsächlich dank und in der Kraft der Gabe, in der Gott selber zu ihm kommt und in ihm Wohnung nimmt: der Gabe des Heiligen Geistes.

Mit alledem aber wird aus schönen Worten, wie sie eben zu formulieren waren, eine Beschreibung von Wirklichkeit, auch wenn das Christenleben sie längst *nicht* vollständig abdeckt. Vollständig oder nicht vollständig, das sind hier inadäquate Kriterien - ein Sachverhalt, der ethisch bedenklich erscheinen

---

Vergänglichkeit zu befreien (X, 30,42) hin auf die - gar zu spät erkannte - Schönheit Gottes (X, 27,38) und also zur Lösung von der "klebrigen Liebe durch die Sinne des Körpers" (IV, 10,15). D.h. hier artikuliert sich eine bestimmte Erlösungshoffnung innerhalb eines neuplatonisch geprägten Denkrahmens. Luther hingegen stellt durchgängig ab auf Gottes alleinige Wirksamkeit und damit auf die Unmöglichkeit eines menschlichen *kauchema* bzw., dasselbe positiv, auf unsere Existenz als Bettler vor Gott, die jedoch in kindlichem Vertrauen vor ihn treten und *alles* von ihm erwarten dürfen - und sollen! Demgemäß ist für ihn das Gebet primär, ja nahezu ausschließlich Bitte. In ihr und durch sie bekennen wir uns als Habenichtse, setzen wir unser ganzes Vertrauen in Gott, ehren wir ihn als den, der allein wirksam ist. Der Belege sind Legion; ich verweise hier insbesondere auf die Auslegung des Vaterunsers in beiden Katechismen und die des Ersten Gebots im Großen Katechismus. *In diesem Sinne* ist es auch zu verstehen, wenn *Gerhard O. Forde* in bewußter, provokanter Pointierung fragt, "whether and why there is anything left to do at all" für uns, nachdem Gott uns zugute und an unserer Statt alles bereits getan hat; in: *Carl E. Braaten/Robert W. Jenson* Edd., Christian Dogmatics, Bd. 2. Philadelphia 1984, 396. Mit dieser Frage tritt an die Stelle von Forderungen die Beschreibung von Situation und Zusammenhang, darin christlicher Glaube lebt und immer schon handelt, entscheidet, in Konflikte gerät etc.

12 Lange, l.c.; ausdrücklich 204, als sachliche Voraussetzung pass.

13 Mit diesem Wort bleibt festgehalten, daß der iustus wahrhaftig noch peccator *ist* und somit "im Streit lieg[t] und widerstreb[t]", wie es *Johann Agricola* formuliert (EKG 244,5).

14 Und darum kämpft Luther gegen den Christus iudex, durch den uns der Heiland verdunkelt wird, und warnt er durchgängig davor, in die "nackte Majestät" zu "gaffen" (WA 28, 117,14ss.) und sich mit dem Deus in maiestate absconditus zu befassen (WA 18, 685s.). Positiv erweist sich diese Kindesposition nicht zum letzten darin, daß nach Luther der Glaubende *weiß*, daß er und sein Tun und Leben Gott gefalle; cf. WA 18, 783,26-39 (dazu ibd. 769,4-6); BSLK 590,5ss.

mag. Gerade weil der Christenmensch sich als begnadigten Sünder, als Versager weiß, den Gott ohne Vorbehalt angenommen hat und liebt, ist er weit entfernt von Maximalforderungen. Sondern als - immer noch höchst unvollkommenes - Kind im Hause Gottes und durch den Heiligen Geist verwurzelt in diesem Vaterhaus, geht der Christenmensch hin und übt die vorhin so volltönend beschriebene Nächstenliebe - übt sie, so weit er kommt, vermag, mit Kraft dazu begabt ist. Kriterium ist nicht die quantitative Vollständigkeit oder qualitative Hundertprozentigkeit; Kriterium ist, daß wir in der Tat im Vaterhaus wurzeln und also den Willen des Vaters tun, und das schließt ein, daß, wo wir ihn verfehlen oder hinter ihm zurückbleiben, wir umkehren, uns korrigieren, neu ansetzen können und dürfen. Für Unvollkommenheit ist gesorgt[15]. Doch der Christenmensch kennt Wichtigeres, als sich bei der eigenen Unvollkommenheit aufzuhalten. Die hat er wie das ganze eigene Leben Gott überlassen; nun geht es darum, umgekehrt Gottes Willen zu tun, dessen Ausführung Gott uns anvertraut hat[16].

Christliches Leben, um es verdeutlichend zusammenzufassen, realisiert sich also weder in Anbetung, Kult oder Observanz noch in Nächstenliebe oder sozialem Engagement, und es ist auch nicht gekennzeichnet durch ein Oszillieren zwischen beidem. Jenes "...immerfort zum Himmel reisen, irdisch noch schon himmlisch sein..."[17] verfehlt es ebenso gründlich wie umgekehrt ein "Den Nächsten lieben heißt Gott in seinem Bilde lieben"[18], das in ungezählten Varianten grassiert und Gott im Nächsten aufgehen und damit am Ende auch verschwinden läßt und in eins damit den Nächsten zum Mittel meiner religiösen Zielsetzung und meines frommen Strebens macht[19]. Und es ist umgekehrt

---

15 Von dem berühmten "peccandum est, quamdiu hic sumus" (WAB 2, 372,85f) bis hin zu jenem "Christianus sol peccator bleiben" (WA 40 I, 573,5 HS), das in der Pilgrimschaft der bis zum letzten Atemzug ganz auf Christus Geworfenen festhält.

16 Hier wäre abermals auf den Freiheitstraktat von 1520/1 und insbesondere auf "Ein' feste Burg" (cf. hierzu *Inge Mager*, Martin Luthers Lied "Ein feste Burg ist unser Gott" und Psalm 46, in: JLH 30, 1986,87ss.) hinzuweisen.

17 *Siegmund von Birken* in EKG 252,1. Auch wenn gerechterweise zu betonen ist, daß dieses Lied nicht religiöse Schwärmerei, sondern theologia crucis, und zwar zuhöchst existentiell (darum: "Lasset uns ...") ausdrückt, bleibt diese Wendung anfechtbar. "Iustus simul ac peccator", die sachliche Vorlage, hält von vornherein *auf der Erde* fest und sperrt weltflüchtige Tendenzen ab. Man vergleiche übrigens mit dem ganzen Lied das im selben Jahr entstandene "Sollt' ich meinem Gott nicht singen" von *Paul Gerhardt* (EKG 232)!

18 *Nikolaus von Kues*. Es ist mir nicht mehr gelungen, die Belegstelle wiederzufinden.

19 Cf. *Jürgen Moltmann*, Kirche in der Kraft des Geistes. Ein Beitrag zur messianischen Christologie. München 1975, 145, der Mt 25,31ss. als Beleg dafür anzieht, daß wir im Nächsten Gott begegnen, womit das Gleichnis freilich auf den Kopf gestellt und der Mitmensch zum Mittel für die Werkerei degradiert ist.

auch nicht eine ontologisch darstellbare oder als solche erfahrbare Teilhabe an Gott und seiner Wirklichkeit. Luther sieht es viel einfacher, nachgerade nüchtern, damit freilich auch herausfordernd: Es ist die uneingeschränkte und einfältige Hingabe an Gott und die Bindung an seinen Willen, also die Realisierung unserer Geschöpflichkeit im Angesicht unseres Schöpfers, aus der heraus die Mitmenschen als Nächste in den Blick kommen, so daß ihnen gegenüber geschwisterliches Verhalten sich als gegeben, ja normal darstellt. Das ist eine - in sich komplexe - Einheit mit unumkehrbarer Reihenfolge. Wird diese Einheit aufgebrochen oder die Reihenfolge vernachlässigt, so ist es unvermeidlich, daß Gottes- und Nächstenliebe in Konkurrenz zueinander treten und damit zugleich ein Leben in *beider* Dienst unmöglich wird.

II

Zeichnet sich die Dekalogauslegung im Kleinen Katechismus durch äußerste Prägnanz und höchste Dichte bei gleichzeitiger sachlicher Weite aus, so die im Großen Katechismus dadurch, daß Luther hier den Leser gleichsam bei der Hand nimmt und ihn in einen neuen Lebensraum, eben den des christlichen Lebens, einweist und ihm dessen Regeln und Eigentümlichkeiten darstellt - vergleichbar dem, daß uns der alte Butler in das geerbte Schloß hineinführte und uns nun mit den Besonderheiten vertraut machte wie etwa, daß man dort das Fenster nicht öffnen solle, hier die Tür offenstehen lassen müsse, in jenem Raum um gar keinen Preis die Möbel verrücken dürfe, weil der Fußboden das nicht aushalte, etc. etc. Hier wird nicht - im Jargon geredet - "Druck gemacht", hier wird vielmehr das Christenleben in seiner Besonderheit und seinen Bedingnissen gleichsam von innen heraus erschlossen. Das geschieht mit klaren, mit eindeutigen, oft genug auch mit scharfen Worten, doch beschreibend und ist darum frei von jeder Enge und jeder Form moralischen Drängens. Mit vielem, was Luther vor mehr als nunmehr 450 Jahren schrieb, könnte man sich auch heute gut sehen lassen; ich erinnere, um nur ein Beispiel zu geben, insoweit an den vorletzten Absatz der Auslegung des Vierten Gebotes, der, übertragen in unsere Sprache und Gegebenheiten, ein immer noch bemerkenswertes Bildungsprogramm vorträgt. Man kann nur bedauern, daß diese Schatztruhe Großer Katechismus so wenig bekannt und genutzt ist.

Dem soll jetzt im einzelnen nicht nachgegangen werden, zumal es eine Passage gibt, in die hinein Luther ganz Wesentliches seiner Dekalogauslegung bündelt und die, soweit ich sehe, in ihrer Bedeutung bisher kaum erkannt, geschweige denn berücksichtigt wurde. Luther schreibt in der Auslegung des Ersten Gebotes:

Denn ob uns gleich sonst viel Guts von Menschen widerfähret, so heißet es doch alles von Gott empfangen, was man durch sein Befehl und Ordnung empfähet. Denn unsere Eltern und alle Oberkeit, dazu ein iglicher gegen seinen Nähisten, haben den Befehl, daß sie uns allerlei Guts tuen sollen, also daß wir's nicht von ihn, sondern durch sie von Gott empfahen. Denn die Kreaturn sind nur die Hand, Rohre und Mittel, dadurch Gott alles gibt, wie er der Mutter Brüste und Milch gibt, dem Kinde zu reichen, Korn und allerlei Gewächs aus der Erden zur Nahrung, welcher Güter keine Kreatur keines selbs machen kann. Derhalben soll sich kein Mensch unterstehen, etwas zu nehmen oder zu geben, es sei denn von Gott befohlen, daß man's erkenne fur seine Gaben und ihm darümb danke, wie dies Gepot fodert. Darümb auch solche Mittel durch die Kreaturn Guts zu empfahen nicht auszuschlagen sind noch durch Vermessenheit andere Weise und Wege zu suchen, denn Gott befohlen hat; denn das hieße nicht, von Gott empfangen, sondern von ihm selbs gesucht. (BSLK 566,12-37)

Dieser kurze Abschnitt, der nachgerade eine Grundlegung christlicher Ethik in nuce darstellt, soll im folgenden näher bedacht werden. Dem Duktus des Textes gemäß ist dabei in fünf Schritten vorzugehen.

1. "*Denn ob uns gleich sonst viel Guts von Menschen widerfähret, so heißt es doch alles von Gott empfangen, was man durch sein Befehl und Ordnung empfähet.*" Man kann diesen Satz in zweierlei Weise verstehen, nämlich einmal so, daß man alles, was einem Menschen geben, nehmen oder tun, als aus der Hand Gottes selbst kommend erkennt und es entsprechend demütig und widerspruchslos hin- und annimmt. Es ist leicht zu erkennen, daß damit Gottesgnadentum, Untertanenhaltung und servile Gottergebenheit ihre Basis fänden.

Man kann den Satz freilich auch entgegengesetzt auffassen, so nämlich, daß alles das, was Menschen uns geben oder nehmen, von diesen selbst abstrahiert wird: Sie sind nur die Boten, die Briefträger[20], die Handlanger; Handelnder ist Gott und Gott allein. In dieser Auffassung steckt ein außerordentlich kritischer Vorbehalt: Wer immer uns etwas zukommen läßt oder entzieht, es sei ein Fürst oder ein Vorgesetzter, ein Machthaber oder auch ein Untergebener, er/sie ist in jeden Fall nur mehr ausführendes Organ, nur mehr Werkzeug dessen, der da allein Herr ist und alleine gibt und gewährt, Gottes nämlich. Im Gefälle dieses Verständnisses wird Dank für eine Wohltat *primär* Gott und gerade nicht dem Wohltäter erwiesen und damit realisiert, daß der Christenmensch Kind Gottes ist, begabt mit Hausrecht in Gottes Haus und "Gegenstand"[21] von Gottes Liebe und Macht. Ein solcher Mensch gehört nur Gott und verdankt sich und alles Gott allein.

---

20 Cf. WA 6, 299,35ss.
21 Das Wort ist hier grammatikalisch gemeint, nicht jedoch in dem Sinne als "Material" wie, denn doch recht befremdlich, *Karl Barth* in diesen Zusammenhängen einmal artikulieren kann (KD I/2,458).

Luther schreibt den Satz, wie erwähnt, im Zusammenhang der Erklärung des Ersten Gebotes; bereits diese Tatsache wäre Beweis genug, daß die erste Auffassung ein Mißverständnis darstellte, er vielmehr im Sinne der zweiten zu verstehen ist. Dann aber ist er nachgerade grandios, expliziert er doch jene berühmte Formel aus "Von der Freiheit eines Christenmenschen": "Ein Christenmensch ist ein freier Herr über alle Dinge und niemand untertan", hinein nun in die vielfältigen sozialen Bezüge und vor allem Abhängigkeiten, in denen wir stets leben. So kann der Christenmensch mit Dank und Freude annehmen, was ihm an Gutem gewährt wird - doch es wird *Gott* gedankt; darum schließt es Abhängigkeit vom Geber und Bindung an ihn *um des Empfangenen willen* gerade aus. Wer uns etwas gibt, wie mächtig und hoch er/sie auch immer sei, bleibt dabei, was er/sie ohnehin immer war und ist, nämlich Mensch wie ich selbst, Kreatur Gottes, ausführendes Organ seines souveränen Willens. Jenes "Fürsten sind Menschen, vom Weib geboren, und kehren um zu ihrem Staub; ihre Anschläge sind auch verloren, wenn nun das Grab nimmt seinen Raub" (Johann Daniel Herrnschmidt, EKG 198,2) ist hier überboten: Nicht erst Tod und Grab lassen Fürsten zu dem werden und als die erkennen, die sie sind, sondern auch in ihrer Macht und deren Ausübung erweisen sie sich dem Glauben als Gottes Handlanger und Dienstboten.

2. *"Denn unsere Eltern und alle Oberkeit, dazu ein iglicher gegen seinen Nähisten, haben den Befehl, daß sie uns allerlei Gutes tuen sollen, also daß wir's nicht von ihn, sondern durch sie von Gott empfahen."* Welch eine Relativierung von Macht, Ansehen und Position! Doch man beachte wohl, daß es Luther hier nicht einfach darum zu tun ist, menschliche Möglichkeiten zu relativieren; es geht um Anderes. *Zum einen* darum, daß soziale wie insbesondere auch Machtstrukturen von Gott gesetzt sind *zum Zwecke*. Das heißt: Jede Position oder Funktion, die irgendwelche herrscherliche oder Verfügungsgewalt mit sich bringt, ist zum *Dienst* dem Mitmenschen *zugute* eingesetzt[22]. Hier ist der moderne, insbesondere auf Aufgabe, Funktion oder Rolle abstellende Begriff von "Verantwortung" bereits strukturiert. Christliches Leben al-

---

22 Luther wußte das sehr wohl und schrieb seinem Fürsten ins Stammbuch: "Denn aus gehorsam oder dienst wird keine aufrur auch inn der Welt, Sondern aus regirn und herrschen wollen" (WA 51, 240,25s.). "Es ist typisch für Luthers Auffassung von Nächstenliebe, daß er die gute Absicht nicht als Kriterium für die moralische Güte einer Handlung billigt. Die Goldene Regel verlegt das Kriterium von der liebenden Person weg auf den Bedarf und das Gut des Mitmenschen. ... Dem Gedanken der Liebe Gottes entsprechend bedeutet christliche Liebe nach Luther, dem Mitmenschen in solchen konkreten Taten selbstlos zu helfen, die den Bedürfnissen des einzelnen Menschen Rechnung tragen." *Tuomo Mannermaa*, Der im Glauben gegenwärtige Christus. Rechtfertigung und Vergottung - Zum ökumenischen Dialog. AGTL NF 8, Hannover 1989, 168s.

so ist nicht ein Leben im - offenen oder auch subtilen - Genuß der Machtpositionen oder der Handlungsmöglichkeiten, aus denen heraus man dann, etwas gönnerhaft oder onkelhaft, Almosen gibt oder, wie es in abscheulicher Verzerrung christlicher Nächstenliebe in der Agende heißt, "Werke der barmherzigen Liebe"[23] gegenüber Bedürftigen vollbringt. Christliches Leben ist vielmehr ein Leben, das darin dem Leben Jesu Christi selber vergleichbar ist, daß man dem Nächsten dient, wer immer es sei.

Das *Andere*, worum es Luther hier geht, ist Gottes Befehl. Das ist ebenso ein Ende von Willkür wie von Wohltätertum. Damit ist zugleich der Rückzug auf "Sachzwänge" oder auch auf Paragraphen abgeschnitten. Natürlich verschiebt Gottes Befehl zu einem bestimmten Tun nicht den Siedepunkt des Wassers oder die Backzeit eines Brotes, hebt er weder gruppendynamische Prozesse noch Gesetzmäßigkeiten an der Börse auf. Doch Gottes Befehl erheischt, daß wir gerade in und mit diesen Gegebenheiten, Fakten und Gesetzmäßigkeiten, wie sie nun einmal vorgegeben sind, zu Wohl und Nutzen des Nächsten umgehen und sie entsprechend ordnen und in Brauch nehmen. Das erfordert zuweilen radikales Umdenken, in jedem Falle aber Phantasie und Bereitschaft auch zu Unbequemlichkeit. Technokratentum indes ist hier ebenso wie Selbstzufriedenheit ausgeschlossen; auch die Arroganz der Macht findet hier ihre Grenze.

Mit alledem hat sich zugleich bestätigt, daß der erste Satz in der Tat nach der an zweiter Stelle erwogenen Weise verstanden werden muß; denn hier wird ausdrücklich und in gegensätzlicher Abhebung Gott und gerade nicht die Kreatur als Geber der Gaben genannt.

3. "*Denn die Kreaturn sind nur die Hand, Rohre und Mittel, dadurch Gott alles gibt, wie er der Mutter Brüste und Milch gibt, dem Kinde zu reichen, Korn und allerlei Gewächs aus der Erde zur Nahrung, welcher Güter keine Kreatur keines selbs machen kann.*" Welch wundervolles Bild! Man achte hier auf zweierlei. Zum einen hat Luther keinerlei metaphysisches Prinzip, keinerlei theologischen Universalschlüssel, dank dessen er in der Lage wäre oder zu sein vermeinte, Gottes Pläne und Absicht deduzieren und demonstrieren zu können. Sondern er stellt ab auf Gottes Gebieten - das Gebieten des Schöpfers, der mit seiner Kreatur nach seinem Willen und Wohlgefallen verfährt.

---

23 Allgemeines Kirchengebet A 1 der lutherischen Agende I, ⁶1974. Laut Ausweis dieses Gebetes in einer lutherischen Agende hat man insoweit in der lutherischen Kirche nicht einmal ahnungsweise einen Grundgedanken des Reformators - und der Reformation! - erfaßt; cf. auch BSLK 411,17ss. sowie WA 26, 504s. Zur Thematik selbst cf. den sorgfältigen Aufsatz von *Rudolf Mau*, Liebe als gelebte Freiheit des Christen, in: LuJ 59, 1992, 11-37. Der uns gegenwärtig plagende Aktionismus dürfte nicht zum letzten durch diesen liturgisch festgeschriebenen *vor*reformatorischen Einsichtsstand mit hervorgetrieben worden sein.

Das ist der Rahmen, innerhalb dessen er völlig unprinzipiell ad hoc zu sagen vermag, wozu die Kreatur Gott dient. Zum anderen sei aufmerksam gemacht auf die Nüchternheit, in der Luther die Kreatur visiert. Gerade hier, wo von Gottes Wirken in ihr und durch sie die Rede ist, verspürt man nichts von jener frommen Haltung, die in jedem schlüpfenden Küken mit frommem Augenaufschlag Gott selbst erkennt oder die im Meeresbrausen oder in der Flugkatastrophe immer schon in auffällig eindeutigem Wissen Gott spezifisch am Werke sieht. Jene Haltung also, die der Kreatürlichkeit nicht standhält und daher immer schon Gott - scheinbar fromm - unmittelbar ins Geschöpfliche hereinzerrt[24] oder auch umgekehrt die Überhöhung der Wirklichkeit und die - sakramentale, mystische etc. - Teilhabe an Gott oder doch zumindest am Göttlichen behauptet. Wie anders hier Luther und wie erfrischend darin[25]! Kreatur ist Kreatur, und zwar in allen ihren Ausformungen und Weisen. Als solche verdankt sie sich Gott und steht sie ihm zu Gebote. Gott bleibt als der Schöpfer ihr Herr[26] und als dieser zu ihr in einem klaren Gegenüber.

---

24 Was bei Augustin grandios war - die Schöpfung als Gleichnis, cf. besonders Conf. XIII - und im Monismus Baruch Spinozas immerhin noch imposant, bei Barthold Hinrich Brockes jedenfalls Linie hatte und bei Teilhard de Chardin beeindruckendes Format, ist auf der Ebene des romantisch kleinbürgerlichen wie des romantisch ökologischen Christentums dann platt und banal. Die unreflektierte Identifizierung von Welt, Umwelt, Natur und Schöpfung ebenso wie vormals die religiöse Überhöhung des (deutschen) Waldes, der Vegetation überhaupt oder auch der Heimat läßt exakt an der Stelle die Vernunft zurücktreten, wo Luther sie in ihre königliche Funktion wollte eingesetzt und in Brauch genommen wissen. Daß die religiöse Überhöhung von Weltlichem zu Verzerrungen und insbesondere in unevangelische Gebundenheit führt, hat Luther zu wiederholten Malen dargetan; cf. etwa WA 30 II, 323ss.

25 Weil Luther in der Christologie die Wesenseinheit des Vaters und des Sohnes und die Personeinheit des Menschgewordenen in äußerster Strenge und Konsequenz dachte, hatte er - gerade wie er 1528 in seiner großen Abendmahlsschrift explizierte - die Möglichkeit gewonnen, Kreatur Kreatur sein zu lassen, ohne sie entweder ontologisch, und d.h. faktisch: unmittelbar - und wäre es "als Gleichnis" oder per analogiam - mit Gott zu verbinden oder sie in völliger Diastase gegen Gott letztlich zu isolieren: Nun in Jesus Christus die (menschliche) Natur ganz und gar und bleibend zur Rechten Gottes erhöht wurde, ist kraft der Einheit von Vater und Sohn die Kreatur als vom Schöpfer umfangen und auf seine - unser Denkvermögen transzendierende - Neuschöpfung hin bestimmt abschließend verbürgt. Oder, um es in Anlehnung an eine Unterscheidung Luthers (WA 26, cf. 339,14ss.; 422,11ss.; 436,12ss.) etwas formelhaft auszudrücken: Weil (der dreieine) Gott (immer schon) da ist, können wir darauf vertrauen, daß er gemäß seiner Verheißung auch *uns* da sein wird; und daraufhin, daß er immer wieder uns da ist, haben wir allen Grund zu dem Vertrauen, daß er da ist, und können ihm füglich seine Schöpfung überlassen, ohne sie allererst für ihn gewinnen oder als theophor auffassen zu müssen.

26 Luther kennt auch nicht die diese Differenz zum Verschwimmen bringende Kategorie des Sakramentalen, das - besonders deutlich in LG, cf. I,1 und 7s. - eine ontologische

Dieses Herrsein und diese Souveränität in diesem Gegenüber erweisen sich darin, daß Gott die Kreatur für seine Zwecke in Dienst nimmt. Sie ist eine bloße Rohrleitung. Daß man als Minister oder als Professor, als Bischof oder als Bundesrichter, als Multi-Chef oder als Star-Regisseur nichts weiter sein soll als bloße Röhre, durch die Gott leitet, was wir selber nie und nimmer zustandebringen, das klingt und ist nicht schmeichelhaft. Die Möglichkeit, sich im geborgten Glanze der Ehre Gottes zu sonnen als jemand, der das Privileg hat, an Gott zu partizipieren oder exklusiv Gottes Gabe darzureichen: Luther schneidet dergleichen ab. Davor und dawider steht das Erste Gebot. Gott allein gebührt die Ehre, er allein ist der Geber alles dessen, was uns im Leben und für unser Leben zukommt. Wir sind und bleiben die Empfangenden und nur diese.

Es liegt auf der Hand, daß unser Satz ebensowohl kirchen- als auch - im Blick auf uns - selbstkritisch aufgefaßt werden kann. Doch es geht nicht primär ums Kritische. Etwas anderes ist hier wesentlich, dies nämlich, daß Luther keinerlei Einschränkungen anbringt etwa der Art, daß Gott bedingt, nur den Guten, den Frommen, den Würdigen etc., seine Güte und die Fülle seiner Gnade zuwendete. Daß Gott regnen läßt über Gute wie Böse, daß diese durch nichts eingeschränkte Liebe zu seiner Kreatur gerade den Gott kennzeichnet, der in Jesus Christus FÜR UNS ist, davon geht Luther aus und vermag dadurch die Universalität des Evangeliums zu wahren. So auch hier, wo die Uneingeschränktheit des Gotteswirkens durch die belebte wie die unbelebte, die vernünftige wie die unvernünftige Kreatur einschließt, daß wir auch das aus *Gottes* gnädiger Hand fröhlich annehmen können, was Heiden oder Gottlose, Lumpen oder Feinde uns zuwenden. Daß Gott die Kreatur durchwaltet und beherrscht, dieser abstrakte dogmatische Satz hat hier Leben und wird in seinem Sinn transparent. Christlich leben heißt eben, sich hierauf einzuspielen und also sowohl sich mit der reinen Kreatürlichkeit des überreich beschenkten Bettlers zu bescheiden als auch der Versuchung zu widerstehen, sich eine Eigenständigkeit und Unabhängigkeit vorzugaukeln, die wir nicht haben, die aber, wo wir sie haben, uns - bitterste Erfahrung der zweiten Hälfte unseres Jahrhunderts - in unserem Menschsein beschädigt, ja korrumpiert[27].

Sphäre sui generis zwischen Gott und Kreatur markiert, an der beide partizipieren. Die Eindeutigkeit der Reihenfolge - *Gott* ist der Handelnde - gerät durch die Ausführungen mithilfe dieser Kategorie alsbald ins Zwielicht. Denn wenn Christi Selbstopfer an uns wirksam wird im Medium der sakramentalen Vergegenwärtigung der "Eucharistie", dann ist er offenkundig auf seine Kirche angewiesen, die somit im Vollzug des Sakraments unvermeidlich zugleich sich selbst immer wieder neu konstituiert und bestätigt.

27 Luthers nachgerade axiomatische These, daß der freie Wille von sich aus nur um so tiefer in die Sünde hineinzuführen vermöge (WA 1, 354,5s. [Th.13], cf. WA 1, 147,38-

An dieser Stelle ist (auch vor dem Hintergrund des insofern kontroversen - und darin stimulierenden - Seminargesprächs) die Differenz zur neuen finnischen Luther-Deutung, insbesondere der Tuomo Mannermaas, zu markieren. Das kann hier nur thetisch geschehen und sei in fünf Punkten vollzogen.

1. *Grundsätzlich* erscheint es als methodologisch und insbesondere hermeneutisch zumindest fragwürdig, die Interpretation an einer "strukturierenden Idee" auszurichten, und das zumal, wenn diese nicht von den Quellen selber ausdrücklich als als organisierende Mitte herausgestellt ist. Nicht allein, daß das an die eigentümlich onkelhafte Auffassung erinnert, der Ausleger müsse den Autoren besser verstehen als dieser sich selbst; vor allem ist hier die notorische - wissenschaftsgeschichtliche - Erfahrung übergangen, daß ein derartiges Vorgehen noch regelmäßig zu Projektion und Eintragung führte sowie dazu, die eigenen Fragen historisierend zu camouflieren. Und sachlich ist mir diese "strukturierende Idee" gar zu deutlich und einseitig durch den/die Ausleger bestimmt.

2. *Historisch*, d.h. im Blick auf Luther selber, habe ich mich nicht davon überzeugen können, daß die vielfältig beigebrachten und zT. sehr intensiv bearbeiteten Belege die behauptete real-ontische Teilhabe bzw. die - von hier aus zu interpretierende - Vergottung tatsächlich tragen oder auch nur nahelegten. Dabei geht es nicht allein um entsprechende direkte Äußerungen, die - einmal mehr - zum Rückgriff vor allem auf den jungen Luther veranlassen, sondern und in erster Linie um Texte aus den 20er und insbesondere 30er Jahren, die so erkennbar unter Fragestellung und Wegweisung der herangetragenen "strukturierenden Idee" interpretiert werden. Nach meinem Urteil werden bei den Schlüssen auf die real-ontische Teilhabe bzw. die Vergottung die einschlägigen Texte - mit Bloch zu reden - gegen den Strich gebürstet. Das "ergo" der Forscher kehrt ihre Denk- und Aussagerichtung um und übergeht ihre immanente Dynamik, die ein unumkehrbares Gefälle und damit eine präzise Reihenfolge impliziert. Man könnte es, obschon hier die Thematik etwas anders ist, an der Differenz von favor und donum verdeutlichen, gegen deren Überbetonung insbesondere Mannermaa sich wendet. Die von ihm insoweit behauptete, chalcedonensisch interpretierte Einheit beider wäre - auch etwa vor dem Hintergrund der Theologie August Hermann Franckes, bei dem die Differenz verwischt ist - sehr wohl daraufhin zu befragen, inwieweit hier Luthers theologisches Interesse an dieser Unterscheidung tatsächlich realisiert ist. Diese Frage stellt sich umso eher, als Luther nicht nur im Anti-Latomus, sondern ziemlich durchgängig, als donum den *Heiligen Geist* benennt. Das ergibt einen spezifischen, andersartigen Akzent, und man sollte zumal im Rahmen einer trininitarischen Ontologie hierauf wohl aufmerksam sein.

3. *Logisch* gesehen, stellt sich die Frage, wie die jeweils herausgestellten Gleichheiten aufzufassen sind. Wenn etwa anhand einer einschlägigen Luther-Passage - verkürzend zusammengefaßt - die Kettengleichung aufgestellt wird: Gottes Sein = seine Gerechtigkeit = Jesus Christus = Sein des Glaubens ("in ipsa fide...") = reale Partizipation = göttliches Sein des Glaubens - mit der Konsequenz der Möglichkeit univoker Aussagen - , so ist der Verdacht nicht abzuweisen, daß hier = und $\equiv$ miteinander verwechselt werden. Denn die behauptete - und mit Fug belegte - Gleichheit ist ja nicht mathematisch, sondern doxologisch und kerygmatisch und somit Gleichheit in jeweils spezifischer Hinsicht oder Beziehung. Gerade manche schier Schwindel auslösende Aussagen Luthers von Göttlichkeit und

---

148,12), könnte (und müßte) aufgrund der Erfahrungen unseres Jahrhunderts eigentlich auf eitel offene Ohren stoßen, doch sie widerstreitet dem grundlegenden menschlichen (Aber-)Glauben an sich selbst und damit einem Axiom der Neuzeit.

Gottgleichheit etc. des Glaubens bzw. der Glaubenden, die insoweit mit Recht - wieder - hervorgehoben werden, sind - rekurriert man denn auf die Christologie - im Sinne von En- bzw. Anhypostasie, nicht jedoch so aufzufassen, als könnte uns dergleichen "real-ontisch" prädiziert werden. Denn damit wäre die Differenz zwischen favor und donum eingeebnet, also vernachlässigt, daß, was insoweit in der Tat von Luther als *real* ausgesagt wird, in dieser seiner Realität nun doch spezifisch qualifiziert ist, so zwar, daß es Gottes ist und bleibt, so wie im Kleinen Katechismus das Taufwasser "ein gnadenreiches Wasser des Lebens" ist eben als "in Gottes Gebot gefasset und mit Gottes Wort verbunden", ohne darin doch aufzuhören, "schlecht Wasser" zu sein, blickt man auf es selbst. Diese Verbindung aber zu ontologisieren, hieße, eine Wandlung zu postulieren, was Luther mit analoger Begründung beim Abendmahl entschieden abgelehnt hat. Umgekehrt, hier versagt jede Ontologie. Entsprechend im Blick auf uns: Wir sind Bettler - gerade als Glaubende; wir sind Sünder und "sollen" es "bleiben" - abermals: gerade als Glaubende. Daß wir dies "sind", gehört in den Zusammenhang unserer Ontologie, nicht jedoch dies, daß wir im Glauben göttlich "sind": Davor steht als Ausdruck dieser Unmöglichkeit eben "im Glauben". Damit jedoch ist *keine eingeschränkte* Realität ausgesagt, sondern eine *ontologisch nicht verrechenbare*, nämlich eschatologische. Kurzum, im letzten stellt sich mir die Frage, inwieweit die Art, wie hier die Logik eingesetzt wird, nicht den "eschatologischen Vorbehalt" aufhebe.

4. *Sprachlich* erkenne ich eine Verwechslung der Ebenen und damit die Vertauschung des Eigentlichen mit der Metapher. Das aber ist, als Problem der Sprache, eines der Wahrnehmung der Wirklichkeit überhaupt samt dessen, was sie ausmacht. Konkret: Luther drückt in einer Fülle verschiedenster Wendungen die Zusammengehörigkeit des glaubenden Menschen mit Gott bzw. Jesus Christus aus - vom fröhlichen Wechsel über den berühmten "einen Kuchen" bis hin zu Christus als nachgerade persona des/der Glaubenden - , und diese Wendungen sind vielfach sprachlich prägnant und erscheinen als bildhaft. Mannermaa (cum suis) nun interpretiert diese Wendungen - jedenfalls faktisch - als Metaphern und übersetzt sie in Seinsaussagen der Art, daß Gott sein Sein schenke oder eine Teilhabe an seinem Sein etc. Er täte darin recht, wenn es um Gegenstände oder Sachverhalte ginge; allein, es geht um Gott und Menschen, um den deus iustificans und den homo peccati reus. Da aber ist, was sans phrase als metaphorisch genommen wird, eigentlich und real. Das erhellt sofort, wenn man daran denkt, daß Grete sich ihrem Hans in Liebe schenkt: Es wäre uneingeschränkter non-sense (wenn auch unter der Tarnkappe akademischer Präzision), daraufhin sagen zu wollen, sie schenkte ihm ihr Sein oder Teilhabe an ihrem Sein. Nicht nur, daß man damit inhaltlich nichts sagte, und was man damit sagte, hätte mit dem scheinbar Ausgesagten tatsächlich nichts zu tun. Denn Grete gibt eben sich selbst und nicht ihr Sein, und Hans hat an diesem keinen Anteil, partizipiert nicht an ihm, sondern er hat mit ihr die intime Gemeinschaft der Liebe. Das ist auf der Ebene des humanum und also der Realität unhintergehbar und irreduzibel, oder es würde gerade in dem, was es ausmacht, verfehlt. Die ontologische Fassung hingegen, sie abstrahiert davon, transponiert es auf eine andere Ebene und sagt's uneigentlich aus. Hier also begegnen wir Metaphern - Schindmähren von erbärmlichen Metaphern, die nichts, aber auch gar nichts von Glück, Schönheit und Menschlichkeit dieses Geschehens auch nur ahnen lassen. Daß Gott uns "sich ganz und gar ausgeschüttet hat und nichts behalten, das er nicht uns gegeben habe", meint exakt dieses und wird verfehlt, indem man es in die Metaphorik der Ontologie transponiert, allwo es zu einem abstrakten Sachverhalt wird, der dann nachträglich der frommen wie praktischen Aufladung bedürftig ist, um überhaupt etwas zu sagen: Ein absurder Vorgang. Das bleibt's auch angesichts der Belegbarkeit, daß nach Luther Gott uns sein Sein ge-

schenkt habe: Eine derartige doxologische oder kerygmatische Aussage nach schier einem Jahrhundert Gattungsforschung in der Theologie platt ontologisch zu nehmen, ist zwar mutig, doch offenkundig unangemessen.

5. *Theologisch* erheben sich hier Bedenken angesichts des Interesses an der Ontologie selber und des Dringens auf sie. Das geringste dabei ist noch, daß *im Kontext unserer Zeit* - in der wir leben und aus der wir uns nicht hinausmogeln können - Ontologie notorisch ihre Unschuld verloren hat und, wir wollen oder nicht, zum Mittel der Weltbemächtigung geworden ist; es ist ebenso fahrlässig wie gefährlich, diesen Sachverhalt zu vernachlässigen. Gewichtiger schon ist der, daß in allen zum Beleg angezogenen Texten Luther gerade *nicht* an der Ontologie selbst bzw. einer Ontologisierung interessiert ist, es wäre denn im Hinblick auf möglichste Prägnanz der Aussagen. Diese indes zielen vielmehr auf den Glauben oder, genauer: auf unser Leben in und aus dem Glauben samt Voraussetzungen und Konsequenzen, also auf die ontische Realität unseres Lebens coram Deo in der Fülle seiner Aspekte, Möglichkeiten, Fragen, Gefährdungen, die allesamt nicht in abstracto zu erfassen und aufzunehmen sind, sondern "vivendo, immo moriendo..." sollen bewältigt werden. Am gewichtigsten jedoch ist dieses, daß eine Ontologie es erlaubt, Amöbe, Ratte, Orgel, Fleischerhaken, Mensch, Neutrino und Gott s.v. "Sein" auf denselben Nenner zu bringen, gerade so, als bestünde Kommensurabilität. Das ist möglich nur unter den zwei Voraussetzungen, daß "Sein" *die* umfassende Größe und daß der Bereich der verallgemeinernden Abstraktion *der* wirkliche sei. (Was eine derartige Auffassung erbringt, wäre an Karl Barth zu studieren, der selbst den lebendigen Jesus Christus dem abstractum "die Offenbarung" subsumiert.) Und das geschieht mit dem Dringen auf Ontologie in der Tat, als welche zugleich erlaubt, ja geradezu erheischt, Gott und, was ihn ausmacht, wenn auch auf dem Weg des "in ipsa fide...", in den immanenten Zusammenhang so einzuschleusen, daß insoweit eine vorbehaltlose Kommunikabilität gegeben ist, und zwar mit dem Anspruch auf höchste Realität. Doch dazu kann nur festgestellt werden, daß ein Gott, der ontologisch ausgesagt und beschrieben werden und somit in immanente Zusammenhänge hinein verrechnet werden könnte, ipso actu als Gott geleugnet würde. Kurz, das Bedenken ist insgesamt, daß hier "das Sein" vor und über Gott gesetzt werde.

Indem ich also insbesondere aus den aufgelisteten Gründen eine deutliche Trennungslinie zu dieser platonisch inspirierten Erfassung Luthers aufgrund einer "strukturierenden Idee" im Hinblick auf ontologische Aussagen ziehe - damit zugleich der bekannten Problematik von "Teilhabe" entgehe - und der implizierten verfremdenden Reduktion eine Darstellungsweise entgegensetze, in der es um die Beschreibung des Glaubens in unserer Lebenswelt geht, meine ich gleichwohl, dem Anliegen Mannermaas und der Mehrzahl der Seminarteilnehmer zu entsprechen, die Realität der Gottes- bzw. Christusgemeinschaft zur Geltung zu bringen. Nun nicht nur das; ich gehe vielmehr von ihr aus. Doch sie ist - sensu stricto - geistlich und beläßt uns somit - um's auf diese Weise auszudrücken - in Rahmen und Grenzen unserer (immanenten) Ontologie, der wir doch durch den Heiligen Geist - *simul* - bereits entnommen sind.

4. "*Derhalben soll sich kein Mensch unterstehen, etwas zu nehmen oder zu geben, es sei denn von Gott befohlen, daß man's erkenne fur seine Gaben und ihm darümb danke, wie dies Gepot fodert.*" Ein Satz, der zunächst stutzen läßt, ja nachgerade befremdet, fordert er doch mit dürren Worte, man solle ausschließlich das tun, was Gott ausdrücklich befohlen hat, und nichts hierüber

hinaus. Damit scheinen gesetzliche Enge und religiöses Pedantentum eingeführt zu sein. Die von Luther so energisch gepredigte "Freiheit eines Christenmenschen" läßt sich hierauf kaum reimen; christliches Leben stellt sich dar als reduziert auf peinliche Gebotserfüllung[28].

Es war bereits zu berühren, daß man christliches Leben immer wieder in dieser Weise mißverstand. Der Fehler liegt darin, daß man die Gebote in ihrem An-sich erfaßte und also von dem trennte, der durch sie redet und gebietet, gerade so, als wären sie für sich selbst bestehende immergültige Wahrheiten oder vielmehr Forderungen, Forderungen etwa des Sittengesetzes. Ganz anders hier Luthers Sichtweise. Ihm sind die Gebote eben *Gottes* Gebote, und was sie fordern und gebieten, das fordern und gebieten nicht sie als statutarische Satzungen der obersten Weltvernunft, das fordert und gebietet vielmehr, und zwar durch sie gleichsam als Medium, Gott selbst[29] - "der sich zum Vater geben hat, daß wir seine Kinder werden".

Damit aber bekommt unser Satz einen gänzlich anderen Klang und verfliegt der Schein von Gesetzlichkeit. Jenes "Gehorsam ist des Christen Schmuck" (Schiller) tritt hier in concreto hervor: Der Christ gehorcht nicht abstrakten Normen, und wären es die Gebote Gottes; der Christ gehorcht Gott *und darum* den Geboten. Dieser Gehorsam aber ist nach Luthers Verständnis exklusiv; exklusiv in beiden Hinsichten: Der Christ leistet Gott und ihm allein Gehorsam, und er nimmt sich dem Willen und Gebot *Gottes* gegenüber keinerlei Freiheiten heraus. Wie denn auch - Gottes Wille und Gebot, Luther weiß es nur zu gut, umschließt uns ganz und gar, so daß jedweder Eigenwille ein Wiederaufleben des Alten Adam und damit immer schon im strengen Sinne des Wortes *Un*gehorsam wäre. Luther hält hier also in besonderer Deutlichkeit fest, daß wir mit dem ganzen Leben, Tun und Lassen uns Gott verdanken und schulden. Das aber legt sich aus im Hören und Tun der Gebote *Gottes*, dieser und dieser allein.

In alledem aber steckt noch etwas anderes, das uns fremd geworden zu sein scheint, wofür Luther jedoch sensibel war, nämlich die Frage nach der *Legiti-*

---

28 Luther scheint diese Bindung an Gottes Gebot äußerst wichtig zu sein, cf. BSLK 589,4ss.; 639,16ss.; 552,16ss.; 662,20ss.; dazu auch WA 31 I, 211,31s. Daß ihm dabei jede Form von Gesetzlichkeit dezidiert fernliegt, ist notorisch, cf. insbesondere etwa WA 50, 627ff, auch 607ff: Es ist Luther um Heiligung und Gehorsam, darum also zu tun, daß wirklich der Wille *Gottes* unter uns und durch uns auf Erden geschehe, doch gerade so in der "Freiheit eines Christenmenschen". *In diesem Zusammenhang* gilt: "Der Glaube gibt die Freiheit, das Rechte zu erkennen, weil der Glaube die Werke an den ihnen zukommenden Platz weist." *Gerhard Ebeling*, Wort und Glaube (I). Tübingen ²1962, 427.

29 Auf Luthers Verständnis des Dekalogs auch als Inbegriff des Naturrechts und die damit aufgerufenen Probleme kann hier in der Kürze nicht eingegangen werden.

mation unseres Tuns und Lassens. In einem sog. technischen Zeitalter stellt sie sich allenfalls beiläufig; wir fragen primär funktional und im Hinblick auf Zwecke. Die Legitimationsfrage erscheint weithin als abgedrängt ins rein Juristische, also als Frage nach der gesetzlich vorgezeichneten Kompetenz. Fehlt eine gesetzliche Einschränkung, so langt man zu[30]. Längst gilt es als Ausdruck von Emanzipation, Selbstverwirklichung u.ä., daß man tue, was als möglich erscheint, allein weil es als möglich erscheint - im Persönlichen, im Ökonomischen, im Politischen, auch in der Kunst und in der Kirche; der "Markt der Möglichkeiten" auf den Kirchentagen dürfte insoweit signifikanten Symbolwert haben[31]. Die faktische Möglichkeit als solche wurde zur Handlungsbegründung.

Luther hingegen insistiert auf der Legitimation, und zwar der *Legitimation durch Gott selbst*. Nichts und niemand kann unser Handeln legitimieren als allein der, dessen Wille alle Kreatur hervorbrachte und darum für sie und in ihr unmittelbar und uneingeschränkt gilt. Ein Wille nun freilich, der nicht in tausend und abertausend Paragraphen und Vorschriften sich zerlegt, sondern der in klaren Geboten kundgetan wurde, die ihrerseits freies Handeln ermöglichen, ja erfordern. Jenseits von Willkür oder Beliebigkeit erweist sich *Freiheit* darin, daß sie sich jeweils der Legitimation versichert.

Doch man muß es schärfer fassen: Erst die ernsthafte Frage nach der Legitimation unseres Handelns eröffnet überhaupt Freiheit. Denn sie entnimmt uns

---

30 Wie weitgehend, selbstverständlich und skrupellos dies geschieht, hat insbesondere *Ulrich Beck* vor Augen geführt: Risikogesellschaft. Auf dem Wege in eine andere Moderne. es NF 365, Frankfurt/M. 1986, und: Gegengifte. Die organisierte Unverantwortlichkeit. es NF 468, Frankfurt/M. 1988. Cf. auch *Lothar Hack*, Vor Vollendung der Tatsachen. Die Rolle von Wissenschaft und Technologie in der dritten Phase der industriellen Revolution. Fischer TB 6564, Frankfurt/M. 1988, bes. 230f, sowie insbesondere *Rainer Osnowski* Ed., Menschenversuche. Wahnsinn und Wirklichkeit. Köln 1988, ferner *Patrick Lagadec*, Das große Risiko. Technische Katastrophe und gesellschaftliche Verantwortung. Nördlingen 1987. - Wie fern uns die Frage nach der Legitimation selbst dort liegt, wo sie angesichts der eröffneten Dimensionen sich eigentlich wie selbstverständlich stellen müßte, unterstreicht ein von der Initiative Pro Gentechnik in der Süddeutschen Zeitung vom 20.1.1993 ausschnittsweise publiziertes Interview mit *Dietrich Rössler* zur Verwendung der Gentechnik: Die Frage taucht überhaupt nicht auf; man geht einfach aus von den - natürlich positiven - Möglichkeiten. Das ist um so verwunderlicher, als - wie längst bekannt und von den vorstehend angegebenen Arbeiten im einzelnen dargestellt und belegt ist - hier eine vorläufige Erprobung und Prüfung hin auf Konsequenzen, Wirkungen, Nebenwirkungen pp. nicht möglich ist; wir selber vielmehr sind das Experimentierfeld, die Mitmenschen also die Versuchstiere.

31 Daß dahinter *auch* der Versuch der Befreiung von der "Übermacht der Räume" (Eugen Rosenstock-Huessy) und ihrer Institutionen steckt, steht auf einem anderen Blatt, sei aber wenigstens notiert.

nach der einen Seite den unmittelbaren Zwängen oder auch Verführungen der jeweiligen Situation, durch die wir immer schon auf diese oder jene Verhaltensweise festgelegt sind oder werden sollen. Davor und dazwischen tritt nun die Legitimationsfrage, und sie steht dem homo sapiens wohl an, als welchem es gerade eigentümlich ist, aus vernünftiger Einsicht sein Handeln zu gestalten[32]. Nach der anderen Seite hin aber erfolgt hier eine Befreiung, insofern wir mit der Legitimationsfrage uns selbst wie die jeweiligen Gegebenheiten in einen übergreifenden, gültigen Zusammenhang bringen, der uns vom Druck des Unmittelbaren ebenso entlastet, wie er uns vor Willkür, Naseweisheit oder Übereilung bewahrt. Dieser übergreifende Zusammenhang, konkret: Gottes in seinen Geboten offenbarer Wille, richtet uns vielmehr aus hin auf die Ziele dessen, der uns als seine geliebten Kinder den Mitmenschen zum Nächsten gesetzt hat[33].

Noch eine weitere Kategorie, ja Dimension wird hier von Luther eingeführt, nämlich die des *Dankens*. Gott danken heißt ja etwas Widerfahrenes umwidmen, es ausdrücklich Gott zuschreiben als von *ihm* kommend, als *seine* Gabe,

---

32 Hier wäre zu erinnern an Apol.IV, 189 (BSLK 197,45ff) und insbesondere an deren aktualisierende, auf Luther zurückgreifende Aufnahme durch *Ernst Wolf*, Peregrinatio (1), München 1954, 214ss. So auch eine, wo nicht *die* Grundlinie nun in Langes Ethik.

33 Zu diesem Zusammenhang von Legitimation, Freiheit und Liebe v. auch etwa die Auslegung des Zweiten Gebotes, BSLK 479,18ss. Zur Zusammengehörigkeit von Freiheit und Liebe cf. auch Mau, l.c. pass. - Bei aller Problematik in diesem Zusammenhang ist Karl Barth jedenfalls darauf aufmerksam, daß es ein Unding wäre, unbekümmert und gleichsam im Zugriffsverfahren zu handeln. Was nicht Gottes Gebot hat, dem fehlt die Verbindlichkeit, und man könnte es ebenso gut lassen. Vor allem aber: dem fehlt die Legitimation. Der zunächst eigenartig klingende Satz: "Ist das Wunder wirklich, daß wir Gott lieben dürfen, dann muß auch das andere Wunder wirklich sein, daß wir unseren Nächsten lieben dürfen." (KD I/2, 458 - NB: "dürfen"!) hält exakt dies fest: Hier waltet nicht platte Selbstverständlichkeit, sondern Gottes heiliger Wille. - Auf einen ganz anderen Aspekt der Unabdingbarkeit von Legitimation weist *Eugen Rosenstock-Huessy* hin, wenn er in seinen Gedanken zur Entwicklungshilfe schreibt: "Der einzige Dienst, den ich anerkennen kann, ist der Dienst dessen, der sich arm weiß, der also dienen muß, um sich aufzustocken, um mehr zu werden, als er bisher gewesen ist. Es ist eine harte Frage, wie kann denn in einer reichen, allzu reichen Gesellschaft mit allen Konsumgütern der Welt ein Mensch heute noch so arm werden, daß er geliebt werde für den Dienst, den er tut, und sich nicht dadurch verhaßt machte, weil er mit seinem Übergewicht und seiner Obmacht zu prunken scheint. Es nützt dem Reichen ja nichts, daß er selber es gut meint." Dienst auf dem Planeten. Stuttgart 1965, 56. In diesem Zusammenhang ist auch die Bemerkung zu sehen: "Als Entwicklungsländer sind sie Objekte. Wer wagt es, ein anderes Volk anzurühren, es sei denn als sein Nächster", ibd. 58. Guter Wille ist eben - das weiß alle Lebenserfahrung - nicht als solcher bereits Legitimation.

und darum *ihn* als den Urheber preisen und an *ihn* sich binden. "Doxologische Äußerungen...sind...adskribische Ketten von Gedanken, Sprache und Handlungen, die Gott zugeeignet werden."[34] Damit wird die Immanenz aufgerissen und als Vorletztes erfaßt. Danken steht somit in Entsprechung zur Legitimation als gleichsam deren Kehrseite ex post: Der Dank entzieht der Unmittelbarkeit der Gegebenheiten und deren verborgenen oder offenkundigen Ansprüchen, und zugleich entnimmt er auch mich selber dem Zentrum und den mit dieser Position sich einschleichenden Verführungen. Denn mit ihm werden die Ereignisse und deren Akteure Gott zugeordnet, wird zwischen den Gebenden bzw. Gewährenden und mir wie auch zwischen mir und meinen Meinungen, Wünschen, Ansprüchen etc. eine Scheidelinie gezogen und das Letzte dem Vorletzten entgegengestellt. So wird die mit der Legitimation eröffnete Freiheit gewahrt: Ob dieser Scheidelinie des Dankes bin ich nicht käuflich noch durch goldene Fesseln zu binden. Und umgekehrt vergewissert der Dank an Gott mich der Legitimation, das anzunehmen, was mir gegeben wird; denn wofür ich Gott nicht zu danken vermöchte, das empfinge ich illegitimerweise. Auch hier ist der Maßstab sein Wille, wie die Gebote ihn ausdrücken. Damit sind Eigenruhm und "Abstaube"-Mentalität ausgeschlossen. Mit dem Dank wird Gott als der alleinige Spender des Empfangenen wie als Herr meines ganzen Lebens bekannt. Das ist es, was Ernst und Notwendigkeit des - weithin zum frommen Formalismus degenerierten - Dankes an Gott ausmacht.

Mit der *Korrelation Legitimation - Dank* wird zugleich der Glaubensgehorsam plastisch. Indem er Gottes Willen entspricht, wie er im Gebot uns begegnet, und alleine ihm folgt, spannt er sich zwischen Legitimation und Dank, zwischen Empfangen von "Vollmacht" und bewußter Rückbindung an Gott. Darum ist der Glaubensgehorsam gerade in seinem Haften am Gebot frei und mithin vernünftig, phantasievoll, schöpferisch etc., ist er andererseits nicht aktionistisch, zwanghaft oder moralisch, sondern offen für Empfang und Freude, für Ruhe und Genuß, ohne daß das seine Lebendigkeit einschränkte oder ihn gar faul werden ließe. Der Glaubensgehorsam ist m.a.W. konkreter Ausdruck dessen, daß der Christenmensch in der Tat Kind in Haus und Haushalt Gottes ist, hier Heimrecht und Zuhause hat.

5. "*Darümb auch solche Mittel durch die Kreaturn Guts zu empfahen nicht auszuschlagen sind noch durch Vermessenheit andere Weise und Wege zu suchen, denn Gott befohlen hat; denn das hieße nicht, von Gott empfangen, sondern von ihm selbs gesucht.*" Mit diesem Satz schiebt sich noch einmal jene

---

34 *Dietrich Ritschl*, Zur Geschichte der Kontroversen um das Filioque und ihre theologischen Implikationen, in: *Lukas Vischer* Ed., Geist Gottes - Geist Christi. BhÖR 39, Frankfurt/M. 1981, 25-42, 40. Cf.auch *Claus Westermann*, Das Loben Gottes in den Psalmen.Berlin 1953 (Lob und Klage in den Psalmen. Göttingen 61983).

christliche Unterwürfigkeit in den Sinn, die mit jeder Vermessenheit zugleich auch jede Kernigkeit vermeidet und eine Selbstlosigkeit propagiert, die zerstörerisch ist[35]. Nun würde es freilich überraschen, wenn es Luther um ein derartiges frommes Manipulationsmaterial gegangen sein sollte. Und in der Tat, aus den Schatten solcher und ähnlicher Karikaturen christlichen Lebens tritt, sieht man nur genau hin, hier etwas ganz anderes hervor.

Da zeigt sich zunächst eine imposante Ungeniertheit. Als wollte Luther ermuntern: "Nimm! Nimm, was man dir gibt! Nimm es einfach an!" Keinerlei Geziere, Zögern, Bedenken! Was uns gewährt wird, das sollen wir unbekümmert empfangen - eben als nicht von Menschen, sondern von Gott selbst, Gott, bei dem wir Kindes- und Hausrecht haben. Daß Luther damit kein "Nimm, was du kriegen kannst!" oder "enrichissez-vous!" meint, wird in der weiteren Auslegung der Gebote unübersehbar deutlich. Nein, Luther ist es hier generell ums Empfangen zu tun, und da gilt: Was wir empfangen - seine Legitimität und Rechtmäßigkeit vorausgesetzt - , das sollen wir auch unbedenklich akzeptieren, ist es doch ohnehin Gottes; und der will unser Bestes. Wer es uns gibt, ist und bleibt nurmehr Handlanger oder Zusteller Gottes.

Einem möglichen Mißverständnis ist an dieser Stelle vorzubeugen, nämlich dem, daß somit ein irdischer Geber gleichgültig würde und übergangen werden sollte. Das liefe auf frommen Zynismus hinaus. Der Gesamtduktus der Dekalog-Auslegung läßt klar erkennen, daß eine derartige Auffassung Luther völlig fernliegt, und die Erklärung des Vierten Gebotes zeigt, daß hier für ihn keine Schwierigkeiten bestehen. Daß Menschen Gottes Organe und "Rohre" sind und ihm allein aller Dank gebührt, ist eines und eröffnet Unbefangenheit und Freiheit des Glaubensgehorsams. Ein anderes ist es, daß diese nämlichen Menschen darum nicht aufhören, Menschen zu sein, von Gott geliebt, begnadigt, beschenkt wie ich selbst, einander uns wechselseitig zu Nächsten berufen, es sei durch ein Amt oder im normalen Zusammenleben. Und weil Gott es ist, von dem ich Legitimation empfange und dem ich danke, darum bin ich nun auch frei und unbefangen zu Nächstenschaft und Mitmenschlichkeit, ist mir doch, wer immer mir begegnet und was immer zwischen uns spielt, nicht geheimer Gesetzgeber oder subtiles Mittel zum Zweck, so daß Bindung oder Vereinnahmung besorgt werden müßte. Wir können einander vielmehr ohne Seitenblick und Hintergedanken annehmen und gelten lassen. Kurzum, der Mitmensch wird dabei nicht übergangen oder gar abgewertet, sondern - das war schon zu berühren - durch diese Vermitteltheit in Würde und Recht erhalten und geschützt. Oder, um es im Blick auf die - im Grunde fatale - "Rohrtheorie" zuzuschärfen: In der Gabe der Nächsten erkennen wir Gott und

---

35 Die also, mit Lange (l.c.) zu reden, die Identität des Einzelnen zerstört; cf. besonders *Dietrich Bonhoeffer*, Ethik. München [2]1953, 188ss.

seine Gnade gegen uns; doch indem wir Gott und seine Gnaden erkennen, sind wir Gottes "Hand, Rohre und Mittel" als unserer Nächsten gewahr. *Gott* also mag uns funktionalisieren - und tut es im Verfügen über seine Kreatur; *wir* jedoch - als seine Kreatur - sind in dieser Funktionalisierung einander zu Dienst und Liebe bestimmt. (Diese hier entscheidende grundlegende Differenz zwischen Gott und Kreatur erscheint mir innerhalb einer Theosis- bzw. participatio-Konzeption als zumindest nicht mehr klar markierbar. Die Konsequenz wäre dann, daß miseri et peccatores wieder zu infoelices und superbi dii sich aufwürfen, indem sie die Mitmenschen entweder in frommem Zynismus funktionalisierten ["Rohrtheorie"] oder den sie wie uns schützenden Vorbehalt, der in ihrer - wie unserer - funktionalen Inanspruchnahme durch Gott liegt, abschwächten, wo nicht übergingen. Doch Luther ist nach beiden Seiten hin eindeutig!)

In eins hiermit wird jener fromme Aufwand beendet, der in Wahrheit Gottes Geben einschränkt und seine Gabe dadurch schmälert, daß er diese ins Gewand des Außerordentlichen, des Wunderhaften oder des Numinosen hüllt und so allein erkennen mag und gelten läßt. Damit wird dann nicht nur die Schöpfung vom Schöpfer getrennt und dem Säkularismus preisgegeben, sondern und vor allem Klerikalismus provoziert und zwischen Himmel und Erde eine besondere Sphäre des Sakralen aufgerichtet, der gegenüber alles, was *nur* "natürlich" bzw. "normal" ist, der Abwertung verfällt. Der zitierte Satz läßt ja schön deutlich werden, was "weltlich Ding" ausmacht: Gott bedient sich seiner Kreatur; entsprechend nehmen wir es, gerade weil von Gott, ohne Hintersinn und religiösen Zierat, ohne Überhöhung und frommes Aufladen.

So wird dem religiösen Geilen der Boden entzogen, das darauf aus ist, Gegebenheiten oder Ereignisse fromm zu vereinnahmen. Luther hat durchschaut, daß man damit die Schöpfung insoweit dem Schöpfer gegenüber faktisch für unabhängig erklärt hat, so daß man sie dann durch sakrales Bemühen für Gott meint zurückgewinnen zu müssen. In den Kontroversen um Messe und Abendmahl hat er dies exemplarisch ausgekämpft und dabei klargestellt nicht allein, daß Gott die Welt durchwaltet und in allen Ereignissen präsent ist, sondern insbesondere - was bei den Diskussionen über eine "Theologie nach Auschwitz" wohl nicht genügend bewußt war - wirkt und gegenwärtig ist stets zugleich als der, der für uns sich gab und bleibend die Nägelmale trägt[36].

---

36 Cf. o.A. 25. - Nimmt man die Rede von Gottes Weltregiment und Allgegenwart freilich als einen allgemeinen Satz und nicht als Bekenntnis des Glaubens und seiner Erfahrung, so wird man entweder bei jenem Optimismus enden, der dann 1755 zerplatzte, oder bei jenem Quietismus, den die Kirchen im vorigen Jahrhundert angesichts der sozialen Fragen so weitgehend an den Tag legten; so oder so aber stünde die Lösung des Problems einer Theodizee dringend an. Freilich ist es eine Erfahrung unserer Zeit, daß dieses Problem, um wenig zu sagen, aporetisch ist; die Versuche, Auschwitz in

Mit alledem aber mutet Luther den Christen Demut zu - *Demut*, nicht Servilität. Mit dem Verzicht auf die Besonderheit des Religiösen wird ihnen auferlegt, sich mit Gottes Wirken in unserer Welt zu bescheiden, wie ihm es gefällt, ihn also auch und gerade im Mausgrauen des Alltags im Regiment zu erkennen. Man beachte wohl, daß das im Zusammenhang der Auslegung gerade des Ersten Gebotes geschieht. Was Kierkegaard einmal sarkastisch so zusammenfaßte, daß Gott kein großer grüner Vogel sei, der am Wall auf einem Baume sitze und auf eine absonderliche Art krächze[37], drückt Luther hier noch umfassender aus: Gerade im Normalen, so, wie es begegnet, und also bar jeder Aura, ist Gott am Werk[38].

Diesem Sachverhalt korrespondiert die Mahnung, alles bei Gott und nichts bei sich selber zu suchen. Bei sich oder irgendwelchen anderen Menschen sucht man in dem Augenblick, wo man "nicht will, daß Gott Gott ist"[39], wo

der Weise theologisch gleichsam einzufangen, daß es sich dem Rahmen einer traditionellen, d.h. ontologisch entworfenen Gotteslehre fügt, beweisen es. Das macht: Man will die Wirklichkeit mit Einschluß des Handelns Gottes denkerisch schlüssig umfassen. Hiervon aber ist Luther weit entfernt. Die Auslegung etwa des Ersten Artikels in beiden Katechismen zeigt, daß er den Gott im Blick hat, der als der Vater Jesu Christi *uns* alles schenkt (cf. BSLK 650,21ss.; 621,10ss.). Dieser ist's, in dessen Händen Himmel und Erde stehen, dem wir darum auch dort zu vertrauen wagen und vermögen, wo wir angesichts der irdischen Abläufe an ihm irre zu werden drohen; cf. WA 18, 784s.; WA 31 I, 135,29ss., überhaupt diese ganze Schrift "Das Schöne Confitemini", 1529/30.

37 *Søren Kierkegaard*, Abschließende unwissenschaftliche Nachschrift zu den Philosophischen Brocken I, GW (Diederichs), 16. Abt., 237.

38 Nicht, daß der christliche Glaube das Außerordentliche, das Abgehobene nicht - legitimerweise - kennte; doch diese Formen und Weisen sind nicht essentiell, sondern kontingent gemäß dem, wo und wann es Gott so gefällt. Und für diesen ist die Durchdringung des profanen Alltags gerade in seiner Profanität charakteristisch. Die schöne Studie von *Jürgen Becker*, Paulus, der Apostel der Völker. Tübingen 1989, läßt deutlich werden, wie gut - auch insoweit - Luther Paulus erfaßt und zuinnerst verstanden hat.

39 Diese in These 17 der Disputatio contra scholasticam theologiam, 1517 artikulierte Formel bringt Sünder-Sein in höchster Kürze und Prägnanz zum Ausdruck. Das Ausgesagte hat Luther stets vertreten; von hier aus wird auch der Antichrist-Vorwurf gegen die Institution des Papstes begründet. Die Formel selbst begegnet in mancherlei Varianten und immer wieder gerade auch in den Attacken gegen die (religiösen) Leistungen. Insoweit ebenso charakteristisch wie erhellend etwa die folgenden Sätze aus der Auslegung von Psalm 117, 1530: "Also sol es auch zu unser zeit den Stifften und Klöstern gehen, das sie zurissen und zuschmissen werden, wie es denn angefangen hat, unangesehen wie ein fein, schön, gut wesen es scheinet. Denn sie lestern auch diesen HERRN aller Heiden, den sie loben solten und wöllen ihn nicht leiden, Sondern solch ihr eigen werck und wesen so hoch heben und loben, das sie dadurch nicht allein wöllen Christen sein und selig werden, sondern auch höher und besser denn die

man vielmehr zumindest einen Rest kreatürlichen Selbstandes reklamiert. Alle einschlägigen Versuche werden von Luther durchschaut als Ausdruck unseres Trachtens, selber Gott zu sein. Doch als seinen Kreaturen geziemt es uns, Gottes Willen und Wirken stehen zu lassen und seine Gaben an uns so zu nehmen, wie er sie nun einmal gibt. Und er gibt sie im weiten Bereich des Normalen, des alltäglichen menschlichen Lebens. Der Christenmensch, so kann man es zusammennehmen, erfaßt die uns umgebende Welt auch in ihrer Profanität als die Welt *Gottes*, der in ihr wirkt und durch sie uns beschenkt und der uns durch seine Gebote *innerhalb* dieser Zusammenhänge seinen guten Willen auszurichten befiehlt.

III

Mit alledem gewinnt "Verantwortung des Glaubens" spezifische Züge. Zwar, sie ist mit den gängigen ethischen oder zumindest ethisierenden Auffassungen von "Verantwortung" kaum zu vermitteln; denn was hier verantwortet, wofür Verantwortung getragen werden soll, liegt nicht plan zutage. In den Katechismen wie auch speziell der herausgegriffenen Passage entwickelt Luther ja weder ein kohärentes ethisches Programm des Glaubens noch ein hinsichtlich der Kriterien und Modalitäten deutlich ausgearbeitetes Handlungssystem. Doch die uns geläufigen Strukturen sind deutlich herausgetreten: die aus der Bindung an Gott und seinen Willen erwachsene Freiheit, in der ebenso eigenständig wie bedacht gehandelt wird; das mit der produktiven Gebotsauffassung gegebene Kriterium der Liebe, die umsichtig und phantasievoll Wohl und Heil des Nächsten im Blick hat; die in Gottesfurcht und -liebe aus den Geboten empfangene Legitimation, die im Dank an Gott anerkannt und vergewissert wird; in alledem die persönliche Rechenschaft vor Gott.

Offenkundig geht es hier um mehr und anderes als um Ethik. In der Tat, es geht um unser Menschsein so, wie Gott uns will und wie es uns als Geschöp-

---

gemeinen Christen und dazu den andern Christen werck und verdienst verkeuffen und mit teilen, unterstehen sich damit den selbigen gen himel zu helffen, Welchs alles ist ein unaussprechlicher grewel, Und was machen sie damit anders, denn als sagten sie mit der that: Ein schlechter, gemein Christen mensch ist nichts gegen uns, Der Christen stand ist viel geringer denn unser stand, Durch die Tauff kan niemand so hoch komen, als durch unser platten und kappen, Ein Christ würde nimermehr selig, wo unser stand ihm nicht hülffe. Was ist aber das anders gesagt? Denn die Tauffe ist nichts, Christus blut ist nichts, Christus tod und leben ist nichts, Gottes wort ist nichts, Gott selber ist nichts, Wir, Wir sind höher und besser denn Tauffe, Christus und Gott, Denn wo sie sich solten geringer halten denn Gott, müsten sie warlich sich auch geringer halten denn Christus und sein blut." (WA 31 I, 239,17-34)

fen gegenüber unserem Schöpfer gebührt. Das ist es, was hier die Strukturen von Verantwortung erbringt, die somit ersichtlich als transethisch, genauer: als zum Personsein als solchen gehörig deutlich wird[40]. Als Gottes Menschen also sind wir anthropologisch als verantwortlich bestimmt; und das erweist sich, wie dargestellt, angesichts der Gebote, die als solche eine Anthropologie - im Sinne Bultmanns geredet - "implizieren". "Verantwortung des Glaubens" erhellt hier somit nicht aus ethischen Forderungen, sondern aus den Gegebenheiten, die von Gottes wegen für unser Menschsein konstitutiv sind. Anhand der behandelten Passage ist dabei insbesondere auf die folgenden Züge zu verweisen:

Vor und über allem steht Gott als *unser* Gott, der alles in allem wirkt als der souveräne Herr seiner Kreatur und der uns gerade in den Gegebenheiten des täglichen Lebens und durch das normale Wirken anderer Menschen seine Güte und Gaben zuwendet. Daraus aber erwächst - eine weitere Grundlinie - für uns eine durchgängige Freiheit - Freiheit von uns selbst, unseren Einfällen und auch Obsessionen, Freiheit insbesondere von Menschen, zumal von solchen, von denen wir abhängig sind, Freiheit mit alledem dazu, Gaben und Dinge des Alltags unbefangen anzunehmen und zu hantieren. Eine dritte Grundlinie ist mit dem Hinweis auf Gottes Willen und Gebote markiert, mit denen eben nicht Vorschriften in Erinnerung gerufen werden, vielmehr das Doppelgebot der Liebe präzisiert, das eigenständige Handeln ("Vollmacht") freigegeben und die Legitimation zum Handeln wie zum Empfangen markiert wird. *Insgesamt* also legt Luther ebenso allgemein wie exemplarisch dar, was es heißt, dank der Rechtfertigung als Gottes liebes Kind in Haus und Haushalt des himmlischen Vaters zu leben. Und weil wir Sünder, Angefochtene, Irrende, Schwache sind, bedarf es dieser orientierenden und erinnernden Beschreibung und bedarf es ihrer immer wieder neu.

"Verantwortung des Glaubens" hat sonach ihr specificum - in Luthers Terminologie geredet - in der Unterscheidung von Gesetz und Evangelium und, in eins mit dieser, in der zwischen Schöpfer und Geschöpf. Anders geredet, besteht die grundlegende Verantwortung des christlichen Glaubens darin, zu sein und zu bleiben, was wir ohnehin sind, doch niemals wirklich sein wollen und mögen: Gottes Geschöpfe und nur dies, von ihm geliebt, beschenkt, geleitet, entsprechend auf ihn angewiesen, an ihn gebunden, durch ihn allein zum Handeln befreit und legitimiert. Daß diese Verantwortung sich dann *auslegt* in vernünftiger Wahrnehmung der Gegebenheiten und Aufgaben, wie sie mit Leben, Ort, Zeit, Zusammenhängen etc. gestellt sind, und daß die

---

40 Cf. meine o.A.3 genannte Arbeit, wo ich "Verantwortung" als ethisch fundierende anthropologische Kategorie herausgearbeitet habe; so neuerdings auch Lange, l.c. 231ff, insofern er Verantwortung und Identität unmittelbar aufeinander bezieht.

Vernunft als die von Geschöpfen des Haltes und der Begründung in Gott bedürftig ist, um vernünftig zu bleiben, hat Luther vielfältig dargelegt.

Vor diesem Hintergrund aber dürfte die Feststellung gegen den Mißverstand bloßen Wortspiels oder Wortgetöns geschützt sein, daß "Verantwortung des Glaubens" darin besteht: *Die Verantwortung für uns selbst wie für die Welt in Gottes Hände zurückzulegen, denen wir sie immer wieder entrissen haben und zu entreißen trachten*[41].

---

41 Paradigmatisch dafür die vielzitierte Passage aus der zweiten Invocavit-Predigt von 1522: WA 10 III, 18,12ss.19,1-13: "Nempt ein exempel von mir. Ich bin dem ablas und allen papisten entgegen gewesen, aber mit keyner gewalt, ich hab allein gottes wort getriben, gepredigt und geschrieben, sonst hab ich nichts gethan. Das hat, wenn ich geschlafen han, wenn ich wittenbergisch bier mit meynem Philipo und Amßdorff getruncken hab, also vil gethan, das das Bapstum also schwach worden ist, das jm noch nye keyn Fürst noch keyser so vil abgebrochen hat. Ich hab nichts gethan, das wort hat es alles gehandelt und außgericht. Wann ich hett wöllen mit ungemach faren, ich wolt Teützsch lanndt in ein groß plüt vergiessen gebracht haben, ja ich wolt woll zü Wurmbß ein spil angericht haben, das der keyser nit sicher wer gewesen. Aber was were es? ein narren spill wer es gewesen. Ich hab nichts gemacht, ich hab das wort lassen handeln. Was meynt jr wol was der teüffel gedenckt, wann mann das ding wil mit rumor außrichten? er sitzt hinder der hellen und gedenckt: O, wie sollen nün die narren so ein feyns spil machen. Aber dann so geschicht jm leyd, wann wir alleyn das wort treyben und das alleyn wercken lassen: das ist almechtig, das nympt gefangen die hertzen, und wenn die gefangen seyn, So müß das werck hinnach von jm selbs zufallen."

158

Jane E. Strohl

Luther's Invocavit Sermons

The eight sermons preached by Luther in March, 1522, at Wittenberg tell us much about the reformer's understanding of the manner of Christian loving and its relation to saving faith. These sermons were designed to address a major crisis in the life of the as yet infant evangelical movement. Three hallmarks of evangelical preaching - faith, freedom, and love - required clarification not just as theological concepts but as human realities shaping the community's life. Luther's followers believed they had a solid grasp on the first two, that is, the faith that justifies and the freedom it creates. However, Luther was deeply disturbed by the way they violated the bond of charity in the cause of their faith and newly recovered freedom. Their failure to get the love of neighbor right revealed their understanding of these things to be superficial and ultimately false. As Luther develops his exhortations in these sermons, it becomes clear that faith and freedom are the necessary conditions for love to thrive. God creates them in the life of believers to the end that being liberated from the bondage of sin and self-absorption and filled with the grace of Christ, Christians might become captive to the neediness of their neighbors and empty themselves on their behalf. The determinant for what is loving in the Christian community is what is required to make secure the consciences of its most fragile members. There are relative degrees of weakness and strength. From one situation to the next we may exchange roles, one time bearing burdens for others that no longer constrain us personally, other times being carried when we cannot stand up for ourselves[1].

We become vessels of God's grace one to another. Indeed, the relation of justifying faith to love comes full circle. If through faith in Christ we are given the charism of love, then the greatest act of love is the discipline of self, the carefully articulated proclamation of the Gospel in deed as well as in word, that brings the neighbor to faith in Christ.

---

1 "Da die Christen gemeinhin nur mit sündigen und mangelhaften Menschen zu tun haben, kann die Kirche nach Luther nichts anderes als ein *Krankenhaus unheilbarer Menschen* sein. Die *Summe* des Evangeliums ist, daß Christi Reich ein ständiges gegenseitiges Tragen und Getragenwerden ist." See *Tuomo Mannermaa*, Der im Glauben gegenwärtige Christus. Rechtfertigung und Vergottung. Zum ökumenischen Dialog. Arbeiten zur Geschichte und Theologie Luthertums Bd.8. Hannover 1989, p. 171.

And here, dear friends, one must not insist upon his rights, but must see what may be useful and helpful to his brother, as Paul says, *Omnia mihi licent, sed non omnia expediunt*, "'All things are lawful for me,' but not all things are helpful" [1 Cor. 6:12]. For we are not all equally strong in faith, some of you have a stronger faith than I. Therefore we must not look upon ourselves, or our strength, or our prestige, but upon our neighbor, for God has said through Moses: I have borne and reared you, as a mother does her child [Deut. 1:31]. What does a mother do to her child? First she gives it milk, then gruel, then eggs and soft food, whereas if she turned about and gave it solid food, the child would never thrive [cf. I Cor. 3:2; Heb. 5:12-13]. So we should also deal with our brother, have patience with him for a time, have patience with his weakness and help him bear it; we should also give him milk-food, too [I Peter 2:2; cf. Rom. 14:1-3], as was done with us, until he, too, grows strong, and thus we do not travel heavenward alone, but bring our brethren, who are not now our friends, with us[2].

We love to the end that all might believe.

In these sermons Luther explores the paradox of Christian freedom and moves subtly among the various meanings of freedom as one experiences it in relation to God and the neighbor. First and foremost Christian freedom is the redemption of the believer from the bondage of sin and the devil's domination. Luther begins his sermons with a fourfold summary of the chief things which concern a Christian, those truths which alone can sustain a person in the hour of death. We must begin by acknowledging "that we are the children of wrath, and all our works, intentions, and thoughts are nothing at all"[3]. Secondly, we need to know that God has sent the only-begotten son so that those who trust in him "shall be free from sin"[4] and children of God. Thirdly, "we must also have love and through love we must do to one another as God has done to us through faith"[5]. Thus, the freedom that faith creates, the freedom from sin and from self-deception[6], yields in turn a constraint: one *must* love. One is not truly free unless one bears this yoke of service, and so one is liberated only to become captive to the will of God and the suffering of humanity. Hence the fourth point in Luther's opening summary--the need for patience. Those who live out faith and love will be subject to persecution; the devil will haunt them at every step. "But patience works and produces hope [Rom. 5:4], which freely yields itself to God and vanishes away in him. Thus faith, by much affliction and persecution, ever increases, and is strengthened day by day"[7]. The

---

2   LW 51, 72; WA 10 III, 5.

3   LW 51, 70; WA 10 III, 2.

4   LW 51, 71; WA 10 III, 2.

5   Ibd.

6   To know oneself to be a child of wrath, unable to change one's condition by one's own works, is liberating as well as terrifying. The truth, even a dreadful truth, does make us free.

7   LW 51, 71-2; WA 10 III, 5.

obligation to love, its "must," is not, however, experienced as compulsion. Rather, Luther speaks of the voluntary nature of hope's surrender to God. The first aspect of Christian freedom, then, is a direct result of being liberated from sin's power over the will. The will is no longer constrained by the fear of punishment to give grudging, superficial obedience at best. Now it has the ability to assent to the demand, to embrace it wholeheartedly. Indeed, Luther makes it clear that for the Christian to be free means that one not only willingly, i.e., freely, goes about the tasks of love but that one becomes positively ebullient.

Dear friends, the kingdom of God, - and we are that kingdom - does not consist in talk or words [I Cor. 4:20], but in activity, in deeds, in works and exercises. God does not want hearers and repeaters of words [Jac. 1:22], but followers and doers, and this occurs in faith through love. For a faith without love is not enough - rather it is not faith at all, but a counterfeit of faith, just as a face seen in a mirror is not a real face, but merely the reflection of a face [I Cor. 13:12] ... A heart thus blessed with virtues can never rest or restrain itself, but rather pours itself out again for the benefit and service of the brethren, just as God has done to it[8].

Here freedom is a matter of lack of restraint, an unbridled flowing forth to others of the good things which God has given us.

These sermons are primarily exhortations. Their focus is on the discipline of life among those who have already heard the evangelical Gospel. Luther assumes that his hearers know what they cannot hope to accomplish by their own works, i.e., their justification *coram deo*. However, they need to be schooled in the understanding of how they must live now that God has made them Christians. There is a conflict between Luther's vision of the freedom of love and the pastoral necessity of goading, even at points threatening[9], those who are empowered to act freely, that is, without restraint or reservation. It is a reflection of the now-and-not-yet quality of Christian existence that external constraints upon the old Adam are still required so that the freshly created impulses of the new Adam might freely assert themselves.

---

8 Ibd.
9 LW 51, 96: "And if you will not love one another, God will send a great plague upon you; let this be a warning to you, for God will not have his Word revealed and preached in vain. You are tempting God too far, my friends; for if in times past someone had preached the Word to our forefathers, they would perhaps have acted differently. Or if it were preached even now to many poor children in the cloisters, they would receive it more joyfully than you. You are not heeding it at all and you are playing around with all kinds of tomfoolery which does not amount to anything." (WA 10 III, 57s)

There is yet another interplay of freedom and constraint in the life of the believer. Limits are set by the "musts" of faith to what love can risk.

Faith is directed toward God, love toward man and one's neighbor, and consists in such love and service for him as we have received from God without our work and merit. Thus, there are two things: the one, which is most needful, and which must be done in one way and no other; the other, which is a matter of choice and not of necessity, which may be kept or not, without endangering faith or incurring hell. In both, love must deal with our neighbor in the same manner as God has dealt with us; it must walk the straight road, straying neither to the left nor to the right. In the things which are "musts" and are matters of necessity, such as believing in Christ, love nevertheless never uses force or undue constraint[10].

The greatest act of love is bringing the neighbor to faith, but it requires the same kind of unrelenting honesty that God has exercised with us. We cannot dull the Gospel's sharp edges to make it more palatable. Whatever Paul, and Luther building upon the Apostle, mean when they insist that evangelists begin with milk before serving solid food to those young in the faith[11], they do not have in mind any kind of small concession to old delusions. We must be revealed to ourselves as children of wrath; no one may rely at all on such self-assurances as "I have built an altar, given a foundation for masses, etc."[12]. The necessity of belief in Christ - as the One who alone justifies sinners by His grace through faith, apart from any merit or action on their part - compels the Christian to a stern insistence that often feels anything but loving to those on the receiving end.

At the same time the integrity of justifying faith requires that certain kinds of constraint not be used. Thus, while it might at first seem desirable to do whatever was necessary to bring others to the truth and to prevent them from continuing in their errant ways, the use of force would itself constitute a grievous sin, for it subverts the very nature of the evangelical Gospel and makes a mockery of the freedom it promises. Indeed, the worst of the situation Luther faced was that the over-zealous evangelists in Wittenberg were undermining the Gospel with a new works-righteousness. A theologian of the cross has to be able to discern what is a "must" from what is "free," that is, the essentials of faith from the desirables of community worship and discipline. Here Luther introduces another meaning of the word freedom. In this sense what is "free" is optional. One may do it or not as one chooses, depending on whether acting or refraining will be helpful first to the neighbor and then to the believer him- or herself. Thus, one may take up the monastic life or aban-

---

10   LW 51, 75; WA 10 III, 13s.
11   LW 51, 72; WA 10 III, 6.
12   LW 51, 70; WA 10 III, 2.

don it; one may marry or remain celibate. Faith requires neither. Love, on the other hand, may prescribe one course over the other as in the neighbor's best interest. Yet even the more excellent way, so evident to those strong in faith, cannot be forced upon those not yet convinced. What God has made a matter of choice must remain so. Believers are not free to "make liberty a law"[13] or to rob any conscience of its autonomy.

Proclaimers of the Gospel must indeed trouble consciences. In his sermon concerning the reception of the sacrament, Luther characterizes the worthy participant as a person who trusts that Christ, the very Son of God, stands in the place of sinful humanity and has taken upon Himself all our sins, serving to reconcile us with God the Father. He concludes:

> He who has such faith has his rightful place here and receives the sacrament as an assurance, or seal, or sign to assure him of God's promise and grace. But, of course, we do not all have such faith; would God one-tenth of the Christians had it! See, such rich, immeasurable treasures [Eph. 2:7], which God in his grace showers upon us, cannot be the possession of everyone, but only of those who suffer tribulation, physical or spiritual, physically through the persecution of men, *spiritually through despair of conscience*, outwardly or inwardly, when the devil causes your heart to be weak, timid, and discouraged, so that you do not know how you stand with God, and when he casts your sins into your face. And in such terrified and trembling hearts alone God desires to dwell ...[14].

Thus, the one who in love would bring others to true faith will of necessity destroy the counterfeit peace of the unbelieving conscience. One must bring the law to bear so that the child of wrath may recognize and grasp the one impregnable defense against the devil. Luther begins this series of sermons with a reminder of human mortality. The hour of death is the decisive test of one's faith, for it is then that the devil's assaults are most penetrating. It is a battle which each person fights alone. To prevail Christians must be well-armed with the Word, certain of their understanding of the Scriptures and able to give good account of the faith that is in them. Thus, the preaching which shatters false assurance is a legitimate act of violence against the conscience. But even then one cannot ram the Gospel down the throat of another, "for faith must come freely without compulsion"[15]. Luther is insistent that any attempt to compel persons to convictions and actions to which their conscience does not assent is a wrongful violation of Christian freedom, both that of those using force and of those being coerced. It places the conscience in peril, for the persons who capitulate will be unable to defend themselves against the devil's ac-

---

13 LW 51, 81; WA 10 III, 24.
14 LW 51, 93-4; WA 10 III, 51s. emphasis added.
15 LW 51, 77; WA 10 III, 18.

cusations[16]. They have no personal conviction based on the Word of God to sustain them, only the example of others[17].

One must distinguish between the weak in faith and the stubborn. In the case of the latter an apparent "loveless exercise of liberty"[18] may prove to be the very thing love of that particular neighbor requires. That is, one may need to insist on one's freedom and act deliberately so as to offend those who seek to impose restrictions where they should respect the right to choice. Luther takes dietary laws as an example:

... if you should be pressed to eat fish instead of meat on Friday, and to eat fish and abstain from eggs and butter during Lent, etc., as the pope has done with his fool's laws, then you must in no wise allow yourself to be drawn away from the liberty in which God has placed you, but do just the contrary to spite him, and say: Because you forbid me to eat meat and presume to turn my liberty into law, I will eat meat in spite of you. And thus you must do in all other things which are matters of liberty. To give you an example: if the pope, or anyone else were to force me to wear a cowl, just as he prescribes it, I would take off the cowl just to spite him. But since it is left to my own free choice, I wear it or take it off, according to my pleasure[19].

However, in Luther's view the reformers at Wittenberg have failed pastorally to read their audience correctly. At some point the weak do become the recalcitrant; what at first was a matter of imperfect understanding becomes deliberate rejection of the truth. However, it is premature to treat the people as those whose consciences require shock therapy in order to respect Christian freedom. Rather, their weakness must set the measure of loving for the strong.

---

16 LW 51, 74 (WA 10 III, 11s): "For if you entice any one to eat meat on Friday, and he is troubled about it on his deathbed, and thinks, Woe is me, for I have eaten meat and I am lost! God will call you to account for that soul."

17 With regard to the mass, Luther said the following: "Now if I should rush in and abolish it by force, there are many who would be compelled to consent to it and yet not know where they stand, whether it is right or wrong, and they would say: I do not know if it is right or wrong, I do not know where I stand, I was compelled by force to submit to the majority. And this forcing and commanding results in a mere mockery, an external show, a fool's play, man-made ordinances, sham-saints, and hypocrites. For where the heart is not good, I care nothing at all for the work. . . . Faith must not be chained and imprisoned, nor bound by an ordinance to any work. This is the principle by which you must be governed. For I am sure you will not be able to carry out your plans. And if you should carry them out with such general laws, then I will recant everything that I have written and preached and I will not support you. This I am telling you now. What harm can it do you? You still have your faith in God, pure and strong so that this thing [i.e., the mass] cannot hurt you" (LW 51, 76-77; WA 10 III, 15ss).

18 LW 51, 74; WA 10 III, 11.

19 LW 51, 87; WA 10 III, 37s.

They require careful handling, gentleness and patience. Those who are confident in their faith know that with respect to things which are optional, (such as marriage, the monastic life, the abolition of images, dietary laws), neither the doing nor the refraining can affect their standing before God. They have no need to flaunt their freedom before those who cannot yet grasp it.

... there are some who are still weak in faith, who ought to be instructed, and who would gladly believe as we do. But their ignorance prevents them, and if this were preached to them, as it was to us, they would be one with us. Toward such well-meaning people we must assume an entirely different attitude from that which we assume toward the stubborn. We must bear patiently with these people and not use our liberty; since it brings no peril or harm to body or soul; in fact, it is rather salutary, and we are doing our brothers and sisters a great service besides. But if we use our liberty unnecessarily, and deliberately cause offense to our neighbor, we drive away the very one who in time would come to our faith[20].

Indeed, believers are so free that they can accept the necessity of limiting their freedom for the sake of the weak neighbor. This is the paradox of Christian liberty, that one is never so free as when one freely submits to the yoke of love's constraint.

At the root of the freedom of Christians is the liberating power of the Word itself. We cannot by our prescriptions create liberty; it is the fruit of the Gospel's activity among us. Thus, the freedom that Luther is most anxious to protect is that of evangelical preaching.

... it should be preached and taught with tongue and pen that to hold mass in such a manner is sinful, and yet no one should be dragged away from it by the hair; for it should be left to God, and his Word should be allowed to work alone, without our work or interference. Why? Because it is not in my power or hand to fashion the hearts of men as the potter molds the clay and fashion them at my pleasure [Ecclus. 33:13]. I can get no farther than their ears; their hearts I cannot reach. And since I cannot pour faith into their hearts, I cannot, nor should I, force anyone to have faith. That is God's work alone, who causes faith to live in the heart. Therefore we should give free course to the Word and not add our works to it. We have the *ius verbi* [right to speak] but not the *executio* [power to accomplish]. We should preach the Word, but the results must be left solely to God's good pleasure[21].

The Wittenberg reformers must stay out of the Word's way and not bind it to any prescribed external observances. They must not attempt to usurp its power and to accomplish by the force of human law and intimidation what only God can effect.

---

20 Ibd.
21 LW 51, 75-6; WA 10 III, 14s.

Christian freedom in all its aspects - the liberation from sin, death and the devil; the ability to choose; the integrity to consent to God's will; the courage to love - paradoxically is born of a new servitude. The Word first "takes captive the hearts, and when the hearts are captured the work will fall of itself"[22]. Here one has no need of external force and sanctions to demolish human self-justification by works and to insure care for the neighbor. The heart knows what "must" be done, what can be left undone, and it is free to act, no longer constrained by the law but captive to the love of God.

---

22 LW 51, 78; WA 10 III, 19.

Rainer Vinke

"...aber die Liebe ist die größte unter ihnen".

Zu Luthers Auslegung von 1.Korinther 13

Würde man alle Teilnehmer dieses Kongresses fragen, ob Luther ihrer Meinung nach mehr als Theologe des Glaubens oder als Theologe der Liebe einzuschätzen sei, das Ergebnis würde unschwer lauten: natürlich ist Luther vor
allem ein Theologe des Glaubens. Würde eine solche Befragung auf die Teilnehmer begrenzt, die sich speziell mit diesem Thema beschäftigt haben, das
Ergebnis dürfte noch eindeutiger lauten, Luther ist zuallererst ein Theologe
des Glaubens. Gewiß wären die meisten der Befragten auch in der Lage, zur
Begründung einen Luthertext anzugeben. Dabei wäre vor allem ein Satz aus
Luthers Vorrede zum Römerbrief häufig zu erwarten: "Aber glawb ist eyn
gotlich werck ynn vns, das vns wandelt und new gepirt aus Gott, Johann.1 vnd
todtet den allten Adam, macht vns gantz ander menschen von hertz, mut, synn,
vnd allen krefften, vnd bringet den heyligen geyst mit sich, O es ist eyn lebendig, schefftig, thettig, mechtig ding vmb den glawben, das vnmuglich ist,
das er nicht on vnterlas solt gutts wircken.."[1] Jeder Kenner der Werke Luthers
wird zugeben müssen, daß die hier vermutete Mehrheit einfach recht hat. Eine
überwältigende Fülle von Texten beweist eben ganz klar, daß Luther die
Hauptbetonung unter den drei theologischen Tugenden Glaube, Hoffnung und
Liebe auf den Glauben legt.

Wer jedoch die Anfänge, den Werdegang des jungen und vor allem des angefochtenen Mönches sowie des Theologen Martin Luther unter der Fragestellung betrachtet, welche der drei theologischen Tugenden ihm entscheidende
Anstöße vermittelte, der wird oftmals die Auskunft bekommen, daß es eben
weniger die Frage des Glaubens war, sondern die Frage der Gott geschuldeten
Liebe, die Luther im Kloster stark beschäftigte, galt doch die contritio cordis,
die wahre Reue des Herzens, die aus der Liebe zu Gott entspringt, als Voraussetzung für jede Beichte, die auf wahre Absolution hofft[2]. Es bleibt zu fragen,

---

1 WADB 7, 10,6-10.
2 Die ausführlichste Analyse dieser Zusammenhänge findet sich bei *Peter Manns/Hel-
   muth Nils Loose*, Martin Luther. Freiburg, Basel, Wien 1982, pp. 51-54.
   Walther von Loewenich, Martin Luther. Der Mann und das Werk. München 1982, p.
   70: "Die Augustinerregel verlangte zweierlei: die vollkommene Liebe zu Gott und
   zum Nächsten und die vollkommene Demut."

wie sich zu der getroffenen Feststellung, daß es die Frage der Gott geschuldeten Liebe war, die Luthers theologisches Denken in den Anfängen stark beschäftigte, die oftmals zu hörende Auskunft verhält, es sei die Suche nach dem
gnädigen Gott gewesen, die seine Klosterkämpfe auslöste und damit den reformatorischen Durchbruch vorbereitete[3]. Luther selbst verwendet die Formulierung außerordentlich selten. So weit ich sehe, findet sie sich lediglich in
Bearbeitungen von Predigten oder Tischreden[4]. Einer der Predigten zufolge
behauptet Luther sogar, die Suche nach dem gnädigen Gott haben ihn zur
"Möncherei" getrieben: "O wenn wiltu ein mal from werden und gnug thun,
das du einen gnedigen Gott kriegest? und bin durch solche gedancken zur
Möncherey getrieben"[5]. Das jedoch geht aller Wahrscheinlichkeit nicht auf
den Reformator selbst zurück, sondern auf den Bearbeiter Caspar Cruciger,
der nach den Notizen Georg Rörers das endgültige Manuskript erstellte[6]. Rörers Notizen zufolge geht es darum, daß Luther sich in seinen Selbstzweifeln

Gert Wendelborn, Martin Luther. Leben und reformatorisches Werk. Berlin o.J.
(1983), p. 41: "Die Folge des Ringens aber war, daß die ersehnte Liebe zu Gott
nicht aufzubringen vermochte."
Reinhard Schwarz, Luther. KIG Bd.3, Lieferung I. Göttingen 1986. *Schwarz* zeichnet
Luthers Werdegang in enger Anlehnung an Luthers Rückblicke und daher unter stän-
digem Bezug auf den Begriff der iustitia dei. Trotzdem schimmert auch bei ihm die
ursprünglichere Fragestellung nach der Gottesliebe durch, wenn er formuliert: Gott
will nur das Sündhafte am Menschen strafen, die Person will er jedoch für sich gewinnen. Er hat sie dann für sich gewonnen, "wenn der Mensch diesen Gerechtig-
keitswillen Gottes mit seinen eigenen Willen liebend (!) anerkennt." L.c., p. I,21. Cf.
auch die ausführliche Analyse bei *Martin Brecht*, Martin Luther. Sein Weg zur Reformation 1483-1521. Stuttgart 1983, pp. 73-77, mit der wir uns noch beschäftigen
werden.
3 *Heiko A. Oberman*, Luther. Mensch zwischen Gott und Teufel. o.O.,o.J.(1982), sieht
die Frage nach dem gnädigen Gott als so bedeutend für Luthers Werdegang an, daß er
die Formulierung der Antwort des eintretenden Mönches auf die Frage des Priors, was
er denn im Kloster suche: "Misericordia Dei et vestram" mit dem Wortlaut übersetzt:
"Den gnädigen Gott und eure Barmherzigkeit." L.c., p. 136 u.352. Damit hat er die
Übersetzung eines Satzes, der den Constituones OESA ad apostolicorum privile-
giorum formam pro reformatione Alemanie. Nürnberg 1504, Cap.15, entnommen ist,
dem Wortlaut der späteren Quellen angeglichen. L.c., p. 146 s. nennt Oberman als
entscheidende Elemente in Luthers Entwicklung: Heiligkeit Gottes, Empfindung eigener Unwürdigkeit, Streben nach Vollkommenheit. Dem ist zweifelsohne zuzustim-
men, auch wenn Oberman die dahinterstehende Frage der Gott geschuldeten Liebes-
hingabe nicht thematisiert.
4 WA 37, 661,23-24 (1.Febr.1539);WA 47, 590,6-7 (7.Dez.1539); WATR 1, Nr. 518,
p. 240,24-25.
5 WA 37, 661,24-25.
6 *Rörers* Notizen dieser Predigt sind abgedruckt WA 37,270-275. Der entsprechende
Passus findet sich p. 274,14-18.

und Anfechtungen, die ihn befielen, als er bereits Mönch war, nicht seiner Taufe getrösten konnte, weil er eben auf Werke fixiert war. Die Frage, was ihn letztlich ins Kloster getrieben hat, will die Predigt, jedenfalls nach Rörers Notizen, überhaupt nicht beantworten[7]. Auch der zweite Beleg findet sich in einer Predigtnachschrift. Sie wurde von Johann Aurifaber angefertigt. Der hier interessierende Passus lautet: "Im kloster gedacht ich nicht an weib, geltt oder gutth, sondern das Hertz zitterte und zappelte, wie gott mir gnedig wurde"[8]. Konnte im Falle des ersten Beleges mit hoher Wahrscheinlichkeit nachgewiesen werden, daß der Ausdruck "gnädiger Gott" nicht auf Luther zurückgeht, so läßt sich bei diesem zweiten Beleg nicht zweifelsfrei nachweisen, daß Luther den Ausdruck selbst verwendet hat. Wie auch immer, das Stichwort unter dem Luthers Anfechtungen im Kloster oftmals beschrieben zu werden pflegen, ist bei Luther selbst, wenn überhaupt, so doch nur äußerst schwach belegt. Der Ausdruck setzt im übrigen ein Maß an Objektivierung voraus, das für die frühe Zeit des Mönches Luther schwer vorstellbar ist. Eher dürfte es naheliegen, daß der Ausdruck "gnädiger Gott" aus der Sicht der Überwindung der Klosterkämpfe heraus gewählt wurde, steckt in ihm doch bereits ein Stück der richtigen Antwort, nämlich, daß die Krise ausschließlich durch die Gnade Gottes, dadurch, daß Gott dem Angefochtenen gnädig war, zustande kam. Sachlich gesehen, schließen sich denn auch die Beschreibung der subjektiven Seite des Tatbestandes als Versuch, die reine Gottesliebe in sich zu erwecken, und die objektive Seite, daß Gott dem Sünder gnädig ist, nicht aus, sondern ergänzen sich. Aber für die fragliche Zeit selber dürfte eher wahrscheinlich sein, daß der junge Mönch an sich arbeitete und die Gottesliebe in sich zu erwecken versuchte, als daß er schon jetzt ganz gezielt auf die Suche nach dem gnädigen Gott gegangen wäre.

So ist davon auszugehen, daß es das von der Augustinerregel verlangte und durch die klösterliche Spiritualität stimulierte Streben nach der vollkommenen Liebe zu Gott war, das den Mönch Luther zunächst einmal zum Verzweifeln brachte, dann aber auch zum Nachdenken führte. Die Probleme mußten in besonderer Weise bei jeder Beichte auftreten. Martin Brecht verweist auf die Beichte und bemerkt: "Überdies machte die Absolutionsformel die Vergebung von der wahren Zerknirschungsreue und der Leistung der Genugtuung abhängig"[9] und beruft sich auf einige Äußerungen Luthers, die das nahelegen. An einer Stelle der großen Galaterbriefvorlesung aus dem Jahre 1531 behauptet Luther, im Bereich des päpstlichen Mönchtums habe man einfach so absolviert: "Meritum passionis Christi et meritum ordinis et gravamen, - sic absol-

---

7 Cf. dazu *Otto Scheel*, Martin Luther I. Tübingen 1921, p. 244 und 319f.
8 WA 47, 590,6-7.
9 *Brecht*, Luther, p. 75.

vunt. Pfu dich..."[10]. Das aber ist eine extreme polemische Verkürzung, die den Text der Absolutionsformel nicht enthält und auch nicht behauptet, ihn zitiert zu haben. Ausführlicher ist da schon ein weiterer Abschnitt aus der Druckfassung derselben Vorlesung: "Parcat tibi Deus, frater. Meritum passionis Domini nostri Iesu Christi et Beatae Mariae semper virginis et omnium Sanctorum, Meritum ordinis, gravamen religionis, humilitas confessionis, contritio cordis, Bona opera quae fecisti et facies pro amore domini nostri Iesu Christi, cedant tibi in remissionem peccatorum tuorum, in augmentum meriti et gratia et in praemium vitae aeternae, Amen"[11]. Darin ist aber ebenfalls die Absolutionsformel nicht enthalten. Der Text stellt ein Gebet dar, das der Priester nach Auferlegung der Buße und nach erteilter Absolution über dem Pönitenten spricht. Inhaltlich bezieht es sich auf die Genugtuung. Aber auch wenn dieser Text nicht direkt auf die Absolution zielt, zeigt er doch, daß im Zusammenhang mit dem gesamten Beichtgeschehen die contritio cordis, die wahre Liebesreue, eine nicht unerhebliche Rolle spielte, da sie als fraglos vorhanden vorausgesetzt wird.

Der in Erfurt, das zur Diözese Mainz gehörte, zum damaligen Zeitpunkt gebräuchliche Text der Absolutionsformel findet sich in der Agenda Moguntina und lautet: "Dominus noster Jesus Christus per suam magnam miseriocordiam dignetur te absolvere et ego autoritate ipsius qua ego fungor (sequitur forma, quam dicat cum intentione absolvendi) absolvo te a vinculo excommunicationis minoris, si ligaris, et absolvo te a peccatis tuis. In nomine Patris et Filii et Spiritus sancti Amen"[12]. Der Text der Absolutionsformel selbst enthält also keinen Hinweis auf eigene oder fremde Verdienste, was allerdings, wie oben

---

10 WA 40 I, 264,2s.

11 WA 40 I, 264,27-265,12.

12 Es ist ausgerechnet der Lutherhasser *Heinrich Denifle*, der den Text der damals gängigen Absolutionsformel ermittelte. Auch wenn er dafür die Agende aus dem Jahre 1513, fol.27, benutzt hat, darf man davon ausgehen, daß die Formel in den Jahren zuvor in identischer oder ähnlicher Gestalt Verwendung fand. Daß sich *Denifles* "Beurteilungen", oder klarer gesagt, seine Haßtiraden gegen Luther selbst gerichtet haben, unterliegt keinem Zweifel. Das schließt jedoch nicht aus, daß er in einzelnen historischen Nachweisen korrekt verfahren ist. So ist es ihm durchaus abzunehmen, wenn er feststellt: "Es ist unmöglich, auch nur eine einzige kirchliche Absolutionsformel für die Lossprechung von den Sünden im Beichtstuhl nachzuweisen, in der von den eigenen oder fremden Werken die Rede wäre." *Denifle*, Luther und Luthertum in der ersten Entwicklung. Quellenmäßig dargestellt. Mainz ²1904, p. 321s. Aber selbst wenn Denifle im Blick auf die Absolutionsformel recht haben sollte, so zeigt doch WA 40 I, 264,27-265,12, daß andere Teile des Beichtvorgangs durchaus Hinweise auf eigene oder fremde Verdienste und die subjektive Disponierung des Pönitenten (contritio cordis) enthalten konnten.

zu sehen war, nicht ausschließt, daß andere Teile der Beichte, wie das Gebet über dem Pönitenten, diese Hinweise enthalten konnte.

Wir dürfen davon ausgehen, daß Luther seine mönchische Lebensform außerordentlich ernst genommen hat. Die späteren Rückblicke betrachten diese Zeit zwar aus der Perspektive der reformatorischen Erkenntnis und sind deswegen nur mit äußerster Vorsicht heranzuziehen, aber daß Luther ein besonders eifriger Mönch war, daß er mit aller Kraft versucht hat, die reine Gottesliebe in sich zu erwecken, dürfen wir ihnen gewiß entnehmen[13]. Die Beichtväter scheinen hier eher gebremst als forciert zu haben, sahen sie doch, daß Luther an dieser Forderung zu scheitern drohte. Die Skrupel, die ihn immer wieder befielen, haben hier ihren Ursprung und nicht in einer psychisch krankhaften Veranlagung. Die reine Liebe zu Gott verlangt nämlich, daß der Mensch voluntarius ad legem wird, daß er aus reiner, spontan-fröhlicher Herzenshingabe das Gesetz Gottes erfüllt, ohne auf die verheißene Belohnung zu schauen, aber auch ohne Angst, daß eine Nicht-Erfüllung Strafe nach sich ziehen könnte. Wir wissen, daß Luther, je mehr er sich bemühte, dieses Ziel zu erreichen, desto weiter davon entfernt war, ja, daß er gelegentlich genau das Gegenteil von dem empfand, was er in sich zu empfinden wünschte, nämlich nicht Liebe zu Gott, sondern Haß gegen einen Gott, der so Schweres, ja Unerfüllbares von ihm forderte.

An der Auffassung von der Sünde, die Luther zeitlebens vertreten hat, ist deutlich zu bemerken, daß sie als negatives Gegenüber zur reinen Gottesliebe verstanden ist. Auch wenn sich die bündige Formulierung bei Luther nicht findet, der Sache nach vertritt er das damit Gemeinte voll und ganz: Bonum ex integra causa, malum ex quocumque defectu[14]. Gut ist etwas nur dann, wenn in der Tat alles bis in die kleinste Kleinigkeit hinein gut ist. Schon der geringste Defekt hingegen bewirkt, daß das Ganze absolut böse, absolut schlecht ist.

Es ist eine unerledigte Aufgabe der Lutherforschung aufzuweisen, wie die Fragestellung der reinen Gottesliebe, die ja Luthers persönliches Fragen so nachhaltig bestimmte, schließlich umgeformt wurde zur Frage nach der Gerechtigkeit, die vor Gott gilt. Nahezu in jeder neueren Lutherbiographie erhält der Leser die Information, daß Luthers Kämpfe im Kloster durch den Versuch verursacht waren, die reine Liebe zu Gott in sich zu erwecken. In der Beschreibung der reformatorischen Erkenntnis wird dann jedoch ohne einen deutenden Hinweis von der iustitia dei passiva gesprochen, ohne zu erklären,

---

13 Beispielsweise WA 41, 690,16-19; 38, 143,25-28; TR 5, Nr. 4422; TR 1, Nr. 121; TR 1, Nr. 518; p. 240,24-241,2.

14 Cf. WA 56, 234,10-21; 239,10-23; 253,7-14; 271,11-20.

wie beides miteinander zusammenhängt[15]. Die Biographen können sich dafür natürlich auf Luther selbst berufen. Jedem von uns sind gewiß die Formulierungen des großen Rückblicks aus der Vorrede zum ersten Band der opera latina bekannt[16]. Hier beschreibt er, wie er an Römer 1,17 zunächst verzweifelte, weil dort geschrieben stand, daß die Gerechtigkeit Gottes im Evangelium geoffenbart ist, derzufolge der aus dem Glauben Gerechte leben wird. Erst die Erkenntnis, daß es die geschenkte Gerechtigkeit Gottes ist, die durch den Glauben zugeeignet wird, befreite Luther aus seiner Angst vor der iustitia dei distributiva, die Gutes belohnt und Schlechtes bestraft. Wo ist aber die ursprüngliche Fragestellung nach der reinen Gottesliebe geblieben? Hat Luther inzwischen erkannt, daß die Frage als solche falsch ist? Lehnt er sie in seinem großen Rückblick implizit dadurch ab, daß er seinen ganzen Erkenntnisprozeß

---

15 Eine instruktive Darstellung der theologischen Entwicklung des jungen Luther bietet *Reinhard Schwarz*, Fides, Spes und Caritas beim Jungen Luther. Unter besonderer Berücksichtigung der mittelalterlichen Tradition. Berlin 1962. AKG 34. *Schwarz* arbeitet heraus, wie Luther in seinen frühen theologischen Äußerungen von einer gewissen Vorrangstellung der caritas ausgeht: Sie allein ist die virtus, die alle anderen Qualitäten erst zu Tugenden macht (p. 47). Verdienstvolle Werke, die Aussicht auf Lohn nach sich ziehen, werden erst durch die caritas möglich (p. 57). Die moralischen Tugenden verleihen der anima zwar einen Schmuck, aber erst die caritas läßt die zur Vollkommenheit geformte schöne Erscheinung hervortreten (p. 80). "Luther hält daran fest, in den Tugenden einen Schmuck der Seele... zu erblicken und die caritas als die höchste Tugend zu werten,..." (p. 81). Je mehr sich aber Luthers Verständnis der virtus "von einer inhärierenden, inklinativen Qualität in die Kraft des Glaubens verwandelt, so werden nun auch die opera nicht als einzelne vom Menschen mit Hilfe der Tugenden ins Werk gesetzte Leistungen seines praktischen Vermögens, sondern als unmittelbare Auswirkung der Macht Gottes im Glaubenden angesehen" (p. 97). Die Werke der Tugenden sind die "Fußstapfen Christi, der im Glauben wohnt" (p. 98). Im Zuge der Loslösung von der aristotelischen habitus-Lehre geht das Hauptgewicht auf die fides über, so daß *Schwarz* p. 211 feststellt, "daß der caritas-Begriff in der ersten Psalmenvorlesung von dem fides-Begriff stark in den Hintergrund gedrängt wird." Und weiter p. 213: "Aus der traditionellen Einheit der habitualen Gnaden-Liebe ist bei Luther die spezielle aktuale Präsenz der Gnade in der Liebe geworden... In der Konsequenz dieses Verständnisses der gratia wird auch die caritas nicht mehr über die anderen Tugenden als deren formgebendes Prinzip erhoben... Nur das zeichnet die caritas vor der fides aus, daß die caritas in Ewigkeit bleiben, aber die fides aufhören wird." Aus der Liebe zu Gott werden alle frommen Werke ausgeschlossen (p. 223). Werke der Liebe sind vor allem Werke des Glaubens (p. 224). Hier sind demnach klar Elemente von Luthers s.g. reformatorischer Entdeckung vorausgesetzt. Diesen Prozeß in Luthers Biographie einzuordnen, steht noch aus. Auch *Schwarz* selbst macht sich seine Erkenntnisse für seine eigene Lutherbiographie nicht zunutze und interpretiert Luthers theologische Entwicklung anhand von Luthers Rückblicken, die eine stark verkürzte Sicht dieses Prozesses bieten.

16 WA 54, 179-187.

am Begriff der iustitia dei passiva festmacht? Fragen, auf die keine der Lutherbiographien eine Antwort gibt, ja die keine der Lutherbiographien überhaupt stellt. Eines gilt es gegenüber der Forschungslage und auch gegenüber der Quellenlage festzuhalten: Ausdrücklich abgelehnt hat Luther die Fragestellung der reinen Gottesliebe auch nach seiner reformatorischen Entdeckung nirgendwo. Spielt sie aber noch irgendeine positive Rolle für ihn?

Wenn ja, so muß sich das an der Auslegung des Hohen Liedes der Liebe, an 1.Kor.13, zeigen. Wir folgen im weiteren einer Darstellung, die Paul Althaus dem Problem in der Elert-Gedenkschrift aus dem Jahre 1955 gewidmet hat[17].

Ein Überblick über die relativ wenigen Äußerungen Luthers zu dieser Stelle führt zwangsläufig zu dem Ergebnis, daß der Reformator freiwillig kaum an diesen Text herangegangen ist. In der Regel nur dann, wenn die Perikopenordnung es vorsah oder ein Disputant ihn dazu zwang, hat er 1.Kor. 13 ausgelegt und sich daran gerieben. Besonders machte ihm Vers 2b zu schaffen: "Und wenn ich allen Glauben hätte, also daß ich Berge versetzen könnte, und hätte keine Liebe, so wäre ich nichts." Hier ist der Glaube deutlich gegenüber der Liebe zurückgesetzt. Daher mußte Luther, wenn er weiterhin an seiner in tiefem Ringen gewonnenen Erkenntnis festhalten wollte, daß allein der Glaube rechtfertigt, eine Lösung finden, die sich damit vertrug.

Ein erstes Mal beschäftigt er sich in seiner Fastenpostille aus dem Jahre 1525 mit diesem Text, den die Perikopenordnung für den Sonntag Estomihi vorsah[18]. Fast wie eine Selbstvergewisserung oder eine Selbstberuhigung klingt es, wenn er äußert: "Dieser eyniger spruch mus nicht streytten noch alle andere Sprüche vom glauben umbstossen, die alleyne dem glauben geben die rechtfertigung"[19].

In Erörterung der Problematik erwägt er drei Lösungsmöglichkeiten.

1. Paulus spricht nicht von dem spezifisch christlichen Glauben, der rechtfertigt und der die Liebe nach der Rechtfertigung automatisch mit sich bringt, sondern handelt "von gemeinen Glauben an Gott und seine Gewalt". Dieser Glaube kann zwar Wunder tun, aber er läßt die Person des Glaubenden unberührt, er wandelt sie nicht um und hat deshalb keine Liebe bei sich.

2. Es ist auch möglich, daß Paulus hier den echten christlichen Glauben meint, der die Kraft hat, Wunder zu tun, aber der dann die Liebe vermissen läßt und infolge davon hochmütig wird, die Wunder als eigene Werke ansieht und damit aus Glaube und Liebe herausfällt.

---

17 *Paul Althaus*, "...und hätte allen Glauben..." 1.Kor 13,2 in der Auslegung Luthers, in: *Friedrich Hübner* e.a. Ed.: Gedenkschrift für *Werner Elert*. Beiträge zur historischen und systematischen Theologie. Berlin 1955, pp. 128-139.

18 WA 17 II, 161-172.

19 WA 17 II, 164,20-21.

3. Als Drittes erwägt Luther die Möglichkeit, daß Paulus hier ein unmögliches Beispiel anführen wolle. Der conjunktivus irrealis scheint ihm darauf hinzudeuten. Selbst ein so starker Glaube, der Berge versetzen kann, wäre nichts, wenn er keine Liebe bei sich hätte. Das ist zwar so, aber in der Tat kommt ein solcher Fall nicht vor, da ein starker Glaube immer Liebe bei sich hat.

Ohne die beiden ersten Möglichkeiten ausdrücklich zu verwerfen, hält Luther die dritte für die wahrscheinlich richtige, derzufolge Paulus hier eine unmögliche Möglichkeit durchdenkt. Aber das wird dem Text wohl kaum gerecht. Paulus hatte es in Korinth mit einer Gnosis zu tun, die nachhaltig auf Erkenntnis drängte, die den Erlösungsprozeß stark individualisiert verstand und demzufolge Liebe vermissen ließ. Auch in Römer 11,17ss. bekämpft Paulus ein in seinem Glauben hochmütig und lieblos gewordenes Heidenchristentum. Er kennt also die Möglichkeit eines Glaubens ohne Liebe und wendet sich scharf dagegen. Luther scheint das Unzutreffende in seiner Auslegung empfunden zu haben. Denn fünf Jahre später läßt er die 1525 favorisierte Interpretation, Paulus erwäge etwas Unmögliches, fallen.

In den Randbemerkungen, mit denen Luther im Jahre 1530 sein Neues Testament versah[20], äußert er sich zu 1.Kor.12,9, wo von den verschiedenen Gnadengaben die Rede ist und es heißt: "einem anderen (ist gegeben) der Glaube in demselbigen Geist." Hier, so äußert Luther, meine Paulus nicht den rechtfertigenden Glauben, da er ja die verschiedenen Gaben bezeichne, die der Heilige Geist gewähre. Dieser Glaube kann zwar Berge versetzen, also Wunder tun, aber nicht rechtfertigen. Er kann sich auch nach außen kundtun in Form eines Bekenntnisses. Bileam und Saul haben solchen Glauben gehabt und Wunder darin gewirkt. Haec miracula sunt communia piis et impiis. Also versteht er jetzt 1.Kor.13,2 im Sinne jener 1525 als erster erwogenen Möglichkeit, daß nicht der rechtfertigende Glaube gemeint ist, sondern der wunderwirkende Glaube, der Christen und Heiden gemeinsam ist.

Noch in demselben Jahre 1530 hat sich Luther ein weiteres Mal mit diesem Problem beschäftigt im Rahmen von Vorarbeiten zu einer niemals erschienenen Schrift mit Titel: "De iustificatione", die uns durch Veit Dietrich erhalten geblieben sind[21]. Hier wendet sich Luther[22] vor allem der Frage zu, ob der wunderwirkende Glaube des Christen einfach mit den Wundertaten Gottloser in eins gesetzt werden kann. Nach 1.Kor.12,9 ist es echter, vom Geist geschenkter Glaube, den der Christ empfängt. Er ist doch, wenn er Wunder tut, auch nicht ohne Frucht. Luther macht sich die Problemlösung noch schwe-

---

20 WADB 4, 479-480.
21 WA 30 II, 657-676.
22 WA 30 II, 674.

rer, indem er zwei synoptische Stellen zur Klärung heranzieht. Mk 9,39, hier wollen die Jünger einem Fremden verbieten, in Jesu Namen Wunder zu tun. Jesus antwortet ihnen: "Ihr sollt es ihm nicht verbieten. Denn es ist niemand, der eine Tat tue in meinem Namen, der danach dann übel von mir redet." Andererseits aber steht in Mt 7,22s.: "Es werden viele zu mir sagen an jenem Tage: Herr, Herr! haben wir nicht in deinem Namen geweissagt, haben wir nicht in deinem Namen Teufel ausgetrieben, haben wir nicht in deinem Namen viele Taten getan? Dann werde ich (Jesus) ihnen bekennen: Ich habe euch noch nie erkannt; weichet alle von mir, ihr Übeltäter!" Im Falle von Mk 9,39 bezeugen also die Wunder, daß ihr Täter zu Jesus gehört, im Falle von Mt 7,22s. beweisen diese Taten gerade für die Zugehörigkeit zu Jesus nichts. Wie löst Luther diese Spannung? Er reißt die für ihn unmögliche Gleichzeitigkeit von Glaube und Lieblosigkeit auf und macht ein Nacheinander daraus. Der Glaube, der Wunder tut, ist schon echter, richtiger Glaube, aber wenn daraus nicht die Liebe folgt, so ist er nichts. Der Glaube löst sich auf, wenn er sich auf seine Werke verläßt und vermessen wird. Ohne Liebe kann es sich nie um echten Glauben handeln. Luther verweist auf Bileam, Saul, Ananias und Saphira sowie auf Müntzer, um Beispiele für einen Glauben anzuführen, der zunächst echter Glaube war, weil er geschenkt wurde, dann jedoch in die Pervertierung geriet, weil er ohne Liebe blieb. Ohne Liebe, das vergißt Luther nicht anzuführen, seien auch die Menschen gewesen, die Jesus in Mt 7,22s. gemeint habe.

Ähnlich wie in den Vorarbeiten zu der nie ausgearbeiteten Schrift: "De iustificatione" argumentiert Luther auch in der Estomihi-Predigt vom 19. Februar 1531[23]. Hier löst er das von Paulus als gleichzeitig gemeinte Miteinander von Glaube und Lieblosigkeit auf und fügt es zu einem Nacheinander zusammen: Der echte, weil geschenkte Glaube, pervertiert sich, wenn keine Liebe aus ihm hervorgeht. In dieser Predigt trifft Luther jedoch eine Unterscheidung, die er zuvor noch nicht so getroffen hatte. Er unterscheidet zwischen der fides, dem Glauben, und dem donum fidei, der Gabe des Glaubens. Letztere kann bleiben, auch wenn der Glaube selbst verschwunden ist: "Wer den Glauben gehabt hat - wenn er keine Liebe hat, hat er dann den Glauben nicht mehr, sondern hat ihn verloren, auch wenn er Wundertaten durch den Glauben vollbracht hat. Der Glaube ist dann entweder nicht rechtschaffen oder er ist je (=überhaupt jeweils) nimmer da"[24]. Lediglich ein Schall, ein Schein oder eine opinio fidei (Einbildung des Glaubens) ist vorhanden.

---

23 WA 34 I, 162-170.

24 "Sed qui fidem habet et non utitur charitate, amisit fidem, si etiam mirabilia fecerit per fidem, quia fides bringt charitatem mit." WA 34 I, 168,12-15; cf. auch Zeile 28-30.

In diesem Sinne erklärt Luther den Text auch in der Estomihi-Predigt vom 8. Februar 1540. Paulus meint, so Luther, daß die in 1.Kor. 13,2 bezeichneten Leute wohl den wahren Glauben gehabt hätten, ihn danach aber verloren, ohne die Kraft einzubüßen, Wunder zu tun.

Doch nicht nur in Predigten und in Vorarbeiten auf später dann doch nicht erschienene Schriften mußte sich Luther mit diesem Text auseinandersetzen. Auch in Disputationen aus den Jahren 1535-1544 hat er um das Verständnis des Textes gerungen. In der Regel geschieht das so, daß ein Opponent 1.Kor.13,2 gegen das sola fide anführt und Luther danach replizieren muß. Gelegentlich kommt Luther aber auch von sich aus darauf zu sprechen. Ersparen wir uns jetzt eine genaue Beschreibung der vier in Frage kommenden Disputationen und legen die Hauptgedanken kurz dar.

1. Der bereits in den Randbemerkungen zum Neuen Testament begegnende Gedanke, daß es sich in 1.Kor.13,2 nicht um den echten Glauben handeln kann, begegnet auch in den Disputationen noch einmal[25]. Der wahre Glaube kann gar nicht gemeint sein, denn der führt zur Liebe. Paulus will mit 1.Kor 13 gerade die Leute zurechtweisen, die gegen die Liebe sündigen[26]. Deshalb schildert er 1.Kor. 13,4-6 das Wesen der Liebe gleichsam als Gegenbild der Erscheinungen, die er in Korinth angetroffen hatte. Von den fünfzehn kurzen Sätzen, so bemerkt Luther, seien acht negativ formuliert, also beschreiben sie etwas, was die Liebe eben nicht tut. So ist 1.Kor. 13,2 an Namenschristen adressiert, die sich ihres Glaubens rühmen, aber keine Liebe haben[27].

2. Sie haben zwar einen Glauben, der sogar nach 1.Kor. 12,9 eine Gabe des Geistes ist, der aber doch, weil er nicht in der Liebe tätig ist, eine fides impiorum genannt werden muß. Jedoch zieht Luther auch in seinen Disputationen die uns nun schon bekannte Möglichkeit in Betracht, daß dieser Glaube, da er geistgewirkt ist, zunächst echter Glaube war, dann aber abfiel, weil er nicht in der Liebe tätig wurde. Die Frage, warum Gott einen toten Glauben lebendige Werke wirken läßt, stellt sich Luther in beinahe jeder Disputation, die 1.Kor. 13 zur Sprache bringt. Die klassische Antwort: "Daß aber toter Glaube lebendige Werke wirkt, geschieht wegen der öffentlichen Wirksamkeit des Amtes"[28]. Wieder ist Bileam sein Beispiel. Gott hat "durch Bileam und gottlose Propheten und Tyrannen oft viel Gutes getan und tut es noch, weil das Amt, das sie haben, nicht ihnen, sondern Gott gehört. Daher ist es wirksam, ob-

---

25 WA 39 I, 74,2-4; 7-11.
26 WA 39 II, 235,5-237,19.
27 WA 39 I, 279,19-280,11.
28 "Quid autem mortua fides operetur vivacia opera, fit propter functionem publicam ministerii,..." WA 39 II, 198, 20-21.

gleich in gottlosen Personen, durch die Kraft des Heiligen Geistes"[29]. Weitere Beispiele sieht Luther in Kaiphas, Alexander dem Großen, Judas, dem Papst - und natürlich in den Leuten in Korinth, die den starken Glauben, aber keine Liebe haben. Die Taten, die Gott durch diese Amtsträger tut, haben auf die entsprechenden Personen keine positive Wirkung, im Gegenteil sie werden dadurch noch viel verstockter, weil sie ihren Mangel an Liebe nicht zu erkennen vermögen. Die Amtsträger, die Luther hier meint, können sowohl weltliche als auch kirchliche Amtsträger sein. Gott wirkt durch sie, ohne daß sie selbst dafür würdig sein oder eine bestimmte Voraussetzung haben müßten.

3. Der Heilsglaube an Christus und der Glaube, der Wunder wirkt, sind hier streng unterschieden. Der wunderwirkende Glaube kann für ihn Unglaube sein, wenn er sich nicht an Christus gebunden weiß und Werke der Liebe vollbringt.

4. Auch die Taten der Ungläubigen, sofern sie im Dienst der Geschichtsmächtigkeit Gottes geschehen, sind geistgewirkt: "Der Heilige Geist oder seine Gaben" - so führt Luther zu 1.Kor. 12 u.13 aus - "können verliehen werden und da sein auch ohne den Glauben an Christus und die Liebe"[30].

5. Der Glaube an Christus und die Gabe des wunderwirkenden Glaubens haben eine je verschiedene Bedeutung in Kirche und Welt einerseits und für den persönlichen Glaubensvollzug andererseits. Der wunderwirkende Glaube des impius wird von Gott in Dienst genommen, ohne daß diese In-Dienst-Nahme irgendeine positive Bedeutung für den Betreffenden hat. Im Gegenteil, er rechnet sich das, was Gott durch ihn tut, selbst an, wird hochmütig und ist damit für das Heil, das nur geschenkt werden kann, verschlossen. Der Glaube an Christus ist demgegenüber ganz anders. Er tritt zunächst einmal nicht in Erscheinung. Er bleibt ein Geschehen, das sich zwischen Gott und Mensch abspielt. Erst danach wird er tätig durch die Liebe. Was er dann aber ausrichtet, das steht jenem wunderwirkenden Glauben in nichts nach, ja er übertrifft ihn noch. Er besiegt Sünde, Welt und Teufel - das ist für Luther mehr als Berge versetzen. Gott und den Nächsten freiwillig, ohne Lohn beständig lieben, das heißt Tote erwecken[31].

Luther spricht damit in anderer Terminologie genau das aus, was Paulus meint. Paulus will nämlich zum Ausdruck bringen, daß die tätige Liebe mehr vermag als der bergeversetzende Glaube. Luther möchte den Tatbestand ins Wort heben, daß der in der Liebe tätige Glaube Größeres bewirkt als der

---

29 "...ut per Balaam et impios prophetas ac tyrannos Deus fecit saepe multa bono et adhuc facit, quia ministerium, quod habent non est ipsorum, sed est Dei. Ideo est efficax, quantumvis in impiis personis, per virtutem Spiritus sancti." WA 39 II, 198,21-2.
30 "Etsi Spiritus seu dona eius donari et adesse possunt absque fide Christi et charitate." WA 39 II, 236, 8-9.
31 WA 39 II, 239,22-29.

Glaube, der Berge versetzen kann. Die Gaben, die der Geist schenkt, darin sind sich Paulus und Luther ganz einig, bedeuten weniger, als der in der Liebe tätige Glaube an Christus, so formuliert es Luther, als die Liebe so drückt Paulus es aus.

6. Luther bringt den Gedanken vom wunderwirkenden Glauben, den auch die Gottlosen, die Heiden haben können, mit seiner geschichtstheologischen Auffassung von den heroici homines in Verbindung. Gott nimmt sie in Dienst und wirkt damit den Ablauf der Welt. Er kann sowohl durch Fromme wie durch Gottlose Großes tun und schenken[32]. Si princeps bene gubernat, non ei angeboren nec ex libris tantum discit, sed discit inspirante Spiritu Sancto[33].

Was folgt nun aus unserem Durchgang durch Luthers Predigten und Disputationen? Luther wehrt sich vehement dagegen, daß ein Glaube, der keine Liebe aus sich heraussetzt, der nicht in der Liebe tätig wird, echter Glaube ist. Wir bekommen hier also von ganz anderer Seite bestätigt, und zwar als integralen Bestandteil des Glaubens bestätigt, was gelegentlich als Annex zur Rechtfertigung sola fide erscheint. Oder, um mit einem Begriffspaar aus dem großen Galaterkommentar zu sprechen, der reine Glaube, die fides absoluta, die Gott durch seinen Geist in uns wirkt, ohne daß wir irgendetwas dazutun, nur diese reine fides absoluta rechtfertigt, sonst nichts. Aber diese fides absoluta ist nur echte fides absoluta, wenn sie zur fides incarnata wird, das heißt, wenn sie Fleisch wird, wenn sie Gestalt annimmt, indem sie gute Werke tut[34].

Andererseits wird Luther mit 1.Kor. 13 sein Leben lang nicht fertig. Die eindeutige Überordnung der Liebe über den Glauben, die Paulus hier vornimmt, konnte Luther nicht nachvollziehen. Er hat sein Leben lang mit diesem Problem gerungen, er hat als Theologe des Glaubens um das rechte Verständnis der Liebe gekämpft und er hat in der Auslegung dieses Textes keine abschließende Lösung gefunden. Das spricht für seine Ehrlichkeit. Von der Rechtfertigung sola gratia konnte und wollte er keinen Finger breit weichen. Nur wenn dem sündigen Menschen die Rechtfertigung geschenkt wird, wenn ihm die fremde Gerechtigkeit zugeeignet wird, nur dann ist ihm die Erlösung gewiß, nur dann kann er als der von Gott befreite wachsen und anfangsweise realiter das werden, was er vor Gott schon ist. Die scharfe Frontstellung gegen eine Position, die göttliches Tun und menschliches Mitwirken aufeinander bezieht, zwingt ihn hier zu der Einseitigkeit, die ihn mit 1.Kor. 13 nicht fertig werden läßt.

---

32 WA 39 II, 237,9-17.
33 WA 40 III, 209,5-7 cf. 39 II, 198,23-24.
34 Cf. dazu *Manns*, Fides absoluta - Fides incarnata. Zur Rechtfertigungslehre Luthers im Großen Galaterkommentar, in: ders., Vater im Glauben. Studien zur Theologie Martin Luthers. VIEG 131, Stuttgart 1988, pp. 1-48.

Besonders deutlich wird die polemisch fixierte Engführung bei Luther im Großen Galaterkommentar, wenn er gegen die scholastische "fides charitate formata"-Lehre kämpft. Diese Lehre besagt, daß dem Menschen ein habitus des Glaubens eingegossen wird, der ihm dann als eine qualitas inhaeriert. "Occulta qualitas", nennt Luther das gelegentlich polemisch. Geformt wird die qualitas durch Werke der Liebe. Also erst der Glaube, der gute Werke tut, ist der echte Glaube nach scholastischem Verständnis. Es ist deutlich, daß Luther diese Position ihrer Mißverständlichkeit wegen ablehnen muß. Zwar ist auch er der Auffassung, daß es echten Glauben nicht ohne Werke der Liebe gibt, ob das die Liebe zu Gott oder die Liebe zum Nächsten meint, ist nicht entscheidend, aber im Rechtfertigungsakt dürfen diese Werke keine Rolle spielen, da geschieht alles sola gratia. Luther hätte also auch der "fides charitate formata"-Lehre einen für ihn annehmbaren Sinn abgewinnen können, aber das mögliche Mißverständnis, hier könnten Werke der Liebe erneut einen Stellenwert beanspruchen, der ihnen nicht zukommen darf, ließ ihn eine harte Ablehnung dieser Lehre geraten erscheinen. Denn gegen die "fides charitate formata"-Lehre ist der bekannte Satz Luthers gerichtet: "nos autem loco charitatis istius ponimus fidem"[35]. Zwar kann er sagen: "fides sine spe est nihil"[36], zu einer analogen Formulierung in bezug auf die Liebe etwa "fides sine charitate est nihil" findet er sich aber nicht bereit. Zu konsequent ist seine Frontstellung gegen ein Rechtfertigungsverständnis, das die Werke des Menschen in den Akt der Rechtfertigung einzubeziehen scheint. Hier kämpft der Glaubenstheologe Luther sein Leben lang gegen die Liebe und ihre Werke, die er als Früchte des Glaubens nicht nur schätzt, die er geradezu nachdrücklich fordert, für die er aber im Rechtfertigungsakt keinen Platz sieht.

So erweist sich, abschließend betrachtet, die ursprüngliche Fragestellung nach der Gott geschuldeten Liebe selbst beim reformatorischen Luther, wenn auch in starker Umformung, präsent. Daß die reine Liebe hier auf Erden nicht die Gestalt der Vollkommenheit erreichen kann, auch wenn sie dem Menschen durch die Rechtfertigung geschenkt wird, darauf hat Luther immer die Betonung gelegt. Den Begriff der reinen Gottesliebe hat Luther nicht oft verwendet. Aber die Frage, wie der Mensch sie erreicht, wie der Mensch voluntarius ad legem wird, hat ihn stets beschäftigt. Die Rechtfertigung sola gratia, sine operibus war und blieb ihm absolute Grundvoraussetzung. Aber die Werke der Liebe, die dann folgen müssen, waren ihm stets die Probe auf die Echtheit der Rechtfertigung. Albrecht Peters hat geradezu von einem syllogismus practicus

---

35   WA 40 I, 228,27-28.
36   WA 40 I, 21,33-22,2.

bei Luther gesprochen und damit die Beziehung zwischen Glaube und Werken gemeint[37].

Unbelastet von polemischen Fixierungen kann Luther ganz klar das Verhältnis von Glaube und Liebe in seinen Disputationen ansprechen und darlegen, daß der Glaube die hier auf Erden erreichbare Form der Liebe ist: "Wir müssen Gott und den Nächsten lieben. Weil wir aber diese Liebe nicht haben, sondern entweder gewisse Anfänge oder lediglich Anfänge, so ist der Glaube der Stellvertreter und ergänzt das, was der Liebe fehlt, dadurch, daß er den Gott Christus empfängt, der selbst die Liebe ist"[38].

Hier scheint der Kampf des Glaubenstheologen Luther gegen die Liebe, aber letztlich um die Liebe, zur Ruhe gekommen zu sein. So unbelastet konnte er sich lediglich in einer Disputation mit seinen Studenten aussprechen. Sobald er aber alte Gefahren witterte, wie bei der Rechtfertigungsformel des Regensburger Buches, war er wieder der Glaubenstheologe Luther, der gegen die Liebe kämpfte, weil es ihm gerade um die reine, die echte, die spontane Liebe der Herzenshingabe ging.

---

37 *Albrecht Peters*: Rechtfertigung. HSTh 12, Gütersloh 1984, p.5.
38 "Et deberemus quidem ita diligere Deum et proximum. Sed quia eam non habemus, aut certe primitias aut initia tantum, fides est vicaria, et supplet id, quod deest charitati, in hoc, quod accipit Christum Deum, qui est ipsa charitas." WA 39 I, 314,3-6.

Mitarbeiter/The Authors

Dennis Bielfeldt (M.A., Ph. D., Professor) Des Moines, Iowa, USA.

Hubertus Blaumeiser (Dr. theol.), Grottaferrata, Italien.

Bernhard Erling (B.D., M. A., Ph. D., Th. D., Professor), St. Peter, Minnesota, USA.

George Forell (B.D., Th.M., Th.D., Professor), Iowa City, Iowa, USA.

Egil Grislis (B. D., Ph. D., D. Min., Professor), Winnipeg, Manitoba, Canada.

Eric Gritsch (B. D., ST. M., Ph. D., Professor), Gettysburg, Pennsylvania, USA.

Robert Jenson (B. D., Ph. D., Professor), Northfield, Minnesota, USA.

Tuomo Mannermaa (Professor Dr.), Espoo, Finnland.

Aleksander Radler (Professor Dr.), Halle, Deutschland.

Klaus Schwarzwäller (Professor Dr.), Göttingen, Deutschland.

Jane Strohl (M. Div., M. A., Ph. D., Professor), St. Paul, Minnesota, USA.

Rainer Vinke (Dr. theol.), Mainz, Deutschland.

Armin Buchholz

Schrift Gottes im Lehrstreit
Luthers Schriftverständnis und Schriftauslegung
in seinen drei großen Lehrstreitigkeiten
der Jahre 1521-28

Frankfurt/M., Berlin, Bern, New York, Paris, Wien, 1993. 275 S.
Europäische Hochschulschriften: Reihe 23, Theologie. Bd. 487
ISBN 3-631-46389-8   br. DM 84.--*

Die vorliegende Arbeit bietet eine eingehende Untersuchung von
Luthers Schriftverständnis und Schriftauslegung anhand der anerkannt-
termaßen wichtigen Schriften Luthers aus seinen drei großen Lehrstreitigkeiten der Jahre 1521-1528. Somit bilden Luthers Streitschriften
gegen Emser und Latomus, gegen Erasmus sowie gegen die sogenann-
ten Abendmahlsschwärmer die Textgrundlage der exegetisch angeleg-
ten Darstellung. Diese erfolgt ohne Rücksicht auf Problemstellungen
und Einwände gegenwärtiger Theologie, aber in ständiger Auseinan-
dersetzung mit der umfangreichen Sekundärliteratur zum Thema. Dabei
wird mancher wohlvertrauten Meinung heutiger Luther-Deutung wider-
sprochen. Erst im Schlußteil der Arbeit werden die Ergebnisse der vor-
gelegten Luther-Darstellung ausdrücklich auf Schriftverständnis und
Schriftauslegung historisch-kritischer Theologie bezogen und ihre
gegenwärtige Relevanz bedacht.
Aus dem Inhalt: Lehrstreit als Bibelstreit · Wesen der Bibel · Bibel-
autorität · Klarheit der Schrift · Bedeutung der natürlichen Sprache ·
Grammatik und Logik · Tropologie · Vernunftgebrauch · Assertio und
Schriftbeweis · Bibelstreit und Einheit der Kirche · Luther und heutige
Theologie

Peter Lang **Europäischer Verlag der Wissenschaften**
Frankfurt a.M. • Berlin • Bern • New York • Paris • Wien
Auslieferung: Verlag Peter Lang AG, Jupiterstr. 15, CH-3000 Bern 15
Telefon (004131) 9411122, Telefax (004131) 9411131
- Preisänderungen vorbehalten - *inklusive Mehrwertsteuer